마크롱의
기적 같은 사랑

Les Macron

마크롱의
기적 같은 사랑

카롤린 데리앙, 칸디스 네들렉 지음
한수민 옮김

문학사상

■ 일러두기
 1. 한국어판 역주는 본문 안에 고딕 서체의 작은 글자로 처리하였고, 별도
  의 표기는 생략했습니다.
 2. 외래어 표기는 국립국어원 규정을 바탕으로 하였고, 규정에 없는 경우
  는 현지음에 가깝게 표기하였습니다.

소설 같고 영화 같은 사랑 이야기
65세 뒤라스와 27세 얀을 떠올리게 하는
마크롱 부부의 '프랑스식 사랑'

한기봉(언론인)

에마뉘엘 마크롱 프랑스 대통령과 그의 부인 브리지트 트로뉴의 '문제적' 러브스토리는 국내 언론에도 자주 소개된 바 있다. 그리고 아직은 보수적이라 할 수 있는 한국의 많은 사람들에게 그들의 연애사는 꽤나 충격적으로 다가왔다. 한 나라의 대통령이기에 그 '정상적이지 않은' 사랑은 더 놀라웠다.

이 책은 그런 그들의 '특별한' 사랑의 시작과 완성을 현미경처럼 들여다보고 때로는 요지경처럼 보여준다. 우리의 눈에 소설 같고 영화 같이 보이는 사랑 이야기에 현실 세계의 옷을 입혀주는 책이라 할 수 있다. 그 덕분에 책을 열면서는 사랑의 신비로운 프롤로그에 놀랐고, 책을 덮으면서는 사랑의 아름다운 에필로그에 감동했다.

지구상에서 가장 유별난 '프랑스식 사랑'

사회통념과 일반상식을 뛰어넘은 요란하고 논쟁적인 사랑 이야기는 유독 프랑스에서 많이 들려온다. 그리고 우리는 그런 유별난 사랑을 일컬어 '프랑스식 사랑'이라 부른다. 프랑스식 사랑은 실제와 문학작품을 가리지 않고 존재했으며, 일상에 젖은 우리를 감동시켜 왔다. 신화와 고전의 경계에 있는 서양예술의 가장 유명한 러브스토리, 트리스탄과 이졸데의 불멸적 사랑부터 이 책이 다룬 마크롱 부부의 현대적 사랑까지 사랑의 묘약과 독약은 세대를 뛰어 넘어 우리를 중독시켜 왔다. 사랑의 환희와 고통, 관능과 욕정, 운명의 엇갈림, 희극과 비극은 위대한 프랑스 창작예술의 영감이 됐고 프랑스식 사랑의 토양이 됐다.

프랑스 현대문학에 우뚝 선 고독과 은둔의 작가 마르그리트 뒤라스. 그녀는 "당신의 문학과 지성을 흠모하고 당신의 육체까지도 사랑할 준비가 되어 있다"라는 청년 문학도 얀 안드레아로부터 5년간 수천 통의 연서를 받은 끝에 그를 받아들였다. 뒤라스는 65세, 얀은 서른여덟 살 어린 27세였다. 둘은 뒤라스가 81세로 죽을 때까지 16년 동안 함께했다. 뒤라스는 "이 세상에 태어나 많은 남자를 사랑해왔지만 내 사랑은 얀, 너 하나뿐이었다"라는 열렬한 고백을 남기고 눈을 감았다.

이들의 사랑 말고도 '프랑스식 사랑'의 예는 무수하다.

이처럼 '사랑은 무엇이어야 하는가?'라는 정의로 옭아맬 수 없는 것이 프랑스식 사랑이다. 프랑스인들은 정의를 뛰어넘어 사랑을 '발명'했다. 소유욕, 탐닉, 질투, 분노, 환멸, 혼외정사, 연상연하, 동성애, 가학, 피학, 계약결혼, 성애적 사랑에 이르기까지 사랑과 욕망의 세레나데가 다양하게 변주하는 땅이 바로 프랑스인 것이다. 프랑스인들이 그토록 사랑에 유별난 것은 어쩌면 사랑을 진정 '사랑하기' 때문일지도 모른다. 그렇기에 프랑스인들은 지구상에서 가장 섹시한 인류다.

서로가 서로에게 정복된 연인

"선생님은 제게서 떠나지 못하실 거예요. 전 꼭 돌아올 것이고 당신과 반드시 결혼할 겁니다."

이 책에도 나오지만 마크롱 부부의 러브스토리에서 가장 유명한 대사는 바로 이것이다. 에마뉘엘 마크롱이 16세 때 고향 아미앵에서 파리의 앙리 4세 학교로 전학가면서 남긴 맹세이다. 브리지트 트로뉴는 한 인터뷰에서 이 순간을 이렇게 회고했다.

"나에게 중요한 것은 내가 하고 있는 사랑을 놓치면 내 인생 전체를 놓치게 되는 것은 아닐까, 내가 하고 있는 사랑은 정말로 진실된 것일까, 라는 것뿐이었어요. 사랑은 모든 것을 그 길로 인도해 나를 이혼에 이르게 했죠. 그를 거부하는 것은 불가능했어요."

저자는 마크롱과 동급생인 딸을 가진 브리지트가 적어도 마크롱이 성인이 될 때까지는 사회의 비난을 초래할 성애적 관계에 빠지지 않았다고 주장한다. 둘은 야반도주를 하지도 않았고 외딴 섬으로 도피하지도 않았다. 두 사람은 서로가 서로에게 운명임을 알고 있었으므로 적당한 때를 기다렸다.

스물네 살의 브리지트는 나이 차이에 대한 질문에 이렇게 대답했다. "마크롱의 유일한 잘못은 나보다 젊다는 것뿐이에요. 그런 비판을 받아들이긴 힘들지만 난 어쨌거나 극복해야 하죠. 다 지나갈 일이라고 생각해요."

프랑스의 정치분석가들은 마크롱의 러브스토리가 선거에서 긍정적 효과를 주었다고 분석했다. 그의 특별한 연애사는 역으로 그가 얼마나 의지가 굳건하고 자기 확신이 강한 인물인지를 증명했고, 젊음의 미숙함이 부인의 원숙함에 가려졌다고 했다. 프랑스 여성 다수는 마크롱이 결혼에 있어서 남성 중심적 관습의 틀을 깼다는 점을 평가했다. 그들은 능력과 재력이 있는 남성이 자식뻘 되는 여성과 결혼하는 것을 자연스럽게 여기는 사회에 '복수'했다고 느꼈다.

어쩌면 가장 프랑스적인 젊고 멋있는 대통령

내가 한국일보의 파리 특파원으로 근무할 때이다. 1994년 11월 프랑스 주간지 〈파리마치〉가 커버스토리로 프랑수아 미테랑 대통령이 한 처녀와 레스토랑을 나서는 사진을 게재했다. '특종: 대통령의 숨겨진 딸'이라는 대문짝만 한 제목이 붙었다. 기사를 쓰려고 일간지들을 뒤졌으나 아무런 후속 보도가 없었다. 하루 뒤, 프랑스 최고 권위지인 〈르몽드〉 1면에 관련기사가 나왔다. 간단명료한 제목이 아직도 기억에 생생하다. "Et, alors?" 영어로 옮기면 "So what?"이고 우리말로 하면 "그래서 그게 어쨌다고?" 정도다. 혼외자식을 둔 대통령을 비난한 게 아니라 대통령의 사생활을 폭로한 〈파리마치〉를 꾸짖은 것이다.

10대 사춘기 시절부터 일편단심 한 여인과의 러브스토리를 만들어온 마크롱은 그 점에서는 전임자들과 완전히 다르다. 프랑스 역사상 가장 젊은 대통령, 바람을 피우지 않은 국가 지도자, 그리고 대통령과 나이 차가 가장 많지만 지적이고 우아하고 활동적인 퍼스트레이디의 탄생을 프랑스인들은 조용히 그리고 신선하게 지켜보고 있다.

신생정당을 만든 지 1년 만에 단 한 명의 국회의원도 없이 엘리제궁의 가장 어린 주인이 된 에마뉘엘 마크롱. 이 책은 그동안 우리가 잘 알지 못했던 그의 정치적 역정과 기적이라고밖에 말할 수 없는 러브스토리를 가감 없이 우리에게 전해준다.

책을 덮으면서 이런 생각이 들었다.

좌도 우도 아닌 새로운 프랑스의 탄생, 그 시작은 마크롱과 브리지트의 너무나 '프랑스적인' 사랑과 신념, 야망의 화학 작용에서 시작된 것이 아닐까.

차례

Les Macron

브리지트 트로뉴는 프랑스 역대 최연소 대통령 에마뉘엘 마크롱의 부인이다. 그녀는 마크롱 부부의 주춧돌이며, 이 부부를 떠받치는 든든한 버팀목이다. 그러나 어떤 사람들은 그녀의 존재가 오히려 이들 부부의 성장에 흠이 될 것이라며 비난하기도 한다. 기적을 이룬 에마뉘엘 마크롱 프랑스 대통령이 지닌 결점이 바로 그녀라는 것이다.

사실 브리지트 트로뉴는 어떤 행동을 할지 아무도 예측할 수 없는 사람이었다. 그리고 말을 장황하게 늘어놓는 버릇까지 있어 마크롱의 홍보 전문가들을 안절부절못하게 만들어놓기도 했다. 하지만 기적 같은 프랑스의 퍼스트레이디가 된 지금은 그런 모습을 전혀 보이지 않는다.

아름답다고 표현할 수밖에 없는 이 두 사람의 결합은 악의로 가득 찬 소문들로 인해 이미 상처를 입기도 했다. 하지만 그 어떤 악의도 브리지트의 왼손에서 빛나는 반지처럼 반짝이는 그들의 사랑을 약화시키거나 오염시키지 못했다.

우리는 에마뉘엘 마크롱이 대통령 후보가 되기 훨씬 전부터 브리지트의 이야기를 듣기 위해 모든 노력을 다했다. 그녀의 주변에서 일하는 직원을 설득하기도 했고, 그 직원과 말싸움을 벌이기도 했다.

우리는 파리의 아베그루 거리에 위치한 '앙 마르슈!'En Marche. 에마뉘엘 마크롱이 만든 중도 신당의 이름으로 '전진!', '진행 중!'이라는 뜻. 마크롱은 2017년 5월에 대통령으로 당선된 후 총선을 앞두고 당명을 '전진하는 공화국'이라는 뜻의 '라 레퓌블리크 앙 마르슈!'로 바꾸었음 신당의 선거 본부 대기실에서 브리지트를 만나기 위해 기다렸다.

2017년 1월 말은 브리지트에게 아주 중요한 시기였다. 그녀는 자신의 이야기를 들려주는 일에 조금의 망설임도 보이지 않았다. 그녀는 남편의 공식적인 조언자로서 거침없이 당당하게 활동하고 있었다.

이제 자기 인생에서 가장 아름다웠던 시절의 추억들을 털어놓으며 한없이 즐거워하는 그녀의 이야기에 귀를 기울여 보자. 학생들에게 존경의 대상이었고 결혼까지 했던 40대 교사가 (아주) 어린 학생 신분인 연인과 사랑을 했다. 세상의 온갖 비난이 쏟아지고 위험을 감수해야 했던 그 사랑을 그녀는 자신의 40대 시절의 열렬한 사랑 이야기라고 불렀다. 그녀의 그 열렬한 사랑 속 연인은 그녀보다 스물네 살이나 어린 제자였고, 그녀는 자기가 수업을 맡았던 학급에서 그 학생을 가르친 적도 없었다.

이들의 사랑을 앞에 놓고 우선 남자를 한번 바라보자. 무엇인가를 겨냥하고 있는 듯한 남자의 명료한 시선은 자기의 왼편과 오른편 모두를 신경 쓰고 있다.

이번에는 여자를 바라보자. 경제학 분야의 통계학자라면 그녀를 벌써 은퇴자 그룹 쪽으로 분류해버렸을 이 틀에 박힌 세상 속에서 그녀는 아주 자유로운 기질을 발휘하고 있다. 유머 감각이 넘칠 뿐 아니라 대화를 할 때는 젊은 사람들처럼 영어 단어를 자주 쓰곤 한다. 반짝반짝 윤이 나고 세련된 디자인의 부츠를 신고 있는 그녀는 자기 남편이 몸담고 있는 정치판에서 가는 곳마다 호기심 가득한 눈빛을 받고 있다.

우리와 이야기를 나누는 시점에서 브리지트의 남편은 근동近東 문제에 대한 연설을 하려고 레바논으로 막 떠난 참이었다. 대통령 선거를 앞두고 자기의 임무를 완수하기 위해서였다. 그래서 브리지트의 표현을 빌린다면, 이제 그녀가 남편의 사무실을 '점령'하고 있었다. 바로 중도 신당인 '앙 마르슈!'의 선거 운동 본부가 있는 6층 사무실을 말이다! 이곳 선거 운동 본부 사무실은 이제 막 발돋움을 시작한 거대한 신생 기업 같은 분위기를 풍기고 있었다. 이곳에는 엄청난 양의 업무로 인해 기진맥진해진 선거 운동원들이 누워서 쉴 수 있는 침대들이 포개져 있었고, TV 시트콤에서나 나올 법한 붉은 색조와 푸른 색조를 띤 알록달록한 벽이 있었다.

자발적으로 이곳에 왔든 그렇지 않든 간에, 이곳에 있는 모든 사람들이 마크롱을 위해 일하고 있었다. 물론 마크롱도 자신을 믿는 만큼 그들을 믿고 있었다. 그것은 아주 강한 믿음이었다. 그러므로 이제 그를 기다리고 있는 것은 저항할 수 없을 만큼 강한 도약이었다. 마크롱은 감히 이 세상을 단숨에 바꾸어버릴 '위대한 저녁'을 꿈꾸는 게 아니었다. 오히려 사람들에게 매일매일 '행복한 아침'을 선사해줄 미래를 약속하고 있었다.

이제 결전의 날이 세 달밖에 남지 않았다. 이 세 달 동안 유권자들의 마음을 사로잡아야 했다. 마크롱 부부는 유권자들의 지지율이 하락할 때 어떻게 대처해야 할지 잘 알고 있었다. 자기들이 투자했던 것들을 나중에 돌려받게 될 것인지의 문제는 이제 중요하지 않았다. 마크롱 부부는 대통령 선거라는 이 엄청난 게임판에 과감하게 몸을 던져왔다. 유권자들의 지지를 얻기 위해 뛰어온 지도 벌써 2년 6개월이나 지난 참이었다.

프랑스 사람들은 마크롱 부부가 '규범을 깨뜨렸다'고 말한다. 그 위반 행위는 '급격한 변화'로 이어질 것이라는 말을 하기도 한다. 브리지트 마크롱과 에마뉘엘 마크롱 부부. 그들에 대한 이 평가는 어느 정도 사실이다. 그렇지만 이 부부가 제일 좋아하는 계절이 언제인지에 대한 질문처럼 사소한 이야기들이 장차 엘리제궁의 주인이 될지도 모르는 사람들에 대한 여담으로 적당할까?

이런 생각을 하는 우리 앞에서 브리지트는 새파란 눈동자가 돋보이는 눈을 살짝 찌푸리면서 꾸밈없는 태도로 이렇게 말했다. "정치판에서는 온갖 일이 다 벌어질 수 있다는 생각을 하고 있어요. 저쪽 편에서 저희를 곧 공격하게 되겠죠. 그럼 무작정 기다리는 수밖에 없어요! 진실이 곧 밝혀질 테니까요." 그녀는 이미 그런 일들을 다 겪어왔다. 그들에 대한 숱한 소문들과 그로 인한 괴로움을 말이다.

평범한 사람들이 오직 하나의 삶을 살아가는 동안 이 부부는 벌써 헤아릴 수도 없을 만큼 많은 운명의 파도를 넘었다. 그리고 자기들의 운명을 바로잡기 위해 온 힘을 쏟아야만 했다. 그렇게 보낸 세월이 벌써 20년이나 지났다. 인간이 가진 수많은 본성에 대해 늘 의심하는 편인 브리지트는 모든 일이 중단될 수도 있다는 것을 잘 알고 있었다. 세상사가 다 그렇지만 정치적인 세계는 더 무섭고 냉혹했다.

브리지트는 또 말없이 창밖을 보고 있다가 문득 이런 말을 던졌다. "어떤 일을 실행하는 데 있어서 그 일을 하는 사람의 나이는 전혀 중요하지 않다고 생각합니다." 그리고 그녀의 말은 틀리지 않았다. 이 부부가 특별히 그 말을 실천에 옮겨서 자기들이 서 있는 인생의 무대에 영속적으로 새긴 것을 봐도 알 수 있다.

브리지트는 또 이런 말을 했다. "전 정말이지 소설 속의 여주인공이 아니에요!" 우리는 그녀가 실제로 그렇게 믿고 있다는 것을 바로 알 수 있었다.

브리지트는 자기가 옛날에 연극 무대 위에서 연극 지도를 해주었고, 이제는 정치 무대 위에서 정치적 조언을 해주는 남편에 대해 이런 상상을 하며 즐거워했다. 언젠가는 자기 남편이 쥘리앙 소렐스탕달의 대표작인 《적과 흑》에 나오는 주인공 이름 같은 행동을 할지도 모른다고……. 그리고 그녀는 이 말도 덧붙였다. "남편은 그 역할에 잘 어울릴 거예요."

우리 앞에 있는 그녀의 얼굴은 선명하게 빛나는 금빛 머리로 둘러싸여 생기가 넘쳐 보였다. 문학을 사랑하는 그녀는 계속해서 즐겁게 이야기를 들려주었다. 그녀는 마치 자기의 '인생 설계'에 대해 진지하게 설명하는 십 대 소녀처럼 무척 진실해 보였다. 앞으로 들려주고자 하는 이야기들은 너무도 많이 쌓여 있었다.

자, 이제 그 이야기 속으로 들어가 보자.

제1장

하늘이 맺어준
인연 그리고 만남

Les Macron

그곳에는 피카르디 지방 도시의 남부를 관통하며 뻗어 있는 여러 도로 중 하나가 약간 황량한 분위기를 풍기며 넓게 펼쳐져 있다. 이 대로를 따라 조금만 걷다 보면 교육의 전당이자 예수회의 건물이기도 한 라 프로비당스 학교가 웅장한 자태를 드러내며 금방 시야에 들어온다. 성직자들이 이 거대하고 금욕적인 공간을 떠난 지도 이미 수년의 세월이 흘렀다. 하지만 정부와의 계약에 따라 사유재산이 된 이 공간의 특별한 가치는 아직도 생생하게 남아 있다. 아미앵과 아미앵 부근에 거주하는 중산층 가정의 부모들이 자녀의 머릿속에 계속 주입하고자 하는 가치도 바로 그것이다.

'존재하라, 행동하라, 목표를 달성하라, 성장하라' 라 프로비당스 학교의 슬로건에도 이렇게 야심이 깃들어 있다.

이 학교는 타인의 견해와 함께 다양한 의견이 분산되는 과정까지 중요시하는 교풍校風을 간직하고 있다. 학교의 복도 모퉁이를 돌다 보면 '당신의 가슴 속을 환하게 밝히시오!'라는 문구도 마주칠 수 있다. 또 이 학교에서는 노동의 본질적인 의미도 특히 강조하는데, 이것은 바로 대통령 후보 시절 마크롱이 국민들 앞에 내세웠던 선거 공약이기도 하다.

이 학교에 다녔던 학생들은 학교의 이름을 짧게 줄여서 '라 프로'라고 불렀다. 이곳 라 프로에서 에마뉘엘 마크롱도 수업을 받았다. 라 프로에는 실내 수영장 시설과 목사 신학 수업, 아주 자유롭게 선택할 수 있는 교리 교육 과정, 교내 극장, 그리고 콘크리트 블록이 층층이 쌓여서 음산한 분위기를 풍기는 건물이 갖추어져 있었다. 이곳은 이제부터 시작될 이야기의 배경이며 모든 일들이 일어난 곳이기도 했다.

무대의 배경은 여전히 아름다운 자태를 띠고 있지만 배경에 놓인 모든 물건들은 이미 낡아버렸다. 안락의자의 검붉은 벨벳 천은 닳아서 해졌고, 베이지색을 띤 거대한 커튼은 닳고 찢어져서 아직까지 그 자리에 달려 있는 게 신기할 정도였다. 이 무대에서 어떤 특별한 장면이 펼쳐진 지도 벌써 24년이라는 세월이 흘렀다. 열다섯 살의 어린 소년이 자기가 다니던 학교의 연극반에 가입한 순간이 바로 그 장면이다.

1993년의 그 봄날, 소년은 한 역할을 맡아서 연기하는 즐거움을 생애 두 번째로 맛보게 되었다. 그 즐거움은 다른 사람의 삶을 연기하며 자신을 발견하게 되는 경험이기도 했다. 그는 또한 관객들의 박수갈채를 받는 희열감도 맛보았고, 무대 조명을 받는 순간에는 자신에게 마법을 걸어서 자아를 함양하는 기쁨까지 누렸다.

한편 브리지트 오지에르는 라 프로비당스 학교의 교육 과정에 포함된 연극반 수업을 단독으로 지도했던 교사였다. 그녀는 학교에서 문학과 라틴어를 가르쳤다. 브리지트는 즐겁긴 했지만 아마도 조금 단조로웠을 아미앵에서의 일상생활을 이어가던 중에 이 연극반 수업을 통해 자신만의 오락거리를 찾았을 것이다.

그녀는 학생들에게 자기의 시간을 아낌없이 내주었고 수많은 이야기들을 들려주었다. 또한 몰리에르나 보들레르 같은 작가들에 대한 특별한 애정을 학생들에게 전해주었다. 무엇보다 그녀는 자신에게 있어서 너무나 소중한 가치였던 '비판적 사고'를 학생들에게 권장하려고 애썼다. 이 비판적 사고는 인간의 모든 자유로운 해방에 있어서 필수요건이기도 했기 때문이다. 그녀가 해방될 순간도 점점 더 윤곽을 드러내고 있었다.

에마뉘엘 마크롱과 브리지트 오지에르. 제자와 선생님. 언뜻 보면 이런 등장인물의 조합은 평범하기 그지없다. 그러나 이 두 사람의 이야기는 결코 평범하지 않게 전개되었다.

마크롱은 어린 시절부터 항상 두각을 나타내고 눈에 띄는 학생이었다. 그의 특출한 면모에 대한 주변인들의 증언은 천차만별이었다. 마크롱과 델프슈 초등학교에서 같은 반이었던 한 친구는 그의 엄청난 민첩성을 잘 기억하고 있다면서 이렇게 말했다. "마크롱이 하는 아주 사소한 장난에도 제 가슴이 쿵쾅거렸죠."

마크롱은 차분하면서도 학구적인 분위기를 지닌 집안의 장남으로 태어나 남동생 로랑, 여동생 에스텔과 함께 자랐다. 아버지인 장미셸 마크롱은 신경과 의사였고, 어머니인 프랑수아즈는 소아과 전문의 수련 과정을 마친 후 사회보장제도 고문을 담당하는 의사였다.

그의 가정은 허영심을 부리지 않으며 노동을 최고의 가치로 삼는 중산층 가정이었다. 마크롱의 말을 그대로 옮기자면, 그는 온정이 넘치는 따뜻한 가정환경에서 성장했다. 하지만 집안에 그런 유쾌한 분위기만 흘렀던 것은 아니라고 했다. 아버지인 장미셸 마크롱은 이런 이야기를 털어놓았다. "아주 다른 성격을 지닌 두 형제가 사는 지극히 평범한 가정이었어요. 에마뉘엘의 성격은 동생보다 좀 더 외향적이었죠."

마크롱의 부모님은 집에서도 병원 생활이나 연구 활동의 변동 등에 대해 끝없이 토론을 벌였고, 어린 마크롱은 그들의 대화를 들으며 이따금 지루함을 느끼기도 했다고 한다.

라 프로비당스 학교로부터 불과 몇 백 미터 떨어지지 않은 곳에 앙리빌의 부촌이 있었다. 마크롱은 그 조용한 길을 오가며 나날이 성숙해졌다. 마크롱이 살았던 집은 주변의 다른 집들과 마찬가지로 벽돌로 지어진 아름다운 집이었다. 섬세하게 세공된 창문과 정원도 있었다. 그 집은 서로 비슷비슷하게 생긴 석조 건물들에 둘러싸여 있었는데, 그 건물들은 모두 전통적인 아미앵 스타일로 지어진 가옥들이었다.

오늘날 이 동네에서는 누구나, 하물며 길모퉁이에 자리 잡은 정육점의 주인조차 조금도 과장이 섞이지 않은 솔직한 말투로 마크롱에 대한 이야기를 했다. 그는 이런 말을 짧게 내뱉었다. "네, 맞아요. 에마뉘엘 마크롱이 저기서 어린 시절을 보냈죠." 동네 사람들 모두가 마크롱의 가족들은 언제나 아주 소박하게 살아가는 사람들이었다고 말했다.

청소년 시절의 마크롱은 오직 책을 읽을 목적으로 원래 있던 자리를 슬그머니 뜨기 일쑤였다. 그의 아버지는 아들의 그런 행동에 대해 상대적인 의미의 해석을 내놓았다. "어쨌든 에마뉘엘은 자기 방에만 틀어박혀 있는 좀비 스타일은 아니었어요." 청소년기에 마크롱의 침대 머리맡 탁자 위에는 항상 앙드레 지드의 책이나 미셸 투르니에의 《마왕》 같은 책들이 놓여 있었다. 마크롱이 특별한 애정을 갖고 있는 그의 외할머니가 외손자에게 좋은 책들을 추천해주기도 했다. 교사였던 외할머니의 이름은 제르멘 노게였으며 일명 '마네트' 외할머니로 불렸다. 학교의 교장까지 지냈던 그녀는 2013년에 세상을 떠났다. 마크롱의 말을 그대로 옮기자면, 그의 청소년기는 움직이지 않는 삶 그 자체였다. 견실했던 이 소년은 무단 외출을 한다든가 금요일 밤마다 댄스 클럽에 가서 춤을 추는 부류의 학생이 아니었다. 그런 마크롱이 종종 집에서 도망칠 때가 있었는데, 이는 외할머니의 따뜻한 애정과 지식을 얻고자 아무도 모르게 외할머니댁에 갈 때였다.

라 프로에서 몇 년 동안 함께 수업을 받았던 급우 중 한 명의 증언대로라면, 그는 문학적인 열정으로 똘똘 뭉친 특별한 학생이었다. 그 친구는 이런 말을 했다. "하루는 선생님께서 어떤 추리소설의 첫 페이지를 3분의 1로 요약해보라는 과제를 내주셨어요. 저는 굉장히 열심히 노력해서 글을 완성시켰고 제 묘사력에 대한 자신감도 있었죠. 제가 발표를 한 후에 마크롱이 자기 원고를 읽기 시작했어요. 글쎄요……, 그때의 느낌을 뭐라고 표현해야 할까요? 놀라워서 입이 안 다물어질 정도로 그 글은 훌륭했어요! 제 글이 마크롱이 쓴 것에 비해 완전히 형편없다고 느껴졌을 정도니까요. 게다가 그 원고는 마크롱이 쉬는 시간에 책상 앞에 걸터앉아 대충 썼던 글이었습니다." 이렇게 문학 쪽에 특별한 재능과 열정을 지녔던 마크롱은 자신의 교육을 위한 무대로 파리의 출판사를 골랐다. 그리고 출간된 도서 목록 속에 파묻혀 책들을 한 권씩 섭렵해나갔다.

마크롱과 학교생활을 함께했던 프레데릭도 마크롱에 대해 놀라운 수식어들을 늘어놓았다. 그것은 거의 디오니소스 찬가에 버금가는 칭찬이었다. "에마뉘엘은 전형적인 천재

스타일이었어요. 우주에서 날아온 것 같았죠. 문자 그대로 '특출한' 아이였던 거예요. 아마 당신은 내 말을 믿지 못하겠지만, 내 학창 시절과 직장생활 전체를 통틀어서 그와 비슷한 사람은 단 한 사람도 못 만났습니다." 이렇게 전직 변호사인 프레데릭은 단언했다.

"십 년도 더 된 일화가 있어요. 어느 날 저는 아내한테 이렇게 말했죠. '학생 시절, 우리 반에 무시무시한 녀석이 한 명 있었지. 난 그 애가 장차 대통령이 될 거라고 확신해!'라고요." 프레데릭은 옛날 이야기를 하며 큰 소리로 웃었다. 정말 예언에 가까운 말이었다! 이어서 그는 과거에 자기가 마크롱을 이겼던 사건을, 즉 아주 사소하지만 위대한 승리를 거둔 그 신나는 경험에 대해서 들려주었다. "딱 한 번 내가 그를 눌렀어요. 받아쓰기 대회에서 그 애보다 먼저 원고를 완성했거든요."

학생으로서의 마크롱은 우수했다. 아니, 매우 훌륭했다. 모든 면에서 그랬다. 하지만 한 번도 그는 그의 성공이나 잘남을 자랑하지 않았다. 그는 우쭐거리는 것을 체질적으로 싫어했다. 그래서인지 마크롱의 뛰어난 능력은 다른 학생들의 미움을 사지 않았다. 오히려 그의 능력은 같은 반의 우수한 학생들에게 학구적인 의욕이 넘쳐날 수 있도록 만들었다.

이제 브리지트에 대한 이야기로 넘어가 보자. 그녀는 앙드레루이 오지에르와 결혼생활을 한 적이 있다. 스무 살이라는 어린 나이에 그와 결혼을 했던 것이다. 브리지트의 세대에는 그렇게 젊은 나이에 결혼하는 일이 흔한 일이었다. 어릴 적부터 가족들이 붙여준 애칭인 '비비'로 불리던 브리지트는 자라면서 점점 더 감수성이 예민해졌다. 그녀는 일찌감치 자기 가족을 만들고 싶은 마음이 컸다고 한다.

오지에르 부부는 고향인 아미앵에 돌아오기 전에 릴에서 살았고, 그 후로는 스트라스부르에 살았다. 앙드레루이는 스트라스부르에서 외국 무역부의 프랑스 은행장을 했는데, 이 은행은 나중에 금융공사로 합병되었다.

어느 날 브리지트의 큰애가 다니는 학교에서 학부모 모임이 있었는데, 학부모 한 명이 학교를 나서면서 브리지트에게 다가가 물었다. "학생들을 가르쳐 볼 생각은 없으세요?" 그리고 그때 그 사립학교 건물을 소유하고 있는 교구 측에서 교사를 모집하고 있었다.

당시 브리지트는 한 친구의 간곡한 권유에 넘어가서 파드칼레에 있는 상공 회의소에서 정기 간행물과 관련된 일을 하면서 시간을 보내고 있었다. '학생들을 가르치라고?' 그녀는 자기가 교사가 될 것이라는 생각은 꿈에서도 해본 적이 없었다. 교사 일을 해보라는 권유를 받은 그녀는 크게 웃음을 터뜨리며, 이제 자기는 집안 기념일에도 아이들을 주렁주렁 거느리고 다니지 않는 사람이라고 말했다. 그런데 자기 자식도 아닌 다른 아이들을 가르친다니!

브리지트는 대학원 석사 과정에서 현대 문학을 전공한

후, 인적 자원 관리 분야의 직업을 갖기 위해 계획을 세우고 있었다. 하지만 마침내 그녀는 주변 사람들의 설득에 넘어갔다. 중등 교사 자격증을 받은 후, 알자스 지방에 있는 루시 베르제 학교에서 처음으로 교편을 잡게 된 것이다. 그 학교는 루터교의 영향을 받은 교육기관이기도 했다. 그녀가 그곳에 가게 된 것은 신의 계시가 아니었을까?

그녀는 신이 내려준 그 임무를 아주 쉽게 그리고 즐거운 마음으로 달성했다. 또한 가장 엄밀한 교육 방식으로 학생들에게 다가갔다. 그녀는 아주 개방적인 교사이기도 했지만 그렇다고 해서 무례한 태도를 용인해주는 교사도 아니었다.

브리지트의 친가인 트로뉴 집안의 자손들은 대대로 내려오는 초콜릿과 과자 제조 사업을 했다. 현재도 집안 식구들 대부분이 그 사업에 종사하고 있다. 피카르디 지방의 정기 간행물인 〈피카르디 소식지〉는 최근에 그 지방에서 열렸던 축제 소식을 다루며 다음과 같은 표제를 붙이기까지 했다. "트로뉴 집안은 벌써 5대째, 아미앵 시민들에게 온갖 종류의 달콤한 초콜릿과 과자들을 공급하고 있다."

장트로뉴 초콜릿 상점은 프랑스 북쪽 지방에서 상호를 등록하고 사업 중이며, 브리지트의 조카인 장알렉상드르 트로뉴가 책임자로 일곱 군데의 초콜릿 상점들을 운영하고 있다. 마카롱에서부터 아몬드까지 다양한 간식거리를 판매하고 있는 이 초콜릿 체인점들은, 오늘날 아미앵에서만 하루 동안 집계된 전체 식품판매 매출의 3%에 해당하는 판매율을 자랑한다. 아미앵의 한 시민은 빨리 자랑을 하고 싶은 마음에 숨을 몰아쉬며 이렇게 말했다. "우리가 먹는 정통 프루스트 스타일의 마들렌 과자는 우리 지방에서 직접 생산하고 있답니다."

장트로뉴 초콜릿 체인의 본점은 보행자 전용도로가 펼쳐져 있고 상점들이 늘어서 있는 상가 지구의 대로변에 자리 잡고 있다. 이 가게에는 초콜릿 색깔의 글씨로 '장트로뉴'라고 적힌 간판이 걸려 있다. 가게 이름은 브리지트의 할아버지와 아버지의 이름이기도 하다. 브리지트의 아버지는 오래전에 세상을 떠났다.

장트로뉴 초콜릿 체인점에 모여드는 수많은 손님들을 보기만 해도 그들의 사업이 어느 정도의 규모로 번창하고 있는지 짐작할 수 있다. 매주 토요일이면 유능한 판매원들이 아주 분주하게 움직이는 모습을 볼 수 있다. 그 가게는 모든 면에서 전통적인 방식을 추구하고 있는 관계로, 가게를 장식하고 있는 작은 인형조차 옛날식의 보잘 것 없는 모양을 하고 있다. 아마도 대도시 파리의 초콜릿 제조업자의 눈으로 그곳을 보면, 세련된 면이 거의 없는 수준 낮은 가게로 보일 것이다.

트로뉴 집안의 여섯 아이 중 막내로 태어난 브리지트는 시골에서 아주 정이 많고 부지런히 일하는 가족들 사이에서 성장했다. 브리지트의 집안은 정치적으로 보수적인 성향을 뚜렷하게 드러내고 있었다. 브리지트의 가족들은 질 드 로비앙이 이끄는 UDF프랑스 민주주의 연맹당을 특별히 지지하고 있었기 때문이다. 질 드 로비앙은 오래전부터 아미앵에서 공산당원들을 몰아내야 한다는 주장을 펼쳐왔다.

브리지트는 어린 시절, 자기 가문의 배경과 집안의 분위기에 대해 전혀 불만을 드러내지 않았다. 그 세계가 그녀에게 물질적인 여유를 제공해주었기 때문이다. 이를테면 그녀가 물려받은 투케의 아름다운 저택 같은 것들 말이다.

그녀는 어렸을 때 아미앵에 있는 성심 수도원에서 교육을 받았다. 규율에 순순히 복종하지 않았던 그녀는 자주 벌을 받았고, 수도원에 돌아오면 걸레를 들고 바닥을 청소하곤 했다고 한다.

아주 짧은 미니 킬트스코틀랜드 고유 의상인 스커트 모양의 옷를 걸치고 흥청거리기를 좋아했던 그녀는 존 리 후커가 연주하는 기타의 날카로운 마찰음이 울려 퍼지는 록 음악을 틀어놓고 밤새도록 춤을 추기도 했다. 어린 시절의 그녀는 다른 아이들처럼 가수 조니 할리데이의 음반을 반복해서 듣는 평범한 소녀가 아니었다. 즉, 어른스러운 소년이었던 마크롱과 완전히 반대되는 아주 영악한 소녀였던 것이다. 독서에 끊임없이 몰두하거나 쉴 틈이 조금만 생겨도 피아노 연습에 몰두했던 모범생인 마크롱과는 매우 다른 유형의 사람이었음에 틀림없다.

그러나 사람들은 그녀에게서도 남들과 다른 무엇인가를 느꼈다. 어린 시절 '자신의 길을 찾지 못했던' 그 소녀는 가까운 친구이자 작가인 필립 베송에게 훗날 이런 고백을 했다. 자기는 그 당시에 머나먼 곳에서의 삶을 막연히 꿈꾸고 있었고, 새로운 무엇인가를 갈구했다고.

브리지트의 고백에 따르면, 그녀는 그 당시에 행복해지기 위한 모든 요소를 갖고 있었다. 절대적으로 모든 것들을 소유하고 있었다는 의미이다. 눈이 항상 반짝반짝 빛나고 있던 그녀는 한 인간으로서 겪어야 하는 생생한 고뇌에 대해서는 애써 모르는 체하기도 했다. 아마도 너무 어렸을 때 가까운 사람의 죽음을 보았기 때문에 그랬던 것이 아닐까 싶다. 그녀는 어린 시절에 여기저기에서 죽음을 목격했다. 그러나 마음의 상처를 자세히 들여다보기 위한 정신 분석 치료는 전혀 엄두도 내지 못했다. 인터뷰 도중, 위아래로 온통 검은색 의상을 입은 그녀가 진지하면서도 가벼운 말투로 이런 말을 꺼냈다. "작가인 모파상의 삶도 제 삶과 비슷했죠!"

브리지트는 세 명의 자녀를 둔 어머니이기도 하다. 세바스티앙과 로랑스, 그리고 1984년생 막내인 티팬이 그녀의 아이들이다. 자녀와 함께하는 이 삶은 그녀가 어렸을 때 그토록 갈망했던 바로 그 삶이었다.

알자스 지방에서 잠시 어린 시절을 보내긴 했으나, 아미앵에서의 삶이 그녀 인생의 중심축이었다. 또한 라 프로비당스 학교에서의 교직 생활도 그 시절의 일상생활만큼이나 소중한 것이었다. 30여 년 동안 그녀와 같은 학교에서 문학을 가르쳤던 옛 동료 교사는 이런 말을 했다. "아! 브리지트 요? 그녀는 정말이지 올빼미처럼 눈치 빠른 사람이었어요." 하지만 그 동료 교사는 브리지트와 마크롱의 그 아슬아슬했던 관계에 대한 언급은 교묘하게 피했다.

교사로서의 브리지트는 자기 앞의 청중을 아주 쉽게 유혹하는 능력을 갖추고 있었다. 과거에 그녀의 수업을 들었던 한 학생은 이런 말을 들려주었다. "선생님은 아주 친절하셨고 교육에 있어서 엄청난 열정을 보여주셨어요." 또 다른 학생인 니콜라는 라 프로에서 가장 훌륭했다고 기억하는 다섯 개의 수업들 중 하나로 브리지트의 수업을 꼽았다. 많은 학생들이 그녀에 대해 '자연스러운 권위'를 가진 교사라고 생각했다. 그 때문에 오히려 브리지트는 권위주의를 전혀 휘두르지 않은 교사로 평가받았다.

브리지트는 학교에서 타인까지 전염시킬 만한 엄청난 열정을 발휘했다. 또한 타인에게 좋은 영향을 줄 만한 배려를 베풀 줄 아는 교사였다. 마크롱의 입학 동기였던 프레데릭은 스스럼없이 이렇게 고백했다. "모든 학생들이 그 선생님을 사랑했어요." 브리지트의 막내딸인 티펜도 이런 이야기를 털어놓았다. "저는 어린 시절에 엄마에게 편지를 보내거나 집에 찾아와서 엄마를 찾는 모든 학생들에게 질투심까지 느꼈어요."

2000년대 초반에도 브리지트는 학교에서 예전과 똑같은 열광적인 반응을 불러일으켰다. 라 프로에서 문과 1학년 때 그녀의 수업을 들었던 마르탱 역시 이렇게 말했다. "그분은 학생들에게 교과 과정을 구술하기만 하는 여느 선생님들과 완전히 다른 유형의 선생님이었죠. 그래서인지 수업 시간에 많은 토론도 할 수 있었어요. 우리는 볼테르가 남긴 글도 읽었고, 라퐁텐 우화집에 들어 있는〈페스트에 걸려서 병든 동물들〉이라는 작품도 읽었어요. 선생님은 우리에게 이렇게 질문하시곤 했죠. '만약 너희가 강력한 권한을 가진 존재이거나 아니면 아주 하찮은 존재라고 가정해보자. 그럼 오늘날, 너희는 이 일을 어떻게 해석할 수 있을까?' 언제나 멋을 한껏 부린 스타일을 고수했던 그녀의 외모 역시 다른 선생님들과 뚜렷이 대조되었어요."

사실 브리지트는 마크롱을 실제로 만나기 전에 이미 마크롱에 대해 알고 있었다. 브리지트의 둘째 딸인 로랑스는 학생들 사이에서 아주 예쁜 소녀라는 소문이 자자했던 아이였는데, 그녀가 자기 엄마에게 마크롱이 다른 학생들과 무척 다르다는 사실에 대해 일찌감치 귀띔을 해주었기 때문이다. "우리 반에 아주 외계인 같은 아이가 있어요. 그 아이는 모든 분야의 지식을 꿰뚫고 있는 것 같아요." 마크롱과 동갑내기인 로랑스가 그에 대한 핵심적인 소개를 미리 들려준 셈이다.

프레데릭이라든가 다른 학생들이 마크롱에 관해 들려주었던 이야기와 마찬가지로 로랑스의 말에도 과장된 찬사처럼 느껴지는 수식어가 붙어 있었다. 하지만 브리지트는 딸의 이야기를 듣고 나서 바로 그다음 달에 마크롱이라는 이름을 가진 학생의 비범함을 확인할 수 있었다. 마크롱이 무대 위에서 대사를 외울 때 그 대사의 운율에 귀를 기울여보니, 그의 웅변술이 어느 누구도 쉽게 따라할 수 없을 만큼 놀라운 수준이었기 때문이다. 그렇게 해서 브리지트가 에마뉘엘 마크롱에게 들려준 유일한 강의는 연극 무대 위에서 이루어졌다. 그 수업에서는 제출해야 할 노트도 없었고, 확인 서명을 해야 할 성적표도 존재하지 않았다.

사실 그런 간접적인 경로를 통해 마크롱에 대한 소문을 반복적으로 듣기 전에 이미 그 이름이 브리지트의 귓가에 울려 퍼진 적이 있었다. 라 프로의 교직원 사무실에서 동료 교사들이 마크롱이라는 이름을 자주 꺼냈기 때문이다. 여기서도 마크롱, 저기서도 마크롱······. 브리지트에게 마크롱이라는 미지의 학생은 그 비범한 면모로 인해 교사들로부터 쉴 새 없이 칭찬을 받는 인물이었다. 게다가 마크롱의 남동생인 로랑과 여동생인 에스텔도 굉장히 똑똑한 학생들이라는 소문이 파다했다. 그 두 아이들도 역시 학급에서 제일 뛰어난 학생이었다. 그래서 우연히 가끔 착오를 일으키기도 했다. '마크롱'이라는 똑같은 성을 쓰는 동생 역시 라 프로에서 수업을 들으며 아주 성공적인 학교생활을 이어가고 있었기 때문이다.

어쨌든 마크롱에 대해 많은 이야기를 들었던 브리지트는 그 학생과 처음 만났을 때 무슨 대화를 해야 할지 이미 잘 알고 있었다. 그러나 중학생이었던 마크롱은 브리지트를 처음 만났을 때 어안이 벙벙했다. 왜냐하면 연극 공연의 수익금으로 얻은 상금을 전달하는 자리에서 그녀가 수상자의 어머니 자격으로 참석했기 때문이다. 그 첫 만남에서 당시 3학년이었던 소년은 브리지트에게 자기 이야기를 지루할 정도로 길게 늘어놓았다. 그 태도에는 자기가 사람들로부터 그렇게 인정을 받았다는 것에 대한 자랑스러움이 가득했다.

그 후로 몇 달이 흐른 후 두 사람은 다시 만났다. 주변 사람들이 온갖 찬사를 붙여 가며 묘사했던 그 지적인 학생은 브리지트가 실제로 그를 만나 받은 첫인상과 모든 면에서 일치했다. 그 학생의 태도는 마치 아무것도 망치지 않으려는 것처럼 오히려 '냉정한' 편이었다. 또한 긴장하는 기색이라고는 찾아볼 수 없었고, 모두에게 호감을 주는 친근한 인상을 갖고 있었다. 이제 그 마크롱의 부인이 된 브리지트는 오늘날 이런 회상을 한다. 두 사람이 두 번째로 만났던 날, 학생들은 오직 마크롱만 쳐다보고 있었고 거의 그에게 지배당하고 있는 것처럼 느껴졌다고. 그날은 극작가 장 타르디유의 연극인 〈언어의 희곡〉을 연습했다. 마크롱이 맡았던 역할인 '허수아비' 연기가 그녀의 마음에 들었는지 안 들었는지의 여부는 전혀 중요하지 않았다. 그녀는 이미 그의 번뜩이는 존재감과 지적인 면에 완전히 매료되었기 때문이다.

마침내 그해가 끝나갈 무렵에 마크롱이 다음 무대에 다시

서기 위해 연극반에 재등록을 했다는 소문이 들렸다. 다음 공연은 극작가 에두아르도 드 필리포의 〈희극의 예술〉로 정해졌다. 마크롱과 브리지트는 이 공연을 위해 서로 의견을 교환하기 시작했다. 마크롱은 풋내기 수준의 학생이었지만 그 연극 무대를 준비하기 위해 과감하게 뛰어들었다. 피에르 위렐이 제작한 〈한 유성의 전략〉(국영채널인 프랑스 3채널을 통해 2015년 11월 21일에 방송되었다)이라는 다큐멘터리 속에서 브리지트는 입가에 미소를 가득 머금고 이렇게 회상했다. "어쨌든 그 당시에 마크롱이 제게 이런 식으로는 말하지 않았어요. '선생님, 조금 더 패기를 발휘하셔야죠!'"

마크롱은 자기의 행동과 능력에 대한 자신감으로 가득차 있었던 학생이었다. 그는 브리지트에게 연극 대본에 배역 몇 개를 더 만들자는 제안을 했다. 연극에 참여할 예정인 학생들에 비해 원작의 등장인물 수가 굉장히 적었기 때문이다. 여자 등장인물도 적었는데 브리지트의 딸인 로랑스도 그 연극 공연에서 연기를 하고 싶어 했다. 그래서 브리지트 선생님과 에마뉘엘 마크롱 학생은 머리를 맞대고 작품의 일부를 다시 쓰기 시작했다. 이 연극은 아미앵의 도시 한복판에서 〈피카르디 지방의 희곡〉이라는 멋진 이름으로 상연될 예정이었다. 교사와 제자가 이런 식의 공동 작업에 착수한다는 것은 무척 드문 일이었다. 아니, 오히려 아주 엉뚱한 행동에 가까웠다. 스승과 제자 사이에 본질적으로 내포되는 수직적인 관계와 권위적인 면은 전혀 찾아볼 수 없었다.

투케에 있는 브리지트의 자택에서 촬영된 피에르 위렐 감독의 다큐멘터리 속에서 그녀는 이런 말도 남겼다. "저는 그 애가 조금 끼적이다가 금방 싫증을 낼 줄 알았어요. 하지만 얼마 안 가 제가 그 애를 제대로 알지 못했다는 것을 깨달았어요. 마크롱은 조금씩 계속 글을 쓰고 있었어요. 저는 그 애의 영특함에 사로잡혀 버렸답니다. 그 총명함의 끝이 언제 드러날지 짐작조차 할 수 없는 상태였으니까요."

그렇게 브리지트 선생님은 학생 마크롱에게 완전히 정복당했다. 정신적으로 매료된 것이다. 그녀는 언제나 연극 무대 앞에 자리를 잡고 앉아 이 학생 저 학생에게 아낌없이 많은 조언을 들려주면서 늘 분주하게 움직이곤 했다. 자기의 중요한 취미 생활에 전적으로 몰두하고 있었던 것이다. 그러는 사이, 브리지트 선생님과 그녀의 제자인 젊은 연극배우 사이에 말로 표현하기 힘든 무엇인가가 생겨나고 있었다.

오늘날 마크롱 부인이 된 브리지트는 그 당시 새롭게 피어났던 관계에 대해서 수줍어하는 목소리로 다음과 같은 말을 했다. "네, 그래요. 우리 둘의 관계가 지성적인 관계에서 조금 더 감정적인 관계로 서서히 발전해갔다는 것을 저도 느끼고 있었죠. 암암리에 말이에요." 그 관계에서 정열은 은밀하게 도사리고 있었고, 둘이 밟고 있는 땅은 거기서 금방이라도 미끄러질 것처럼 흔들리고 있었다. 두 사람도 무슨 일이 벌어지고 있는지 막연히 예감하고 있었지만 그들은 서로에게 아무 이야기도 하지 않았다. 두 사람 모두 그런 욕망을 스스로 차단하고 있었던 것이다.

그녀는 우리에게 다시 이렇게 고백했다. "저는 그 애가 제 인생에서 가장 중요한 남자가 되리라는 것을 인식하게 되었죠. 하지만 그것은 불가능한 일이었어요." 그녀는 자신의 경험에 의거해 그런 판단을 내렸고, 그것은 분명한 사실처럼 느껴졌다. 굳이 돌려서 말하지 않는다면 말이다.

두 사람이 함께했던 첫 번째 협력 작업에 대한 이야기가 지루하게 이어진 후 브리지트가 당찬 목소리로 이렇게 단언했다. "제 눈에는 그 아이가 전혀 학생으로 보이지 않았습니다."

프랑스의 많은 남녀처럼, 브리지트 역시 '가브리엘 루시에 사건'1969년 32세의 여교사 가브리엘 루시에가 17세의 남학생을 사랑하게 되어 납치를 감행하였으나, 미성년자 유괴죄로 1년 형을 선고받고 자살함을 토대로 제작된 영화 〈사랑을 위해 죽다〉를 보았다. 가브리엘 루시에처럼 30대였던 문학 교사 브리지트 역시 거의 성년에 가까운 그 학생에게 점점 더 빠져들고 있었다. 브리지트는 영화로까지 제작된 그 특별한 사건에 대해 들었을 때 큰 충격을 받은 경험이 있었다. 영화 속에서 불행에 빠진 여교사 역할을 연기했던 애니 지라르도는 브리지트가 옛날부터 열렬히 좋아했던 여배우이기도 했다.

1960년대 후반에 가브리엘 루시에 사건에 대한 이야기는 큰 화젯거리로 떠올랐고 사람들의 논쟁에도 불을 지폈다. 아주 순종적인 성격을 지니고 있고 비난을 즐겨하는 사람들은 구역질이 나는 사건이라고 비난하며 눈살을 찌푸렸다. '풍속의 문제'와 관련된 이 거북스러운 사건은 곧바로 정부를 곤경에 빠뜨렸다. 왜냐하면 그 당시 퐁피두 대통령은 자신을 뽑아준 유권자들이 분열되지 않도록 주의를 기울이고 있었고, 수많은 국민들 앞에서 한 명의 국민도 실망시키지 않겠다고 맹세했기 때문이다. 그래서 그 사건은 눈엣가시처럼 불편한 문제가 되었다. 영리한 대통령은 결국 여러 가지 뜻이 뒤죽박죽 섞여 있는 애매한 담화문을 만들어냈다. 즉, 폴 엘뤼아르의 시 몇 구절을 낭송하고는 자신의 생각을 알쏭달쏭하게 얼버무리며 그 문제로부터 빠져나갔던 것이다. 그는 수많은 논란을 불러일으킨 사건 속의 교사와 제자의 관계에 대해서 황제의 준엄한 칙령과도 같은 백지 서명을 하는 일조차 교묘히 피했다. 가브리엘 루시에 사건처럼 치명적인 사랑 이야기들이 나쁜 결말로 이어지고 마는 일반론을 떠올릴 때, 브리지트와 마크롱의 사랑도 비극적으로 무너져 내릴 것은 자명한 일이었다.

하지만 브리지트 오지에르는 자기의 정신 나간 애정이 걷잡을 수 없이 부풀어 오르기 시작했을 때, 그런 비극에 대해서 단 한순간도 떠올려보지 않았다. 자기의 사랑과 여느 비극적인 사랑들 사이에는 비슷한 점이 거의 존재하지 않는다고 생각했기 때문이다. 또한 실제로 어떤 심각한 일도 일어나지 않았기 때문에 그렇게 부정적인 예감을 가질 수도 없었다. 오늘날 마크롱 부인은 그 당시의 육체적인 애정과 관련된 모든 의혹을 논박하면서 어떤 관능적인 사건도 일어나지 않았다는 것을 다시 강조했다.

"저는 그 어렸던 학생과 어떤 위반 행위도 저지르지 않았어요!"라고 말하는 그녀의 빛나는 눈에는 일말의 거북함도 들어 있지 않았다. 그 시선에는 오히려 순수한 사랑의 증거라고 느껴질 만한 확고함이 들어 있었다.

그러나 여전히 어떤 사람들은 법을 판단 기준으로 해서 그런 사제지간의 관계를 어딘가 비틀어진 왜곡된 관계라고 생각한다. 하지만 마크롱 부인은 자기 자식 또래의 학생과 마주했을 때 얼마나 '머리를 굴려야 했는지'를 다시 강조했다. 또한 과거에 라 프로의 학생이었고 이제 30대에 접어든 니콜라도 이런 지적을 했다. "브리지트 선생님은 학생과 탈선 행각을 벌일 만한 인물이 절대 아니었어요. 이런 확신에는 아주 실낱같은 의혹도 없습니다."

에마뉘엘 마크롱의 첫 번째 선거 운동은 지난 11월 중순에 파리의 포트 드 베르사유 컨벤션 센터에서 각고의 노력 끝에 열렸다. 선거 유세장에서는 거의 만 명이 넘는 사람들이 모여들어서 그에게 갈채를 보냈다. 그런데 중산층 가정 출신인 몇몇 소녀들은 그 후보자에게 강한 호감을 갖고 거기에 왔음에도 불구하고 불편한 속내를 숨기지 않았다. 파리고등정치학교 입학을 준비하고 있던 어떤 학생들은 얼굴을 찡그리며 이런 말을 했다. "멋진 사랑 이야기인 것 같긴

해요. 하지만 마크롱은 우리 나이와 비슷한 시기에 그녀를 만났던 거잖아요. 그런 일이 나한테 벌어졌다고 생각하면 좀 이상야릇하게 느껴져요. 그녀의 나이가 우리 선생님 연세와 똑같다고 생각하면요."

그러나 이 대통령 부인의 이야기를 들어보면, 그녀는 어쨌든 자기들이 다른 커플들과 비교되는 것은 상상도 하지 못했다고 한다. 이 커플에게는 항상 독특한 면이 있었던 것이다. 솔직히 말하자면 다른 커플들과 동일시할 만한 '실질적인 예'가 이 커플에게는 거의 존재하지 않는다. 그런데 그들에게 '아무 일도 일어나지 않았다'고 한다면 이제 무슨 말을 해야 할까? 그리고 그 커플의 어떤 점을 책망할 수 있을까? 책망할 것이 아무것도 없다면 대체 누가 그들을 비난할 수 있을까?

이제부터 다룰 문제들은 이 책의 주제에서 좀 벗어난 것처럼 보인다. 성적인 의미의 성년成年은 사실 열다섯 살이 아닌 열여덟 살 이상을 기준으로 정해지며, 성인들은 미성년자들에 대해 어느 정도 강제력을 행사할 수 있다. 그러므로 교사들은 자기 학생들과 성적인 관계를 맺는 일이 법적으로 허락되지 않는 것이다. 사회에서 공공연하게 인정받는 사제지간이라는 관계의 특별한 애정은 다른 관계에 있어서보다 더 상징적이고 미적인 면을 내포하고 있다. 어떤 측면에서 보면 교사와 학생이라는 양면의 그림은 마치 부모와 자식

사이처럼 보호자와 피보호자의 이미지를 연상시킨다.

학생과 지도자라는, 한 세대에서 다른 세대로 이어지는 이 관계는 그 자체로도 특별하지만 아주 평범한 이미지를 만들어낸다. 단, 학생이 특별하거나 평범하지 않은 경우를 제외하고 말이다. 그리고 마크롱은 교양과 재능에 있어서 도저히 믿기 어려운 경지를 보여준 학생이었다. 그를 가르쳤던 브리지트는 학생들에게 거리를 유지하고 학구적인 모습을 보여주는 선생님이라기보다는 로빈 윌리엄스가 연기했던 〈죽은 시인의 사회〉에 나오는 선생님의 모습과 훨씬 더 비슷했다. 제자인 마크롱 역시 다른 학생들과 매우 달랐다. 브리지트 마크롱은 자신에 대한 다큐멘터리를 찍은 피에르 위렐에게 다음과 같은 이야기를 털어놓았다. "그는 항상 교사들과 토론을 벌였어요. 그리고 책을 가득 들고 다니면서 책 속에 파묻혀 있었어요. 보통의 청소년이 아니었던 거죠. 그는 모든 사람과 동등한 관계를 맺고 있었어요. 저는 그가 상대방의 나이가 젊다고 덜 존중하고, 상대방의 나이가 많다고 더 존경하는 모습을 한 번도 본 적이 없습니다."

마크롱의 부인인 브리지트는 그 당시에 자기에게 너무나 많은 칭찬을 늘어놓는 그의 말이, 어쩌면 단지 그녀의 사랑을 얻기 위한 계산에서 나온 것이 아닐까 하는 의심을 품었다고 한다. 그러나 브리지트도 어쩔 수 없이 마크롱의 옛 친구들처럼 이런 주장을 하고 말았다. "에마뉘엘의 능력은 정말 특별했어요. 저는 지금 부인으로서가 아니라 그를 가르친 교사로서 말하고 있는 거예요." 게다가 그 교사는 매년 수백 명의 제자들을 배출한 사람이었다. 브리지트는 아미앵에서 오랜 세월 동안 교편을 잡았다. 그리고 그 후로는 생 루이 드 공자그에서, 나중에는 파리에서도 학생들을 가르쳤다. 그녀는 그 오랜 교직 생활을 통해 출발선에서부터 이미 굉장한 특권을 가지고 있는 학생들의 잠재력(또는 한계 역시)을 판단할 수 있었다. 그녀는 미래에 파리경영대학원이나 파리공과대학에 진학하게 될 수많은 학생들이 자신의 수업에서 하는 발표도 얼마나 많이 들었겠는가?

학생이었던 마크롱은 고작 열여섯 살이었지만, 자기의 상황 앞에 놓인 것들을 모르는 체하지 않았다. 마크롱은 자기를 잘 아는 브리지트의 딸 로랑스는 분명 자기와 선생님의 편을 들어주겠지만, 그 외 선생님의 남편을 비롯한 가족들은 그러지 않을 거라는 것을 알았을 것이다. 일류 가톨릭 학교에서 높은 평가와 존경을 받고 있는 여교사라는 입장 등 많은 장애물들이 엄연한 현실로 자기 앞에 존재한다는 것을 똑똑한 마크롱은 알고 있었을 것이라는 말이다. 그리고 실제로 그 모든 요소들이 그들에게 대항하고 있었다. 그러나 마크롱을 불안하게 만드는 것은 하나도 없었다. 그의 외모는 길게 기른 그의 금발과 함께 다소 감정적이고 낭만적인 이미지를 풍겼다. 그러나 마크롱은 고민에 빠져 괴로워하는 청년이 전혀 아니었다. 그 나이의 청년들이 흔히 그렇듯이 허무주의적인 전망 속에 자신을 가두고 컴컴한 우울증에 빠져서 가슴 아파하는 그런 유형의 청년이 아니었던 것이다. 오히려 마크롱은 자신의 파란 눈동자로 아주 멀고 위대한 곳을 내다보고 있는 당당한 정복자의 모습을 하고 있었다. 그것은 아마도 낭만보다는 열정에 가까운 모습이었을 것이다.

그러나 결국 학교 내에서 사람들의 수군거림이 들려오기 시작했다. 그 시절 라 프로비당스 학교에 다녔던 한 친구는 이렇게 회상했다. "두 사람에 대한 나쁜 소문은 듣지 못했어요. 아니 오히려 우리들 대다수는 그 소문에 관심이 없었어요. 왜냐하면 우리는 여학생을 따라다니는 일에나 관심을 쏟고 있었거든요. 복도에서 들려오는 누군가의 연애 소문에만 귀를 기울였죠." 조금 품위 없는 말로 표현하자면, 그 나이 또래의 여학생들은 때때로 자기가 사랑하는 남자에게 기꺼이 몸과 마음을 바쳤다. 그런데 그 당시 여학생들은 쉬는 시간이 되면 이런 말을 소곤거리곤 했다. "에마뉘엘은 브리지트 선생님을 유혹하려는 것 같아."

피카르디 지방의 이곳저곳에서 그 커플이 함께 있는 것을 봤다는 목격담이 들려왔다. 그들이 쭉 뻗어 있는 운하를 따라 피카르디에만 있는 유명한 채소 재배지를 산책했다는 소문도 들렸다. 그러나 연극반 내에서는 비교적 진실에 가까운 것들이 진실 그 자체로 간주되는 나쁜 풍토를 의식해서였던지, 그 소문에 대해 더 캐내려는 행동을 하지 않았다.

라 프로비당스 학교에서 1학년 때부터 마크롱과 친구로 지냈던 르노는 이렇게 말했다. "에마뉘엘이랑 있을 때 우리는 그런 이야기를 하지 않았어요. 좋아하는 여자라든가 사귀고 있는 여자에 관한 이야기들 말이에요. 그런 종류의 이야기를 금기시했다고는 할 수 없지만, 그 주제는 너무 경박하게 느껴져서 우리가 맺고 있는 인간관계에 끼어들지도 못했죠."

친구 르노의 이야기에 따르면, 그 당시 마크롱의 또 다른 친구들은 점점 더 무성해지고 있던 소문의 진상에 대해 본인에게 직접 물어보려고도 하지 않았다고 한다. 오늘날에도 르노는 여전히 그때 일어난 일들에 대해 더 이상 이야기하려고 하지 않았다. 아마도 옛 친구에 대한 존중의 마음에서 조심스러운 태도를 취하는 것 같았다. 그는 그 시절 때때로 마크롱의 집에 놀러갈 만큼 친한 사이였다. 마크롱의 방은 아직 유년기 특유의 분위기로 가득 차 있어서 한쪽 벽에는 동화《피터 래빗》에 나오는 캐릭터 그림들까지 붙어 있었다고 한다. 거기서 두 사람은 자크 브렐의 노래를 듣기도 하고, 텔레비전의 촌극들을 보며 깔깔거리기도 했다.

그 당시 마크롱은 정말이지 인생에서 처음으로 사랑에 푹 빠져 있었다. 물론 그전에도 이성에게 사소한 연정을 품었던 적이 있었지만, 이번에는 교사인 브리지트가 지닌 활기에 완전히 매료된 것이다. 이제 마크롱은 그녀를 열렬히 갈망하게 되었다.

사실 그 당시에 라 프로비당스 학교에 있던 어느 누구도 이들의 달콤했던 사랑에 대한 증거를 눈치채지 못했다. 마크롱 부인의 이야기에 따르면 그때의 사랑은 아직 정신적인 영역에 머물러 있었다고 한다. 마크롱 대통령의 오늘날 측근 중 한 사람도 이렇게 단언했다. "그들의 사랑은 조금씩 점진적으로 자리를 잡아갔던 것 같습니다." 마크롱의 또 다른 지인은 그런 증언에 대해 별로 확신하는 것 같지 않았다. "그 커플은 자기들의 욕망에 대해 억제하는 것 같은 인상을 준 게 아니었던가요?" 오히려 이렇게 상대에게 묻는 체하는 태도를 보였기 때문이다.

마크롱은 랭보의 시에 등장하는 화자의 모습과는 다르게, 브리지트에게 자기의 마음을 과감하게 드러내며 완벽할 정도로 진지한 모습을 보였다. 그때 그는 아직 열일곱 살도 안 된 나이였다.

사랑에 푹 빠진 그 낙관론자는 마침내 가면을 벗으며 자기를 괴롭히는 고민에 대해 털어놓게 된다. 오늘날 마크롱 부인은 우아한 태도로 이런 고백을 했다. "그는 아주 빨리 알아챘어요. 우리 앞에 사랑의 기회가 있다는 것을 인식하게 된 거죠."

하지만 마크롱은 뛰어난 재능을 갖고 있는 학생이었고, 자신의 잠재력을 더욱 꽃피울 수 있는 곳으로 진출해야 할 필요가 있었다. 그의 부모도 역시 아들이 겪고 있는 너무나 위험한 연정과 도저히 이해할 수 없는 그 기이한 상황으로부터 아들을 벗어나게 해야 한다는 생각을 갖게 되었다. 이

것은 어쩌면 부모로서는 당연한 일이었다. 그래서 브리지트 오지에르는 자신의 제자 마크롱을 위해 프랑스 전체에서 가장 훌륭한 학생들이 몰리는 앙리 4세 학교나 루이르그랑 학교에 입학하기를 원하게 된 것이다.

결국 마크롱은 앙리 4세 학교에 들어갔다. 마크롱의 부모들은 브리지트와의 연정을 걱정하며 큰아들에게 아미앵에서 멀리 떠나라고 명령을 한 적이 없었다고 주장한다. "우리는 마크롱을 밖으로 내몰았던 적이 없어요." 마크롱의 아버지는 자기들을 그런 식으로 비방하는 기사들이 쏟아지자 극도로 지친 나머지, 전화상으로도 짜증을 내며 입을 열었다. 그는 과연 진실이 밝혀질 수 있을지 의심스럽다면서 이렇게 덧붙였다. "우리 부부는 이미 예전부터 두 아들 모두 언젠가는 파리로 공부를 하러 갈 것이라고 내다보고 있었어요."

하지만 마크롱의 부모들은 아들을 파리로 보내는 일이 아들의 연정을 흐려지게 만들 수는 있을 것이라고 내심 기대하고 있었다. 거기에는 아주 작은 의심도 없었다. 그런 기이한 연정은 지방의 훌륭한 중산층 집안의 규범에 전혀 어울리지 않는 것이었기 때문이다. 그리고 그런 기대는 부모 입장에서는 어쩌면 당연한 것이기도 했다.

에마뉘엘 마크롱도 자기의 사랑에 대한 이야기가 사람들 사이에 떠돌아다니는 것을 원하지 않았다. 그리고 그렇게 학교를 옮기며 한 번의 실패를 겪는 셈이지만, 포기하거나 세상에 굴복한 것은 아니었다. 어쨌든 그는 그 정신적인 위기 상황 속에서 길을 잃은 것처럼 보였다. 그리고 자기의 가족과 평화로운 조화를 이루는 일에 이미 실패한 것 같았다. "그가 자신을 위해서든 저를 위해서든 떠나야만 한다는 사실이 분명해졌지요." 브리지트가 이렇게 말했다.

그러나 고작 열여섯 살에 불과했던 이 학생은 마흔 살의 여자 앞에서 무례하거나 과감한 행동을 전혀 하지 않았다. 그저 이렇게 비장한 말을 던졌을 뿐이다.

"선생님은 제게서 떠나지 못하실 거예요. 전 꼭 돌아올 것이고 당신과 반드시 결혼할 겁니다!"

이렇게 괴로운 상황에도 불구하고 그는 마지막 학년을 파리에 있는 명문 학교에서 보내기 위해 열심히 공부했다. 결국 마크롱은 자기가 브리지트 선생님 앞에서 던졌던 그 약속을 지킨다. 그리고 선생님의 저항을 점점 더 끈기 있게, 믿을 수 없을 정도로 놀랍게 물리친다.

제2장

'완전히 정상적이지 않은'
커플 이야기

이제 두 사람 사이에는 150킬로미터의 거리가 놓였다. 상당히 멀었던 그 거리는 극복하기 힘든 장애물로 작용했다. 1994년이나 1995년으로 돌아갔다고 잠시 상상해보자.

그 시절에는 아직 휴대 전화가 없었다. 그래서 상대방이 곁에 없다는 결핍감을 쫓아버릴 수도 없었고, 긴 문자 메시지를 통해 자신의 감정을 전할 수도 없었다. 그러나 이 커플은 유일한 해결책 하나를 구상했다. 아침저녁마다 그리고 시시때때로 서로의 존재를 머릿속에서 떠올리는 일이 그 방법이었다.

게다가 마크롱은 고향인 아미앵을 떠나 새로운 환경에 잘 적응하지 못했다. 그는 브리지트와의 관계를 떨쳐버릴 수도 없었고, 또한 떨쳐버리기를 원하지도 않았다. 두 사람은 가끔씩 하는 전화 통화로 그 관계를 간신히 유지하고 있었다.

한편 브리지트 오지에르는 마치 아무 일도 없었던 것처럼, 아니 거의 아무렇지도 않은 듯이 라 프로비당스에서의 교직 생활을 이어나갔다. 여전히 그녀는 약간 어둡게 느껴지는 긴 복도를 성큼성큼 걸어 다녔다. 그리고 연한 장밋빛이나 싱그러운 연녹색을 띠고 있는 교실의 벽을 보면서 가끔 미소를 지었다. 우중충한 분위기가 물씬 풍기는 교직원 사무실에서는 언제나 햇빛이 비치지 않는 자리에 앉아 있었다. 그녀에게 유일하게 편안함을 주는 이케아 안락의자에 앉아 어떤 일에도 거의 동요하지 않고 지내는 날들이 이어졌다. 라 프로비당스 학교에는 익명으로 음해성 전화가 걸려오기도 했다.

그런 전화는 공직자로서의 삶에 치명적인 위협을 줄 수 있는 것들이었다. 하지만 어느 누구도 브리지트에게 마크롱의 일을 직접적으로 물어볼 만큼의 용기가 없었다. 그리고 어느 누구도 그녀와 맞설 만큼의 용기 또한 없었다. "교내에 있는 사람들은 그 일에 대해 제게 이야기를 꺼내고 싶어 하는 듯했어요. 하지만 아무도 그런 행동을 감행하지 않았죠. 제가 그들에게 단호한 태도를 보인 후에야 예전처럼 편하게 저에게 말을 걸었습니다." 마크롱 부인은 약간의 분노라든가 어두운 앙심을 품지 않은 채 자기의 사고방식대로 대처했다고 말하며 웃었다. 어쩌면 그녀는 그때 아주 간단히 그들이 자기 근처에 오지 못하도록 쫓아버릴 수도 있었을지 모른다.

"학부형들로부터 존경받는 탁월한 교사라는 사실이 브리지트 선생님께 가장 큰 도움을 주었어요. 하지만 사람들은 라 프로비당스에서 우스꽝스러운 소동이 일어나기를 기대했나 봐요. 오늘날 법을 아주 잘 지키는 사람도 신경 쓰지 않을 그런 소동이요. 어쨌든 그 일은 많은 사람들에게 진정한 직업윤리에 관한 문제를 제기했지요."

이 이야기를 한 사람은 마크롱의 옛 친구 르노이다. 그때는 물론이고 오늘날에도 학교 교사가 그런 수상쩍은 소문에 휘말린다는 것은 상상도 할 수 없는 일이라고 그는 말했다. 하물며 사립 가톨릭 학교에서는 그 일이 어떻게 받아들여졌겠는가?

"프랑스 전체나 다른 어느 나라의 학교에서든 마찬가지일 거예요. 그런 종류의 일은 하늘이 무너지는 것처럼 충격적으로 다가오는 사건이죠. 아주 단순히 말해서 사람들이 도저히 이해할 수 없는 사건이라는 뜻입니다."

아미앵에 있는 그 학교에서의 충격적인 스캔들이 슬슬 자취를 감추었을 무렵 마크롱은 이미 거기에 없었다. 그때부터는 모든 것이 재빨리 은폐되는 듯했다.

아마도 그 커플이 지닌 어떤 독특한 면이 그들을 서로 대등한 위치에 있는 인물들로 자리 잡게 만드는 것 같았다. 만약에 스캔들이라는 것이 진짜 존재했다면, 기이하게도 그 스캔들은 부분적으로 무엇인가에 억압되어 있는 것처럼 느껴졌다. 게다가 그 유서 깊은 명문 학교의 평판을 생각할 때, 학교 측은 그런 과오에 대해서 결코 묵인하지 않았을 것이다. 그래서 그들은 불미스러운 사건을 그런 식으로 재빨리 덮어버리는 게 올바른 길이라고 생각했던 것이다.

어쨌든 스캔들이 그렇게 흐지부지되면서 많은 사람들이 안도의 한숨을 쉬었다. 마크롱의 친구인 르노 역시 중학교 과정에 이어서 고등학교 과정 때 브리지트 선생님의 수업을 다시 듣게 되어서 기뻤다.

교사로서의 그녀의 행적은 거의 감동적이기까지 하다. 다시 교사의 본분으로 돌아간 오지에르 부인은 학생들로부터 받았던 인기를 전혀 잃지 않았다. 그녀는 매일 아침에 집에서 나와 라 프로비당스 학교로 출근하는 생활을 이어나갔다. 분명히 '신의 섭리providentiel'가 작용했을 그 장소를 향해서 말이다.

브리지트의 이야기에 따르면, 그 '스캔들'은 그런 식으로 실체를 알 수 없는 낯선 상태로 남게 되었다고 한다. 미완의 상태로 남아 있는 소송 자료처럼 말이다. 한편 마크롱은 자기 가족들과 멀리 떨어져서, 그리고 브리지트와도 멀리 떨어져서 고등학교 교과 과정 공부에 매진하고 있었다.

마크롱이 다녔던 앙리 4세 학교는 엘리트 중심적인 교육을 표방하는 학교인데 판테온 광장의 맞은편에 있다. 우리의 주인공 라스티냑^{발자크의 《인간 희극》에 등장하는 인물로 공부를 하기 위} ^{해 시골에서 파리로 올라온 가난한 귀족 청년}은 아미앵이라는 누에고치에서 빠져나와 수도 파리에 입성하면서 지금까지 경험하지 못한 낯선 체계를 발견한다. 파리라는 도시가 이 이방인에게 제공해준 사회적이고 지적인 세계에 그는 불안해하기도 하고 도취하기도 했다. 그는 센강의 좌안에 집을 얻었고 침실 겸 거실로 쓰는 방 한 칸짜리 집에서 살았다. 장차 로스차일드 투자은행의 임원이 되어 대도시의 사무실에 자기 서류 가방을 올려놓게 될 사람의 방이라고 보기에는 거처가 좀 초라했다.

고등사범학교 입시 준비반 시절의 초반에는 굉장히 고달픈 일상이 이어졌다. 마크롱은 태어나서 처음으로 자기보다 더 뛰어난 사람들과 접촉하게 되었다. 또한 그는 사랑하는 여인이 곁에 없다는 사실로 인해 괴로워했다. 브리지트 역시 무슨 일이 있어도 자기의 가족, 특히 자식들을 돌보아야만 했다. 물론 아주 가끔씩 들려오는 마크롱에 대한 소식에 심란해하면서 말이다.

브리지트의 큰아들인 세바스티앙은 국립공과대학에서 학업을 이어가고 있었다(그는 나중에 통계학을 전공하게 된다). 마크롱과 동갑인 열일곱 살의 로랑스는 의사가 되고 싶어서 이공계를 선택했고 3학년에 재학 중이었다. 그러나 이런 변화에도 불구하고 오지에르 집안에서는 아무 일도 일어나지 않는 일상이 계속되었다. 아미앵에 있는 그들의 집 안에서는 알 수 없는 긴장감이 서서히 생겨났다. 브리지트는 자기 마음속에 피어오르는 너무나 분명한 감정을 쫓아버리려고 애쓰며 스스로에게 채찍질을 했다. 그녀는 이제 남편이 된 마크롱의 선거 사무실에 앉아서 편안한 태도로, 그 당시에 마크롱을 잊으려고 노력했던 것이 얼마나 불가능한 일이었는지에 대해 고백하고 있다. 자기의 큰딸 또래였던 마크롱의 나이를 떠올리면 애틋한 감정의 불씨는 난숨에 꺼지곤 했다는 것이다. 브리지트와 앙드레루이 부부가 이 내밀한 고난에 직면했을 때 막내 티팬은 고작 열두 살이었다. 그런 상황에서도 교사 브리지트는 대학 입학시험 준비라든지 혹은 이해할 수 없는 교과서 내용 때문에 힘들어하는 학생들을 자기 집으로 불러들여 가르쳤다. 그녀의 옛 제자들은 이렇게 회상했다. 앙드레루이는 자기 부인의 제자들을 항상 친절하게 맞이했으며, 그들이 갑자기 집에 들이닥칠 때에도 전혀 난처해하지 않았다고.

그렇게 해서 어떤 학생들은 아무 망설임도 없이 오지에르 부부의 집 문을 두드리기도 했다. 그들은 자기 제자들의 성공을 위해 많은 시간을 선뜻 내주는 선생님께 감사의 마음을 전하기 위해 꽃다발이나 샴페인을 양손 가득 들고 문 앞에 나타나기도 했다.

한편 트로뉴 집안 쪽은 그 스캔들을 접하자마자 발칵 뒤집혔다. 투케에 사는 한 인사는 이런 이야기를 털어놓았다. "그 집안 식구들에게 있어서 그 일은 정말이지 엄청난 충격이었어요." 그는 파드칼레 주에 자리 잡은 집에서 오랫동안 살았고, 트로뉴 가의 자식들을 아주 잘 알고 있던 사람이었다.

아미앵의 〈피카르디 소식지〉에서 근무하는 한 기자는 그보다 한술 더 떠서 이렇게 말했다. "트로뉴 가의 사람들에게 있어서 그 일은 완벽한 스캔들이었어요. 브리지트가 결국 남편을 버렸을 때, 그녀의 가족들 사이에는 엄청나게 팽팽한 긴장감이 감돌고 있었죠." 그 후로 20여 년이 지난 오늘날, 그녀는 아주 부드러운 태도로 약간의 수줍음을 띠고 그때의 일에 대해서 회상했다. "아버지는 이미 돌아가셨고 어머니는 편찮으셨기 때문에, 제 형제자매들은 자신들이 부모님의 역할을 하려고 저를 설득했어요."

그녀와 마크롱의 관계가 더 분명하게 윤곽을 드러내자 이제 트로뉴 집안의 태도는 상당히 누그러졌고, 브리지트의 어머니는 이미 그런 분위기를 눈치채고 있었다. 브리지트와 마크롱은 그 어느 것도 느슨하게 포기하지 않았다. 마크롱은 여전히 앙리 4세 학교에서 고등사범학교 입시를 준비하며 B/L반 고등사범학교 입시 준비 커리큘럼에서 A/L반은 고전문학과 현대 언어, 각종 예술을 배우고, B/L반은 문학과 역사, 수학, 사회학 등을 배운다에 등록했다.

그는 경제학도 공부했다. 나중에 마크롱이 국립행정학교에서 몇 해를 보내는 동안 그를 지켜본 사람들은 그가 수습 기간에도 굉장히 카리스마 넘치는 모습을 보였다고 묘사했다. 그러나 사실 마크롱은 그 당시에 무척 외로웠다고 한다.

실제로 그의 곁에는 라 프로비당스에서 같이 공부했던 친구 몇 명만이 남아 있었다. 마크롱은 주말에 고향인 아미앵에 돌아가면 라 프로비당스 시절 교제했던 친구들을 만났다. 그러나 그 영리한 청년은 자기의 행적을 거의 남겨놓지 않았다. 그의 학교 동창생들 중 어느 누구도 그가 무척 외로운 사람이었다고 회상하지 않았다. 동창생 한 명은 이렇게 짧게 요약했다. "에마뉘엘은 친구가 별로 없는 것 같았고, 거의 사회화되지 않은 애처럼 느껴질 정도였어요. 하지만 어떻게 보면 우리처럼 평범한 남자애들이랑 어울리는 것을 따분하게 생각했을지도 몰라요."

몇 년이 더 지난 후에도 사람들은 마크롱에 대해 예전과 같은 감정을 가졌고, 예전과 같은 판단을 내렸다. 하지만 사람의 인격은 젊은 시절에 보다 더 섬세하게 다듬어지는 법이다. 그 젊은이 마크롱은 자기 학급에서도 가까운 친구가 거의 없는 상태로 정신이 언제나 다른 곳에 가 있는 듯했다. 그렇다고 해서 타인을 경멸하거나 무시하는 성격을 가진 것은 아니었다.

그런 마크롱과 마음이 정말 잘 통하는 사람이 한 명 있었다. 마크롱이 이 친구의 독특함에 주목했듯이, 이 친구도 마크롱의 독특함에 관심을 가졌다. 까칠까칠한 싹과도 같은 기질과 거만한 성격은 어쩔 수 없이 쉽게 티가 나게 마련이다. 그 친구는 그런 독특함으로 인해 예전에 명망 높은 스타니슬라스 학교에 들어가기까지 했다.

브리스라는 이름을 가진 그 친구는 마크롱을 좋아했다. 그는 경제학 분야의 초심자들에게 간단한 강의를 해주는 일반 과정 수업을 들었고, 마크롱은 수업을 함께 듣는 사람들과 잘 어울리지 못하고 있었다. 그렇게 해서 둘은 자연스럽게 친해졌다. 브리스는 오늘날에도 여전히 그 시절의 마크롱에게 반한 듯한 눈빛을 숨기지 못하고 다음과 같이 고백했다. "그는 역사와 독특한 문학 분야에 굉장한 교양을 갖추고 있었죠." 브리스는 옛날 마크롱과의 관계에 대해 공식적으로 이야기할 수 있는 기회를 갖게 되자 무척 즐거워했다. 브리스가 '마크롱주의'의 논리와 거리가 먼, 굉장히 우파적인 전망을 지닌 사람이라는 점은 놀라웠다.

마크롱에게 매료된 또 다른 사람인 브리지트는 전에 마크롱에게 르네 샤르에 관한 발표를 준비해보라는 조언을 했다. 르네 샤르는 정치적인 위업을 남긴 저명한 시인이다. 다른 학생들은 그런 주제의 발표에 의무적으로 임하겠지만 마크롱은 놀라운 달변으로 의견을 개진할 것이 분명했다. 브리지트는 그의 발표를 듣고 싶었다. 그 당시에 브리지트와 가장 가까웠던 친구 한 명은 경쾌한 목소리로 이렇게 말했다. "그녀는 에마뉘엘에 대해서 언제나 약간 마음이 약해지는 것 같았어요."

여전히 아미앵에서의 결혼생활에 묶여 있던 브리지트 오지에르는 가끔 시간이 날 때마다 집에서 빠져나왔다. 바로 그 당시에 마크롱은 거의 매주 금요일 저녁이 되면 파리에서 아미앵으로 가는 기차를 탔다. 그 당시에 브리지트의 수많은 옛 제자들도 역시 아미앵에서 파리로 돌아가곤 했기 때문에 어쩔 수 없이 이 커플과 자주 마주치게 되었다. 기차 플랫폼 위에서, 그리고 TER 국철의 객차 안에서 말이다.

한번은 제자들 중 한 명이 릴에 있는 노상 시장에 갔다가 이 커플과 우연히 마주쳤다. 그런데 그 제자는 그들과 마주치자 좀 불편한 기색을 보였다. 아니 사실대로 말하자면 거의 충격을 받은 것 같았다. 자신이 그 커플을 난처하게 만들까 봐 한층 더 불안해졌던 것이다. 그런데 브리지트가 그 제자에게 열렬한 인사를 건네며 선수를 쳤다. 시선을 다른 곳으로 돌리려고도 하지 않았다. 그녀는 인사 외에 다른 어떤 이야기도 꺼내지 않았던 것이다.

파리에 있을 때 두 연인은 때때로 오데옹 광장 근처의 유명한 카페인 프로코프에 가서 점심식사나 저녁식사를 했다. 그곳은 자기들을 염탐하고 가끔씩 질투의 시선까지 보내는 지방의 사람들로부터 벗어날 수 있는 먼 곳이었다. 그러나 속담에도 있듯이 모든 소문은 언젠가 알려지게 마련이다.

마크롱은 오늘날 폐쇄된 상테 형무소에서 아주 가까운 곳에 거처를 마련해서 오스만 스타일로 지어진 아파트 1층에서도 살았다. 그전에 살았던 방 한 칸의 조촐한 거처보다는 확실히 더 좋아졌고 더 풍요로워 보였지만, 항상 덧문이 닫혀 있는 이 주택도 그다지 안락한 것은 아니었다.

우리의 주인공 커플은 가족들과의 갈등 상황을 피한 채 이곳에서 행복한 도망자 신세로 살아갈 수 있었다. 그 당시 마크롱의 동생인 로랑은 파리에 있는 의과대학에 등록을 했기 때문에 집을 비우고 있었다. 브리지트와 마크롱은 드디어 그 비밀스러운 사랑을 두려움 없이 만끽하게 되었다. '비밀스러운'이라는 형용사는 엘리제궁에 들어간 사람이 자기들의 사랑에 처음으로 불을 지피기 시작했던 시기를 회상하며 직접 고른 말이다.

학생 마크롱은 자기의 마음을 섣불리 고백하지 않았다. 왜냐하면 쉽게 얻은 관계가 아닌 만큼 그 관계에 신중을 기하고 싶었기 때문이다. 최소한 근본적으로는 그런 마음을 갖고 있었다. 자기의 여자에 대해서도 여전히 그는 말을 아끼는 편이다. 어떤 사람들은 이 커플에 대해 몇 가지 억측을 만들어내기도 하고 이들을 비난하기도 하면서 재미를 느낀다. 약간의 허언증 환자가 되는 것이다.

마크롱은 뛰어난 사람들과 자기를 가르치는 교사들의 마음을 사로잡는 일을 특히 즐겼다. 웅변술에서 발휘되는 그의 감각과 더불어 그의 문학적인 자질들은 언제나 핵심을 찌르는 놀라운 경지를 보여주었다. 파리 9구의 공화당 의원으로 뽑힌 장바티스트 드 프로망은 미묘한 일화 한 가지를 들려주었다. "에마뉘엘은 특히 구두 표현에서 탁월한 재능을 보였어요. 제가 그 재능을 알게 된 후 몇 개월이 흘렀죠.

우리는 어렵지 않게 소논문 과제를 제출했어요. 그리고 나서 얼마 후에 성적이 나왔는데, 에마뉘엘이 별로 좋은 평가를 받지 못했다는 것을 알게 된 거예요. 아마도 그는 자기 기준으로 볼 때 가장 전문적이고 가장 기술적인 주제들에 대해 학술적으로 깊게 파고드는 일이 내키지 않았던 게 아닐까요?"

한편 니콜라 사르코지 대통령의 옛 고문위원은 마크롱이 지닌 '얕은 수준의 예술적 취향'을 조준해서 지적하기도 했다. 또 그는 특정한 면에 있어서 마크롱과 정치적으로 대립각을 세우고 있었다. 두 사람은 고등사범학교 입시 준비반에서 일 년 동안 함께 공부한 사이이다. 그 고문위원의 재능에 대해 굉장히 감탄을 했던 브리스는 "세바스티앙 베이유의 지성미에 깊은 인상을 받았다"고 이야기했다.

그러나 역사의 아이러니는 언제나 존재하는 법인가 보다. 유명한 여성 정치인이었던 시몬 베이유의 손자인 세바스티앙 베이유가 니콜라 사르코지의 측근이 되기도 했고, 그 후로는 마크롱의 엘리제궁 입성을 목표로 '앙 마르슈!' 신당에 들어갔으니 말이다. 고등사범학교 준비반의 그 옛 동창은 나중에 마크롱에게 조언을 해주는 측근이 되었다.

파스칼린 뒤파도 역시 그들과 한배를 타게 되었다. 특히 경제학 분야에서 탁월한 능력을 지닌 이 새파랗게 젊은 인물은 나중에 자기의 재능 덕분에 큰 명예를 얻게 된다.

젊은 에마뉘엘 마크롱은 검은색 조끼를 자주 입고 하얀 와이셔츠의 깃을 활짝 풀어헤친 채 약간 허세를 부리듯 걸어 다녔다. 그러고는 학교에서 멀리 떨어진 세계에서 벌어지는 수수께끼 같은 여러 삶의 모습들을 여기저기에서 구경했다. 장바티스트 드 프로망은 확신에 찬 어조로 이렇게 말했다. "에마뉘엘은 여자애들보다 남자애들과 어울리는 시간이 더 많았어요. 여자들한테 약간이라도 관심을 보이는 듯한 모습은 전혀 없었죠. 마크롱은 어떤 가벼운 연정도 드러낸 적이 없었고, 어떤 연애 사건도 겪지 않은 것처럼 보였어요." 열여덟 살이나 열아홉 살 나이에는 아무에게나 자기의 깊은 감정을 드러내지 않는 법이다. 하물며 자기보다 스물네 살이나 많은 여자와 교제하고 있는 남자는 더욱 그랬을 것이다.

그럼에도 불구하고 마크롱은 자기가 믿을 수 있었던 친구인 브리스에게는 솔직하게 자기의 일을 털어놓았다. 브리스는 그에 대해 이런 해석을 내놓았다. "그때 저는 청년기를 전혀 겪지 않은 성인과 마주하고 있다는 느낌을 받았어요." 아마도 마크롱은 그 시절에 가장 가깝게 지냈던 유일한 친구에게만 자기의 사랑에 대해 여유롭게 이야기했던 것 같다. 전혀 과장하지 않고 단순하게 말이다. 게다가 마크롱은 사랑의 대상인 여자를 친구에게 보여주는 용기까지 냈다.

그렇게 해서 마크롱의 친구와 마크롱의 연인은 파리에 있는 홍합 요리 전문 음식점인 쉐레옹 드 브뤼셀 근처에서 처음으로 만나게 되었다. 그날 에마뉘엘은 편안해 보였다. 브리스는 그때의 만남에 대해 이렇게 고백했다. "제가 느끼기에, 마크롱에게 있어서 브리지트 선생님은 다른 그 무엇보다도 소중한 사람 같았어요. 그녀를 바라보는 마크롱의 시선에는 엄청난 존경과 감탄의 마음이 담겨 있었거든요."

마크롱은 자기와 브리지트의 관계에 내재된 난관과 괴로움에 대해 브리스에게 결코 억지로 토로하려고 하지 않았다. 20년 전에는 모든 비정상적인 인간관계에 대한 사회적인 시선이 지금보다 훨씬 더 곱지 않았을 것이다. 하지만 그런 사회적 시선은 마크롱에게 영향을 미치지도 않았고 그를 거북하게 만들지도 않았다. 어쨌든 그는 그 모든 일에 대해서 침묵을 지켰다. 마크롱은 미래에 아버지가 되는 일에 대해서도 역시 침묵을 지켰는데, 왜냐하면 서로의 합의 없이는 가족관계가 복잡해질 것을 이미 예상했기 때문이다. 그는 처음부터 나중에 어떤 일이 생기게 될지 짐작한 채 자기 배우자로 오지에르 부인을 원했던 것은 아니었을까?

마크롱은 자신의 부모와 남동생, 여동생에 대해서는 말을 아끼는 편이다. 하지만 브리지트의 가족에 대해서는 이미 오래전부터 편하게 여겼던 것 같다. 그는 이제 자신의 의붓딸들이 된 로랑스와 티팬에 대해서 아주 자유롭게 이야기를 꺼낸다. 자신만만한 태도로 말이다. 예전에 콜럼버스가 발견하기 이전의 아메리카를 배경으로 한 악당 소설을 자기 친구에게 읽어보라고 했을 때도 마크롱은 자신감이 넘쳐보였다고 한다.

그 당시에 청년 마크롱은 자기가 쓴 원고에 대해, 즉 자신의 첫 문학 작품에 대해 무척 자랑스러워하고 있었다. 얼마나 야심에 찬 작품이었겠는가! 브리스는 '엄청나게 훌륭한 언어의 대가'가 완성한 그 원고를 읽고 거의 경악했다고 한다. "아마 150쪽에서 200쪽 사이의 분량이었을 거예요. 섬뜩한 대목도 있었고 인간적인 희생을 다룬 장면들도 있었죠. 아주 강렬하고 인상적인 세부 묘사가 작품 전체에 넘쳐나고 있었어요."

고등사범학교 입시 준비반에서 공부하던 시절의 마크롱에게는 작은 일거리도 있었다. 아주 가끔 한가한 시간이 나면 푼돈을 벌기 위해 역사학자인 막스 갈로의 아들에게 라틴어 레슨을 해준 것이다.

그러나 편안한 휴식 시간은 거의 생기지 않았다. 아주 가끔 시간이 날 때면 마크롱과 브리스는 카디날르무안 역이나 모베르뮈튀알리테 역 근처에서 술을 몇 잔 마셨다. 또한 때때로 파리에 있는 마크롱의 아파트에 가서 그가 좋아하는 가수인 레오 페레의 음반을 틀어놓고 함께 듣기도 했다.

브리스는 크리스마스에 옛날 가수인 자크 브렐의 전집을 듣자고 주장하는 이 젊은 친구에게 테크노 음악이나 대중가요 쪽으로 취향을 바꿔보라고 굳이 권유하지 않았다. 오히려 이 친구와의 친밀한 교류를 주말마다 계속 이어가기를

늘 바랐을 뿐이다. '전혀 오만하지 않았고' '무척 성숙하기
까지 했던' 그 친구와 함께 있을 때면 너무 많이 폭소를 터
뜨리는 바람에 둘 다 녹초가 되기 십상이었다. 마크롱은 옛
날에 라 프로의 지도 교사들을 흉내 내는 일을 즐겼던 것처
럼, 이번에도 경제학 교수 흉내를 너무나 그럴 듯하게 잘 내
서 브리스가 배를 잡고 웃게 만들었다. 하지만 마크롱은 그
당시 친구에게 자기의 정치적인 견해를 거의 밝히지 않았다
고 한다.

매주 금요일 오후가 되면 아미앵 출신의 청년은 수업을
마치자마자 기차를 타기 위해 학교를 빠져나갔다. 사랑하는
여자가 옆에 없으면 한없이 지루하게 흐르는 시간을 꼭 붙
잡기 위해서 그랬을 것이다. 거의 칸막이로 분리해놓은 듯
한 두 종류의 일상이 이어지고 있었다.

명석한 두뇌를 가진 친구 브리스는 본래 두각을 드러냈던
것처럼 대학 입학 자격시험에서도 '매우 잘함' 평점을 받았
다. 그래서 고등사범학교 입시 준비반 과정을 마친 후 파리
정치대학에 쉽게 들어갈 수 있었다. 그는 또한 기타 연주와
현대 무용에도 특별한 재능을 타고 난 예술가 유형의 친구
였다. 브리스가 파리정치대학에 입학하는 바람에 마크롱과
일시적으로 헤어지게 되었지만 두 사람은 나중에 다시 재회
하게 된다. 브리스는 생기욤 거리에 있는 교육의 전당인 파
리정치대학에서 공부를 계속 이어갔다. 그 학교에서 브리스

는 오늘날 '앙 마르슈!' 신당의 대변인을 맡고 있는 벵자맹 그리보와 나중에 통신부 장관직을 맡게 될 안 데캉도 만났고 가스파르 강쿼르도 만났다. 강쿼르는 훗날 마크롱의 국립행정학교 동창이 되었는데, 그는 올랑드 대통령의 국정 운영에서 여러 가지 중책을 담당하는 사람이 되었다.

그 당시 마크롱은 아주 작은 세계에 몸을 담고 있었다. 영국 작가인 데이빗 롯지가 악의와 조롱을 약간 섞어서 낱낱이 살펴보았던 세계처럼 작은 공간에 있었던 것이다.

마크롱은 고등사범학교에 입학할 날을 꿈꾸며 입시 준비반에서 학구적인 연구만을 이어가고 있었다. 그에게는 최고의 명문학교에 들어갈 만한 재능이 있었고, 또 그럴 만큼의 지적 수준도 충분히 갖추고 있었다. 그러나 그는 결국 기차를 타지 못하고 플랫폼에만 머물고 말았다. 그때까지 너무나 성공적인 삶을 살고 있던 우등생에게 그 실패는 실제로 큰 상처가 되었다. 그는 고등사범학교 입시에서 두 번이나 낙방을 했다.

마크롱의 모교인 앙리 4세 학교에서 영어를 가르쳤고, 마크롱과 나중에 특별한 친분을 맺게 되는 크리스티앙 몽주 교수는 자기 세대를 통틀어 가장 뛰어난 인물들 중 하나였던 제자가 대학 입시에 성공하기만을 기다리지 않았다. 마크롱 역시 더 이상 성공적인 결과를 기다리지 않았다. 그는 경쟁시험 제도의 그 영광스러운 불확실성에 대해 자주 비판했다. 입시 준비반의 달인이라는 다소 조롱 섞인 표현까지 입에 담았다. 아마도 자신의 실패를 더 분명히 인정하기 위해서 그랬을 것이다. 프랑스 전체에서 그 학교의 입학 담당 부서는 고작 열 곳밖에 없으니 사실 마크롱의 지적도 그럴듯한 말인 것 같다. 그 명망 높은 학교에서 각종 분야의 수상자들을 아주 많이 배출했다고 할지라도 말이다.

한편 이제 교직에서 물러난 브리지트는 수없이 많은 예술 서적이 꽂힌 자택에서 즐겁게 대화를 이어가며 또 다른 사실을 은연중에 지적했다. "앙리 4세 학교는 에마뉘엘이 자기의 본질적인 능력을 펼칠 수 있을 만한 학교는 아니었어요. 그가 능력을 발휘할 만한 학교는 다른 곳에 있었죠. 그 시절에 에마뉘엘은 개인적으로 아주 심한 긴장 상태에 놓여 있었어요." 그녀는 마크롱이 자기 관점에서 표현했던 말들을 상기하며 말했다. "에마뉘엘의 아버지는 자기 아들을 저로부터 멀리 떨어뜨려 놓으려고 그를 그 학교에 보낸 것뿐이에요."

고등사범학교에 들어갔던 프로망은 객관적인 입장을 취하며 이렇게 주장했다. "어떤 학생이 오직 그 시험에만 묶여 있어야 할 만큼 경쟁률이 치열한 입학시험을 준비할 때는, '오직 그 유일한 목표에만 집중해야 하고 공부 외의 일상으로 시간을 낭비하지 않아야겠다는 결심'이 무조건적으로 필요합니다." 그런데 어떤 면에서 마크롱은 그런 강박관념을 그 대단한 학교의 입시 준비에 적용시키기에는 너무나 어른스러운 사람이었던 게 아닐까? 그래서 불가능했던 것이 아닐까? 또 어느 정도는 자기가 다른 학생들과 다르다는 주제넘은 생각도 가졌을 것이다.

실제로 그의 옛 경쟁자였던 프로망은 마크롱이 확실한 답을 모르는 것들에 대해 대충 꾸며서 말했던 성향을 보였던 것을 기억하고 있었다. 때때로 자기 세계에 대해 얌전한 태도로 감추려는 경향이 있었다는 것이다. 프로망은 프랑스 2채널에서 방영된 〈특별 파견〉에서 '뛰어난 거짓말쟁이'라는 마크롱의 우스운 별명을 언급하기까지 했다.

낙방의 충격으로 상처를 입은 입시 준비생 마크롱은 낭테르대학과 파리정치대학에 들어가서 그 상처를 치료하게 된다. 그리고 파리 10대학인 낭테르의 철학과에서 공부를 하는 동안 그에게는 인생의 등대와도 같은 운명적인 만남이 차츰차츰 다가오고 있었다. 세계적으로 유명한 철학자인 폴 리쾨르와 만나게 된 것이다. 마크롱은 평일에 대철학자의 거처에 가서 그의 저서 《역사, 기억, 망각》을 편집하는 일을 돕게 되었다. 하지만 두 사람의 만남을 소재로 만든 광고는 파리정치대학에 재직 중인 몇몇 수뇌부 인사들의 심기를 불편하게 만들었다. 우파 지도자들 중에 단연 눈에 띄고 탁월한 능력을 지닌 에티엔 발리바르는 〈르 몽드〉에 글을 쓰면서 두 사람의 철학적인 만남에 대해, '연출된 만남'이라든지 '절대적으로 혐오스러운 만남'이라는 표현까지 쓰면서 빈정거렸다. 게다가 마크롱과 함께 입시 준비반에서 공부했던 다른 사람들도 마크롱의 철학적인 재능에 대해 과소평가하는 듯한 이야기를 즐겨 했다. 그들의 이야기에 따르면 박사 논문 제출 자격증을 획득한 것만으로는 마크롱을 엄청난 사상가라고 볼 수 없다는 것이다.

한편 마크롱과 함께 식사를 할 만큼 사이가 가까웠던 철학자인 알랭 핑켈크로트 역시 자기와 정치적인 면에서 대립하고 있는 발리바르가 마크롱을 그렇게 터무니없이 깎아내리는 것을 어느 정도 즐기고 있었다. "저는 마크롱이 아주 영리하고 솔직하며 그의 말에 귀를 기울일 필요가 있다고는 생각했어요. 하지만 그가 한 세기에 한 번 나올까 말까 한 천재는 아니라고 생각해요." 이 철학자는 마크롱 주변의 사람들이 그를 만장일치로 찬양하는 모습을 보고 굉장히 놀라워했다.

의연한 성격을 가진 마크롱은 자기에게 직접적인 상처를 입히지 않는 이상 그런 말들에 흔들리지 않았다. 그는 사람들 이야기에 휘둘리지 않고 자신의 재능을 펼치는 일과 가치 있는 업적을 추구하는 일만 즐겼다. 예술 학교에서 주최하는 청소년 피아노 콩쿠르에서 상까지 받았지만, 그는 연주를 더 이상 하지 않고 있었다. 그에게는 이제 시간이 많지 않았기 때문이다. 그것은 분명한 사실이었다.

그럼에도 불구하고 투케의 집에서 그랬듯이 베르시로 이사를 와서도 마크롱의 피아노는 집 안 가구의 일부가 되었다. 그는 자신의 파리고등사범학교 입시에 대한 기사에서 자기가 부당한 방식으로 대우를 받아 입학 서류 심사에서 좋은 점수를 받았다고 적혀 있는 단락을 놓고 기자들과 싸우지 않았다. 사실상 그는 사람들이 그렇게 음해까지 할 만큼 높은 곳에 올라가 있었고, 그 정도의 단계까지 올라왔다는 것을 스스로 잘 알고 있었기 때문이다. 아마도 마크롱의 입장에서는 부당하게 느껴질 그런 모욕적인 기사에 실린 내용은 나중에 자신에 대한 전기를 출판해서 바로잡을 계획인 듯했다. 그렇게 되면 잘못 알려진 부분도 수정할 수 있을 것이고 명예도 회복할 수 있을 것이다. 또 그러면 그 불행한 사건인 고등사범학교 입시에 대한 의심스러운 소문들도 곧 잠잠해지리라.

파리정치대학을 졸업한 후에는 국립행정학교 측이 마크롱에게 손을 뻗었다. 2004년에 그는 이 명문 학교를 수석으로 졸업했다. 학교에서 받은 뛰어난 성적 덕분에 그는 금융가에서 감독관이라는 직업을 갖게 되었다. 전에는 문학 전문가였던 사람이 말이다.

그러나 마크롱이 대학을 졸업했을 때의 높은 성적이 몇몇 사람들에게 질투를 불러일으켰다. 나중에 니콜라 사르코지 대통령의 보좌관이 된 세바스티앙 프로토는 마크롱이 사회에 진출해서 빠르게 성공한 것에 놀라며 유감의 뜻을 전했다. 하지만 그런 시선은 부당하다. 대학을 1등이 아닌 2등으로 졸업해도 사회에서 더 잘 나가는 사람이 마크롱 말고도 많지 않은가?

국립행정학교를 졸업한 후에 마음이 조급해진 마크롱은 더 넓은 곳을 향해 자기의 목표를 설정한 후, 많은 주요 인사들과의 만남을 추진했다. 우선 프랑스 엘리트 집단의 거목이자 옛날부터 대학 사회에서 유명했던 세 사람을 만났다. 악사 그룹의 대표인 앙리 드 카스트리와 프랑스 재무 감독관이었던 장피에르 주이에, 그리고 눈부신 업적을 많이 쌓은 알랭 맹크가 바로 그들이다. 그렇게 해서 마크롱은 프랑스를 대표하는 지식층의 인사들을 차례차례 만나게 되었다.

마크롱은 계속 앞으로 나아갔다. 또한 브리지트와의 관계도 구조적으로 점점 더 단단하게 만들어가고 있었다. 그녀는 결국 자기 가족들에게 마크롱과의 그 상상도 할 수 없는 연애에 대한 고백을 털어놓았다. 하지만 그 일과 상관없이 라 프로에서의 교직 생활도 잘 이어가고 있었다.

마크롱은 국립행정학교에서의 학업을 위해 스트라스부르에서 몇 달을 보내고 나이지리아에 있는 프랑스 대사관에서 연수를 받았다. 그 몇 달 동안 두 사람의 개인적인 일정이 항상 일치한 것은 아니었다. 그러나 두 사람을 연결하고 있는 끈은 점점 더 강해졌고, 그들의 은밀했던 사랑도 점점 더 공개되기 시작했다.

마크롱이 파리정치대학에서 만났던 새로운 친구인 마크 페라치 역시 마크롱의 다른 친구들과 마찬가지로 자기 엄마

또래였던 브리지트와 인사를 나누게 되었다. 그러나 아미앵에 있는 마크롱의 집에서는 가족 간의 끈이 점점 더 약해지고 있었다. 아니 심각할 정도로 균열이 생기고 있었다. 마크롱의 부모는 장남이자 아직 학생 신분이었던 마크롱이 파리에서 첫 번째 계절을 보내는 동안 그에게서 비장한 긴장감이 감도는 것을 알아챘다. 그는 아버지와는 지적인 문제를 보고하는 정도의 사이로 지냈다. 사적인 영역에 있어서 자신으로 인한 큰 혼란을 불러일으키지 않고 조용히 지냈던 것이다.

브리지트와 마크롱이 서로 떨어져 지냈을 때, 마크롱은 사회의 보통 사람들이 자기들의 사랑을 인정해줄 날이 오기만을 고대했다. 그가 표현했던 것처럼 '완전히 정상적이지 않은' 이 커플을 말이다.

제3장

서로가 서로에게
정복된 연인

 2006년 9월이 끝나갈 무렵, 디종 대성당의 중앙 홀에는
파리에서 최고의 결혼 상대라고 인정받는 선남선녀들이 모
두 모여 있었다.

 그날은 시몬 베이유의 손자인 세바스티앙 베이유가 결혼
을 하는 날이었다. 가을 하늘은 금방이라도 비가 쏟아질 것
같은 징조를 보이고 있었으나, 많은 하객들은 아직 여름옷
을 걸치고 있었다. 결혼식은 부르고뉴 지방의 클로 부조에
있는 거대한 성에서 진행되었다. 그곳은 거대한 포도밭 한
가운데에 자리 잡은 옛 시토 수도회의 건물이었다.

 세바스티앙 베이유의 지적인 능력은 항상 주변 동료들을
깜짝 놀라게 만들곤 했다. 그는 똑똑한 엘리트 출신의 동료
들 사이에서도 단연 최고의 두뇌를 가진 인물이었다. 그리

고 선배들도 감히 접근하기 어려운 냉철한 분위기를 지니고 있었다.

앙리 4세 학교에서 함께 문학을 공부했던 동료들과 스트라스부르에서 함께 공부했던 동료들은 거의 완벽한 남자에 가까운 이 젊은이의 결혼을 축하해주기 위해 모두 한자리에 모였다.

사르코지와 함께 일하기로 약속했던 다비드 마티농, 나중에 안 이달고의 오른팔이 되는 마티아 비쉬라도 그 자리에 왔다. 나중에 엘리제궁에서 보좌관이 된 장바티스트 드 프로망은 아직 고등사범학교 학생 신분으로 그 자리에 참석했다. 마지막으로 국립행정학교에서 마크롱과 친한 입학 동기였던 마르그리트 베라르도 왔다. 재능이 넘치는 훌륭한 인재들이 정말 많이 참석했다.

에마뉘엘은 이 결혼식의 주인공인 신랑과 친한 사이는 아니었다. 그럼에도 불구하고 고위 행정 공무원 신분으로서 그 결혼식에 초대를 받았다. 신랑인 세바스티앙 베이유와 신부인 시빌 프티장 둘 다 국립행정학교 출신이었기 때문이다.

그날 저녁, 어색한 태도로 돌아다니던 참석자 마크롱은 약간 놀라게 된다. 그 유명한 국립행정학교에서 붙여진 별명인 '아름다운 사람들'의 모임 속 인물들을 직접 보게 되자 놀란 것이다.

자, 그럼 여기서 브리지트가 그날 선택한 의상으로 눈을 돌려보자. 하얀색이었다. 그리고 아주 짧은 의상이었다. 약간 속물근성을 지닌 젊은 하객들은 그녀를 본 후 몰래 숨어서 깔깔거리며 웃어댔다. 그러고는 '에마뉘엘과 팔짱을 끼고 있는 이상한 옷차림의 50대 여자'가 대체 누구냐고 서로에게 물었다. 마크롱의 옛 동창 한 명은 오늘날까지도 이렇게 조롱의 말을 던졌다. "그녀는 약간 요란한 옷차림을 하고 있었죠."

아마도 그 젊은이들의 눈에는 자기들이 고등학교를 다니는 동안 댄스 모임에서 자주 보곤 했던 베세베제 스타일'Bon Chic, Bon Genre'의 머리글자를 따서 만든 용어로 '좋은 스타일, 좋은 분위기'라는 뜻이다. 특히 사립 명문학교 학생들의 복장 스타일을 가리킨다로 꾸민 여자애들과 전혀 다른 패션으로 치장한 브리지트가 굉장히 낯설게 보였을 것이다.

마크롱보다 나이가 훨씬 더 많은 그녀는 그 야릇한 시선들로 인해 당황스러웠다. 사람들은 그녀가 누구인지 궁금해했다. 물론 어떤 사람들은 분명 그 커플의 연애를 증명하는 사소한 낌새를 예전에 알아봤겠지만 그 이상은 알지 못했다. 그리고 이날, 마크롱 커플은 자기들의 실체를 사람들 앞에서 완전히 드러냈다. 그러자 마침내 하객들은 다른 사람들과 완전히 다른 마크롱의 애인에 대해 자세히 살펴보기 시작했다.

자기보다 훨씬 더 연상인 애인만큼 어색한 상황에 빠진 멋진 옷차림의 젊은이는 계속 당황스러울 수밖에 없었다.

그 후로 겨우 일 년이 지난 후, 이번에는 그때 모였던 하객들이 반대로 당황하게 된다.

마크롱과 브리지트의 결혼식은 약간 덜 호화스럽게 치러졌지만 아주 행복했던 날로 남게 되었다. 두 연인에게는 시간의 여유가 충분히 있었다. 브리지트의 부모는 이제 세상을 떠난 참이었다. 브리지트 마크롱의 이야기에 따르면, 마크롱은 사람들에게 알리지 않은 채 결혼을 진행하자고 주장했다고 한다.

두 사람의 일이 복잡하게 얽혔던 몇 년의 시간을 보낸 후에 마크롱은 법의 절차에 따라 혼인 신고를 하고자 했다. 그런데 정식으로 결혼식을 진행하기 위해서는 그만큼의 인내심과 확고한 태도가 필요했다. 일단 오랫동안 질질 끌어왔던 오지에르 부부의 이혼 수속을 마쳐야 했다. 라 프로비당스 학교의 연극 무대에 섰던 학생 마크롱과 그를 가르치던 교사가 처음으로 만난 지도 벌써 15년 이상의 세월이 흘러간 시점이었다.

"처음에는 그렇게도 자주 숨겨야 했고 비밀스러웠던 사랑을, 그리고 널리 알려지기 전까지 많은 사람들에게 이해받지 못했던 사랑을 공식적으로 인정받는 자리"로서 결혼은 마침내 실현되었다. 자신의 저서인 《혁명Révolution》에서 마크롱이 표현한 말이다.

비공식적으로 보냈던 몇 년의 세월을 제대로 마감하기 위해 그들은 법적인 절차를 밟아야 했고, 결혼에 대한 승인 절차도 밟아야 했다. 결혼식은 그들의 고향 땅인 아미앵에서 올리기로 했다. 시청에서 결혼식을 올린 후, 연회는 아미앵의 부유한 사람들의 휴양지인 투케파리 해변의 호텔에서 열기로 한 것이다. 그곳은 30년 전에 트로뉴 가의 막내딸 브리지트가 자신의 첫 번째 남편과 결혼식을 했던 장소이기도 했다. 그녀는 그때 겨우 스무 살이었다.

그들의 결혼은 기성 질서에 대항한 새로운 승리이자, 인간의 감정을 억압하는 관습에 대한 도전이기도 했다. 청년 마크롱은 지체하지 않고 저항했다. 아예 처음부터 덮어놓고 자기들을 비난하는 그 '구체제의 질서'에 말이다.

그렇지만 성직자들은 혼인 성사에 있어서 경솔한 태도를 취하지 않았다. 유네스코에 문화유산으로 등재된 아미앵의 아름다운 대성당 측은 이 커플의 결합을 축하해줄 수 없다는 입장을 고수했다. 브리지트는 옛날에 이미 혼배 미사를 치른 사람이었기 때문이다. 가톨릭교와 밀접한 관계를 맺고 살았던 예비 신부에게는 그 부분이 틀림없이 가슴 아픈 문제였을 것이다.

레옹스 드프레는 트로뉴 집안이 휴양지를 소유하고 있는 투케 지역의 시의원이었다. 그는 언젠가 두 사람을 프랑스 국회에 있는 레스토랑에 초대한 적이 있었다. 이 시의원은 예전에 브리지트의 아버지와 테니스 복식 경기를 열 번이나 했던 경험이 있어서 그 초콜릿 상점의 집안 식구들을 잘 알고 있었다. 그러나 그 집의 막내딸인 브리지트에 대해서는 많은 것을 알지 못했다.

레웅스 드프레와 두 연인은 결혼식 계획을 세세하게 의논하며 의견을 교환하게 되었다. 드프레는 그들을 접견하면서 "마크롱이 브리지트보다 몇 살이나 더 젊은가?"에 대한 답변부터 단숨에 확인했다. 하지만 그는 곧바로 그 커플을 연결해주고 있는 끈의 실체에 대해 눈치를 챘다. "저는 그녀의 지성미에 사로잡혔어요. 마크롱이 그랬듯 저 역시 그녀에게서 자기 매력을 발산하는 능력을 느낀 겁니다. 나이와 상관없는 매력 말이에요." 벌써 여든 살의 봄을 맞이하고 있는 드프레는 투케에 있는 자택에서 생기 넘치는 눈빛으로 이렇게 고백했다. 마크롱처럼 라 프로에서 교육을 받았던 그는 이미 50년 전에 예수회 수도사들이 지닌 엄격함을 목도했던 사람이기도 했다.

마크롱 커플은 모든 결혼 준비가 완벽하게 진행되기를 원했다. 마지막까지 회의적인 태도를 보였던 사람들 앞에서 그들이 가진 사랑의 힘을 보여줄 날이었기 때문이다. 마크롱은 아직 서른 살도 되지 않았고 브리지트는 쉰네 살이 되었던 시점이었다.

마크롱의 친구이자 경제학자이기도 한 마크 페라치는 오늘날 이렇게 강조한다. "떠들썩했던 결혼 준비 기간에는 복잡한 문제들이 종종 발생하기도 했어요. 그 기간이 지나간 다음에는 결혼식 당일에 어떤 상황이 연출될지 정말 궁금했죠. 하지만 예상과는 달리 결혼식은 아주 차분하고 점잖은 분위기였어요. 아주 놀랐죠."

그는 결혼식 날, 자신의 오랜 친구인 마크롱을 놀리면서 결혼식장의 긴장된 분위기를 자기 나름대로 풀어주고 있었다. 그는 하객들 앞에서 짧은 연설을 하는 도중 마크롱에 대한 첫인상으로 머리카락에 관한 이야기도 꺼냈다. 마크롱을 처음 봤을 때 "마치 10년 동안 이발을 하지 않은 체코의 교환 학생을 만난 것 같았다"며 하객들을 웃게 했다.

드디어 2007년 10월 20일이 되었다. 머리카락의 일부를 곱슬곱슬하게 연출한 브리지트는 결국 사랑을 선택했고, 사랑이 빚어낸 운명을 받아들였다.

브리지트는 민소매의 원피스를 입고 있었다. 역시 평소에 즐겨 입던 스타일대로 독특할 정도로 길이가 짧은 원피스였다. 마크롱은 붉은색 넥타이를 골랐다. 두 사람은 한바탕 소동을 겪은 후에 비로소 맞이한 이 축복의 순간을 마음껏 만끽하고 있었다. 마크롱 집안에서도 트로뉴 집안에서도 두 사람의 결합은 환영받지 못했기 때문이다.

브리지트의 오빠이자 트로뉴 집안이 5대째 운영하는 초콜릿 체인점의 총책임자이기도 한 장클로드는, 사랑 때문에 인생이 뒤죽박죽이 되고 혼란스러워진 자기 동생에게 얼마나 많은 설교를 늘어놓았겠는가? 브리지트는 자기 오빠에 대해 '친절한 사람'이라고 말했다. 그녀보다 스물두 살이나 많은 장클로드는 그녀에게 있어 어느 정도는 아버지 같은 사람이었다.

브리지트의 아버지인 장트로뉴는 생전에 사람들이 자기를 브리지트의 할아버지라고 여길 때마다 자주 언짢아했다. 그러니 마크롱 부인은 그녀보다 스물네 살이나 어린 이 남자를 사랑하기도 전에 세대 차이라는 것을 이미 충분히 경험한 셈이다. 브리지트의 언니인 모니크 역시 그녀에게 훈계를 했다. 본래 손위의 사람들은 거세 콤플렉스 같은 극도의 공포심을 주지 않고도 아래 사람에게 어떻게 훈계해야 하는지를 잘 알고 있는 법이다. 브리지트는 이렇게 고백했다 "오빠와 언니는 제가 그 남자와 결합하는 일이 불가능하다며 계속 저를 설득하려고 애썼죠. 하지만 두 사람의 설득은 성공하지 못했어요!"

그녀는 어른의 모습으로 아이 같은 짓궂은 장난기를 담아 예전에 자신의 언니에게 했던 말을 다시 외쳤다. "언니가 마크롱을 만나볼 수 있다면 좋을 텐데. 정말 안타깝네!"

정기 간행물인 〈팝 스토리〉에 따르면 브리지트의 애인이었던 마크롱도 역시 가족들이 사는 집에서 수차례 도망쳐 나와야 했다고 한다. 자신의 연인과 몰래 얻어낸 짧은 행복의 순간들을 만끽하기 위해서 그랬던 것이다. 또한 브리지트의 가족들은 그녀에게 새로운 사랑을 포기하라고 오랫동안 그리고 끊임없이 종용해왔다. 두 사람의 애정 행각으로 인해 아미앵의 저명한 가문이라는 평판이 땅에 떨어질 것이 불을 보듯 뻔했기 때문이다.

그들은 브리지트가 젊은 남자와 결혼하기 위해 자기 남편을 버려야 하며, 세 아이의 어머니인 데다 가톨릭 학교인 라 프로비당스의 교사라는 부정할 수 없는 현실을 생각해보라고 권고했다. 그 결혼에 대해 상상조차 해서는 안 된다는 조언이었다.

그러나 말 많았던 결혼식이 열리고 나서 5년이 지난 후, 엘리제궁의 부비서실장이 된 마크롱은 자신의 관할 지역 소식을 다른 사람도 아닌 장클로드로부터 얻게 되었다. 그는 아버지인 장트로뉴가 세상을 떠난 이후 브리지트 집안의 실질적인 가장 역할을 하고 있었다. 마크롱은 투케 지역에서 유명한 문필가이기도 했던 장클로드를 만나자마자 그 놀라운 역사를 자랑하는 트로뉴 집안의 초콜릿 사업에 대한 이야기를 꺼내기도 했다. 하지만 마크롱은 여전히 선생님과 미성년 제자의 사랑 이야기가 언론의 먹잇감으로 신속히 제공될 것을, 그리고 언론이 그런 먹이를 계속 요구하게 될 것을 우려하고 있었다.

그리고 그즈음부터 장클로드의 아들인 장알렉상드르가 초콜릿 사업을 물려받아서 관리하게 되었다. 그 아들은 일을 일사천리로 진행하는 스타일은 아니었다. 약간 호전적이면서도 점잔을 빼지 않고 언변이 좋은 그 사람은 온 프랑스의 신문과 잡지들이 합세를 해서 덤비기 전에 지역의 신문들부터 단속을 했다. 그리고 마크롱 커플의 대변인이 되어 "가족 문제에 대해서는 제발 비상구를 열어 달라"고 언론사들을 향해 간곡하게 요청했다. 특히 큰불에 다시 불을 붙이는 일을 하지 말았으면 좋겠다고 밝히며, 가능한 한 트로뉴 가문의 초콜릿 사업 역시 보호해달고 요청했다. 번창하고 있는 사업이 온갖 망측한 소문들 때문에 손해를 입어서는 안 된다는 주장이었다.

하지만 지나간 세월에 일어난 모든 사소한 갈등들은 항상 새로운 즐거움을 찾아 헤매는 대중들의 머릿속에서 다 지워지기 마련이었다.

마크롱과 브리지트의 결혼식은 꼭대기에 종루가 있는 시청 안에서 웅장한 규모로 진행되었다. "많은 하객들을 맞이하기에는 로비가 너무 작아서 특별실까지 열어야만 했지요." 옛 시장은 이렇게 회상했다.

결혼식 날 저녁에 하객들은 웨스트민스터 호텔의 아주 멋진 살롱으로 서둘러 입장했다. 그 호텔은 투케에서 가장 호화롭기로 유명했으며, 영화배우 마를렌 디트리히, 음악가 모리스 라벨, 이집트의 마지막 국왕이었던 파루크 1세, 샤를 드골 대통령 등 수많은 유명 인사들의 자필 서명이 잔뜩 붙어 있는 곳이었다.

호텔 1층에서는 연회가 한창 열리고 있었다. 주요 하객들 중에는 전 수상인 미셸 로카르도 있었다. 그는 친구를 데리고 왔는데, 앙리 에르망이라는 이 유명한 사업가는 나중에 에마뉘엘의 스승이자 후원자가 되었다. 마크 페라치가 전에 그랬듯이 신랑인 마크롱도 앙리 에르망을 결혼식의 증인으로 선택했다. 두 세대를 잇고 있는 그 결합에는 무려 50여 년이라는 세월이 놓여 있었다. 두 사람의 나이 차이가 어마 어마했던 것이다.

사랑에 빠진 두 사람은 15년간 서로를 절대 포기하지 않았고, 어떤 일이 닥쳐도 끈질기게 사랑을 간직하고 있었다. 때문에 마크롱은 이 결혼 자체가 얼마나 거대한 기적인지 잘 알고 있었다.

그날 저녁 마크롱은 아주 옛날, 자신이 교과 과정을 마치기 위해 아미앵을 떠나 파리로 출발하게 되었을 때 선생님에게 던졌던 그 대담한 약속을 또 회상했다. "선생님은 제게서 떠나지 못하실 거예요. 전 꼭 돌아올 것이고 당신과 반드시 결혼할 겁니다!"

예식은 순서에 맞추어 잘 마무리되고 있었다. 하객들이 자기 앞에 놓인 데커레이션케이크를 먹기 전에 마크롱은 짧은 연설을 했다. 그를 아는 모든 가까운 친척들은 그가 지녔던 여린 감수성을 기억하는 한편, 언제나 정확한 태도를 지닌 마크롱에 대한 큰 믿음도 갖고 있었다. 마크롱의 어머니인 프랑수아즈는 아주 명랑한 여성이었고, 오늘 자신의 며느리가 된 브리지트에게 다정하게 말을 걸고 있었다. 에마뉘엘의 측근은 이런 이야기를 짤막하게 전했다. "마크롱의 아버지는 전혀 외향적이지 않은 성격이지만 아들에 대해 애정이 깊었고, 항상 아들과 함께 불규칙적인 관계를 유지하고 있었죠."

의대에서 심장 방사선을 전공한 마크롱의 남동생 로랑과 신장병을 전공한 여동생 에스텔도 결혼식에 참석하여 자리를 빛내고 있었다. 거기에 새로운 가족도 눈에 띄었다. 마크롱의 아버지 장미셸 마크롱이 부인과 헤어진 후 재혼을 해서 자식을 한 명 더 가졌기 때문이다. 장미셸 마크롱은 이제 청소년이 된 가브리엘이라는 마크롱의 이복동생까지 포함하여 네 명의 자식을 둔 아버지가 되었다.

재무 감사관 신분인 신랑 마크롱에게 이날은 정말 축복받은 날이었다. 세바스티앙, 학교 동창인 로랑스, 스물세 살이 된 티팬까지 신부의 아이들 모두가 애정이 넘치는 태도로 그와 아주 가까운 곳에 앉아 있었기 때문이다. 마크롱은 거기에 모인 사람들 앞에 나와서 평소에 자주 쓰는 그 진지한 목소리로 이렇게 선언했다. "저는 정말 브리지트의 아이들에게 감사드립니다. 이분들 덕분에 우리의 결혼이 뚜렷한 힘을 얻게 되었습니다. 우리 커플을 받아들여 주셔서 감사하고, 우리 커플이 당신들을 사랑하듯 우리를 진심으로 사랑해주셔서 감사합니다."

마크롱은 자신의 내밀했던 선택에 대해서도 변호하는 말을 덧붙였다. 마치 그 말을 해야 하는 유일한 사람이 자기인 것처럼 큰 책임감을 갖고 말이다. 그는 말을 질질 끌지 않고 단도직입적으로 자신들에 대한 이야기를 꺼냈다. "저희 커플은 정말 흔치 않은 결합이기는 하죠. 이 형용사를 싫어합니다만, 그래도 써야겠네요. 완전히 '평범하지' 않은 결합이라는 말을요. 하지만 이 결합은 분명히 이곳에 존재하는 결합이기도 합니다." 그리고 그 결합은 암묵적인 동조와 더불어, 분명하게 느낄 수 있는 두 사람 사이의 영향력 때문에 나이 차이를 잊게 만드는 그런 결합이기도 했다.

'기분이 너무나 좋아지는 이 아름다운 결혼식'을 진행한 주인공들의 지인이자 정치 보좌관이었던 하객 한 명은 이렇게 고백했다. "이 커플의 나이 차이에 대해 떠들어낸 언론사의 그 거품 같은 이야기들이 우리를 당황시켰죠. 하지만 분명히 말해서 나이 차이는 이 결혼에서 전혀 문제 될 것이 없다고 생각해요."

결혼식의 주인공 두 사람이 웨스트민스터 호텔의 두꺼운 양탄자 위에서 다정하게 왈츠를 추는 모습을 한 여성이 넋을 잃고 바라보고 있었다. "두 사람의 화합이 너무나 아름답게 느껴져서 저들의 나이 차이가 중요한 문제라는 생각은 전혀 들지 않네요. 저는 저런 유형의 커플을 거의 못 봤을 뿐 아니라 저렇게 행복해하는 커플도 거의 못 봤거든요." 자기의 생각을 이렇게 밝힌 그녀는 바로 브리지트의 막내딸 티팬이었다.

사실 오랜 세월 동안 이 커플의 사랑의 행로는 약간 느슨하게 이어지고 있었다. 1990년대 말, 오지에르 부부가 코트도팔 해변의 휴양지에서 여름휴가를 즐기고 있을 때의 일이었다. 그때 로랑스의 친구들은 그녀에게 엄마의 소문에 대해 직접적으로 물어보지 않았다. 로랑스는 엄마가 자기와 동갑인 남자애와 연인이라는 소문이 이미 다 퍼져 있다고 생각했다.

아미앵에 살고 있는 가까운 가족들은 여름철이면 때때로 그 휴양지에 놀러 와서 평일이나 주말을 보내고 서로의 집에 가서 잠을 자곤 했다. 라 프로비당스에서 알게 된 옛 동료들도 오지에르의 식구들과 한데 어울려서 시간을 보냈다. 하지만 오지에르의 그 소문에 대해서는 정말 어떤 말도 오가지 않았다. 입에 담지 말아야 할 금지된 이야기처럼 말이다.

브리지트는 아주 어렸을 때부터 뛰놀았던 그 휴양지에서 아주 편안해 보였다. 그녀의 부모가 소유하고 있던 아름다운 별장은 웨스트민스터 호텔과 아주 가까운 거리에 있었다.

오지에르 부부는 몇 년 후에 벽돌과 평평한 타일이 박혀 있고 여러 층으로 된 투케 스타일의 가옥을 거금을 들여 개축했다. 벽도 하얗게 칠했고 램프 역시 순백의 깨끗한 디자인으로 골라서 달았다. 예전에 그 건물의 가치를 과소평가했던 마크롱의 말이 무색해진 것이다.

그리고 드디어 마크롱은 그 건물을 소유함으로써 아름다운 가옥에 대한 부유세*부유한 자의 순자산에 과세하는 재산세의 하나. 부의 편재를 바로잡고 투기적 보유를 억제하려는 세제로, 독일과 북유럽 등지에서 채택하고 있음를 납부하게 되었다. (하지만 마크롱은 그때 주변에서 세금 제도의 윤곽선을 변화시켜야 한다는 목소리를 들었다. 그도 역시 비공식적인 자리에서 세금 제도를 아예 폐지해야 한다는 말까지 한 적이 있었다.)

브리지트는 다른 사람들의 기분까지 좋아지게 만드는 활기로 사람들을 놀라게 했다. 축제에 온 듯 유쾌한 그녀의 기분과 말투는 종종 독특하게 느껴졌다. "그녀의 태도가 약간 무례하게 느껴질 때도 있었어요. 패션 스타일도 자기 형제들과 완전히 대조적이었죠." 예전 지인이 이렇게 말했다. "그녀는 항상 초미니 스커트를 입고는 길고도 앙상하게 마른 다리를 내놓고 다녔어요. 선글라스를 절대 벗지 않더군요." 방송국의 한 직원도 그녀에 대해 이렇게 묘사했다.

그녀는 발랄하고 감상적이며, 내성적인 면은 거의 없는 아가씨처럼 보였다. 이제 막 60대가 된 그녀는 배우 클린트 이스트우드가 가진 '날 것 그대로의 남성성'을 좋아하는 자신의 기호에 대해 밝힌 적이 있다. "영화 〈석양의 무법자〉에 나오는 묘지 장면 아세요?" 이렇게 말하며 그녀는 트레이드마크인 활짝 피어나는 미소를 짓고 깔깔거렸다.

물론 브리지트는 남편이 유명해진 이후로 좀 더 조심스러워져서 세련된 투케 사람들의 눈에 띌 만한 장소를 피해 다녔다. 예를 들면 세르주 갱스부르가 자기가 만든 곡의 멜로디를 처음으로 흥얼거렸던 플라비오 식당이라든지, 아니면 맛있는 생선 수프로 유명한 페라르 식당 같은 곳들을 말이다. 하지만 그녀도 자기 버릇을 완전히 버리지는 못했다. 생장 거리에 있는 게스키에르 찻집이나 라 상점 거리에서 휴식시간을 보내기도 했기 때문이다. 아니면 리코셰 식당에서 자신이 초대한 손님과 식사를 할 때도 있었다. 그곳의 사장은 항상 친절한 인사말을 잊지 않는 따뜻한 사람이다.

투케 지방은 그녀에게 가장 익숙한 곳이었다. 모래사장이 펼쳐져 있는 그곳에 아름다운 계절이 찾아오면 지방 특유의 유쾌한 기질을 지닌 사람들은 해변으로 달려갔다. 그러고는 저 멀리 콘크리트 건물로 가득한 도시의 풍경이 보이는 바닷가에서 배를 타고 놀았다. 그것도 주로 바다 위를 둥둥 떠다니는 알록달록한 배의 작은 선실에 모여서 놀았다. 피카르디 지방의 다른 바다처럼 푸른색을 띠지 않는 이 유백색의 바닷가에서는 즐거운 시간을 보내는 할머니들과 손자들을 많이 볼 수 있었다.

마크롱 역시 자기에게 '대디'라는 별명을 붙여준 손자들의 할아버지이다. 실제로 이런 형태의 관계는 세대 간 융합의 새로운 형태로 사회에 받아들여지고 있다. 이 바닷가에서 트로뉴 가의 가족들은 보통 사람이 상상도 할 수 없는 삶을 선택한 브리지트와 함께 선실을 개조한 곳에서 시간을 보냈다.

두 사람의 결혼식이 치러지고 나서 모든 사람들이 다시 본래의 질서를 찾았다. 물론 투케 지방 사람들은 마치 눈부신 마크롱 장관의 등장으로 인해 브리지트의 과거가 모두 묻히기라도 한 듯, 옛날에 그녀가 투케에서 보냈던 바캉스에 대한 기억이라든가 전남편에 대한 이야기를 거의 꺼내지 않았다. 단순하다 싶을 정도로 현명한 대응이었다.

마크롱은 여가 시간에 테니스 클럽에 가거나 자전거를 타고 숲 속을 산책하기도 했다. 그는 산책길에서 마주치는 사람들과 밝게 인사를 나누고, 자기에게 말을 건넨 피서객이 어떤 사람인지 따지지도 않고 흔쾌히 카메라 앞에서 포즈를 취해주기도 했다. 자전거를 타고 투케 지방의 시의원인 레옹스 드프레를 만나러 가기도 했다. 그는 마크롱에게 자기의 자식들과 손자들을 여러 번 인사시켜 주기도 했고, 젊은 장관 마크롱에게 자신이 겪었던 많은 경험들을 들려주기도 했다.

마크롱 부부가 파리에서 주말을 보내지 않을 때면 투케는 마크롱에게 있어서 가장 편안한 은신처가 되어주었다. 파리의 길가에 있는 마크롱의 자택은 분별없는 사람들에게 너무 많이 노출되었기 때문이다. 게다가 투케 지방은 대통령 후보인 마크롱이 경쟁자들과 대결을 할 때마다 반복적으로 썼던 단어인 '정치적인 반목'과 '악취'로부터 멀리 떨어져서 신선한 공기를 호흡할 수 있는 이상적인 은신처이기도 했다.

마크롱 부부에게는 잠시나마 해변의 모래 언덕에서 서로의 손을 잡고 편안히 산책을 할 수 있는 은거의 시간이 주어졌다. 그때 그들의 곁에는 래브라도 사냥개와 닮은 크림색 강아지 피가로가 함께했다.

10월 말이 되자 마크롱은 대통령 유세를 위해 서인도 제

도의 앙티유로 떠나야 했다. 그는 과들루프 주카리브 해의 동부에
위치한 프랑스의 해외 영토의 아름다운 계절에 맞추어 건배할 순간
을 그리고 있었을 것이다. 혼자 남은 브리지트는 해변에서
피가로와 편안히 쉬고 있었다. 그녀는 친구들과 담소를 나
누기도 했는데, 특히 정계에서 큰 영향력을 가진 브리지트
태팅게르와 장피에르 주이에 부부와 많은 시간을 보냈다.
주이에는 사르코지 대통령의 재임 기간 동안 상관을 했었
고, 올랑드 대통령의 5년 임기 내내 엘리제궁의 보좌관으로
일했다.

마크롱의 일정이 다시 비게 되었을 때 이 부부는 가족들
과 시간을 보내기 위해 그 기간을 이용해야겠다고 결정했
다. "모이게 된 사람 수는 이미 다섯 명을 훌쩍 넘겼어요. 저
와 에마뉘엘, 그리고 제 아이들이 있었고요. 또 열한 살에서
열다섯 살 사이의 제 손자들도 있었으니까요."1월 중순에
릴에서 열렸던 집회에서 남편과 함께 나타난 마크롱 부인은
자랑스러운 듯 이런 말을 하고 가벼운 걸음으로 그곳을 지
나갔다.

마크롱은 다른 곳에서도 그랬듯이 투케에서도 할 수 있는
한 자주 가족들을 만났다. 이제 진짜 자기 식구가 된 사람들
을 말이다. 그는 그들이 마치 자기의 진짜 핏줄이라도 한
것처럼 항상 사람들에게 그들에 대한 이야기를 꺼냈다. 그
정도로 깊은 애정을 가지고 있었던 것이다. 그는 "내 아이

들", "내 손자들"이라고 당당하게 이야기를 하곤 했다.

그런 애정은 그가 자기의 유전자를 브리지트에게 전해주지 못했던 공허감을 채워주기 위해 노력하는 방식처럼 보이기도 했다. 또한 두 사람의 마음을 연결하고 있는 끈을 더 영광스럽게 만드는 방식이기도 할 것이다.

마크롱의 측근에 따르면, 그는 이미 브리지트의 자식들과 손자들만으로도 충분히 만족하고 있다고 한다.

아마도 그는 자기 나름대로 또 다른 가계家系가 가져다주는 행복을 추구하며 살고 있는 것 같다. 문학적인 감성을 놓지 않고 사는 그는 어린 손자들에게 많은 책들을 선물하곤 한다. 그 손자들은 자기들의 '대디'에게서 장난감을 받지 못한다고 응석을 부리며 툴툴대는 아이들이기도 하다.

마크롱이 정치적인 일정들에 쫓겨 바빠지기 전에 그를 만나려고 하는 사람들은 다음과 같은 대답을 자주 듣게 된다. "이번 주말은 안 되겠어. 손자들을 만나거든."

마크롱의 의붓딸이 된 티팬 오지에르는 이렇게 말한다. "그는 자기 식구들 챙기는 일을 좋아하는 분이에요. 하지만 정치적인 행보를 시작하기 전부터 이미, 자기가 정한 인생의 길이 자기 자식들을 낳아서 돌보는 일과 양립할 수 없다는 것을 잘 알고 있었던 것 같아요."

한편 마크롱과 오랫동안 알고 지내는 한 지인은 예전에 그와 대화를 나눴던 기억을 더듬었다. 마크롱이 아직 정부 내각에 들어가지 않았던 시절에 두 사람은 같이 술을 마셨던 적이 있었다. 그는 마크롱에게 자기와 친한 친구 한 명을 소개해줬는데 그 친구는 예전에 마크롱과 같은 학교에서 공부를 했던 동창생이었다. 아기를 갖게 된 지 얼마 안 된 그 친구는 처음에 아기를 재우느라 시달렸던 날들을 회상하며 불평을 했다. 마크롱의 부인에 대해 전혀 몰랐던 그 제3의 친구는 식탁에 앉아 이런 질문을 던졌다. "아직 아이는 없는 거야? 갖고 싶지 않아?" 그러자 마크롱은 이렇게 대답했다. "응. 난 아이가 없어. 하지만 이미 할아버지야. 그것도 대리로 행복을 느끼는 할아버지 말이야."

이와 같이 마크롱은 가정에 대해 이야기하는 것보다 '가족들'에 대해 이야기하는 것을 훨씬 더 좋아한다. 그는 동성애자 부모가 이루고 있는 가정에서 특히 그런 형태가 많이 보이듯, 자기도 보통 가정과 다른 대가족을 이루고 있다는 점을 잘 인식하고 있다. 합법적인 경선 투표가 진행됐던 그날, 프랑수아 피용이 승리를 거두었던 날 저녁에 그는 이렇게 능숙한 태도로 외치지 않았던가! "저는 가족들을 위해 존재하는 사람입니다." 이 말은 자유로움이 풍습에 뿌리를 내려야 한다고 강조했던 그 공화당의 후보자와 굉장히 대조적인 인상을 남겨놓았다.

물론 마크롱은 자기 부모의 직업적인 성공에 대해서도 자랑스러워하는 사람이다. 이 지성적인 집안은 마크롱을 제외하고 가족 전부가 의사 가운을 입었다.

하지만 그의 측근들의 이야기에 따르면, 오히려 그는 브리지트와 만나게 되면서 본래의 가족보다 더 애정을 쏟는 가족을 찾은 듯한 느낌을 준다고 한다.

두 사람이 만나기 훨씬 전부터 마크롱은 자신의 배우자를 위한 필수적인 토대인 가족 문제에 대해서 어떻게 균형을 잡아야 할지 잘 알고 있었다. 그는 자신의 저서인《혁명》에서도 이렇게 상기했다. "우리의 삶을 하나로 합치려는 그녀의 의지가 바로 우리 행복의 조건이었다."

"저는 이렇게 믿고 있습니다. 우리가 또 하나의 가족을 만들었다고요. 부분적으로 보면, 평범한 가족들과 확실히 좀 다르지요. 그렇다고 해도 우리 가족을 연결하고 있는 힘은 아무도 물리칠 수 없을 정도로 여전히 막강하다고 생각합니다." 브리지트 마크롱의 막내딸도 그 말을 굳게 믿고 있다. "저는 변호사라는 직업을 가졌기 때문에 가족의 권리에 대한 소송을 많이 다루었어요. 그래서 재구성된 가족들이 겪는 어려운 문제들을 많이 목격했답니다. 하지만 저희 부모님은 아주 지혜롭게 그런 문제들을 해결했다고 자신 있게 말씀드릴 수 있어요."

또한 막내딸 티팬 오지에르는 그녀가 아주 좋아하는 이 의붓아버지에 대해 경의의 마음을 전했다. "그는 엄마와 더불어 우리까지 받아들여 준 겁니다. 그것은 굉장한 도전이었죠. 우선 그는 진짜 젊었잖아요. 그것은 필연적인 사실이죠. 하지만 그는 딸이 된 저를 아주 잘 보호해주려고 노력했어요. 제가 변호사 시험에 합격할 수 있도록 많은 격려도 해주었죠."

그녀의 이야기를 들어보니 오지에르와 마크롱의 결합에서 연상되기 쉬운, 가족 사이의 역할에 대한 혼란은 전혀 없는 것 같았다. "저는 엄마가 이 집안에서 막내가 될 자식을 또 낳아서 네 명의 자식을 둘 수도 있다는 생각은 한순간도 해본 적이 없어요. 엄마와 마크롱, 이 두 분이 집안의 가장이죠. 게다가 저는 너무나 마음에 드는 새아버지를 얻게 되었고요. 그것도 제 삶의 지주와도 같은 분을요. 그러니 정말 대단한 아버지죠!"

한편 마크롱이 자기의 부모와 이어갔던 그 형식적인 거리감은 더 많이 벌어지진 않았다. 사람들이 이해해주지 못했던 사랑 때문에 뒤틀려버린 시간들과 팽팽한 긴장감은 더이상 부모 자식 간의 관계를 악화시키지 못했던 것이다. 결혼식을 올리고 나서 그리 오랜 시간이 지나지 않은 어느 아름다운 계절에 브리지트 마크롱은 시어머니인 프랑수아즈를 아늑한 투케 스타일의 자택에 초대했다. "에마뉘엘의 어머니는 대단히 솔직하면서도 아주 인자한 분이세요." 두 여인에게 만남의 자리를 만들어주었고, 소식통이라고 할 수 있는 한 여성이 그렇게 말했다.

자기의 말을 생기 넘치는 영어 단어로 표현하는 것을 좋아하는 브리지트 마크롱은 자기와 시어머니의 관계에 대한 묘사를 하려고 기꺼이 이런 말을 썼다. "베리 오픈!very open 우리는 친구나 마찬가지예요."

두 여성은 파리에서 자주 점심식사를 하곤 했다. 파리는 브리지트의 언니인 프랑수아즈 노게가 은퇴를 한 후 살고 있는 곳이기도 했다. 그녀는 자기 가족의 고향인 아미앵에서 열린 '앙 마르슈!' 창당 기념집회에도 참석을 했다.

마크롱의 남동생인 로랑은 형의 소식을 듣기 위해 파리에 자주 왔지만, 30대가 된 여동생 에스텔은 사람들 눈에 거의 띄지 않도록 조용히 지냈다. 신장병 전문의인 그녀는 툴루즈 지역 근처에 정착해서 살고 있는데, 자기 오빠인 마크롱에 대한 모든 진술을 거절했다. 또한 의견을 교환하고 싶다는 기자들의 요청도 거부했다. 마크롱의 여동생은 간결한 말투로 이렇게 설명했다. "저는 그저 이대로 지내고 싶군요."

마크롱의 아버지는 정치가의 연설 이후에 펼쳐지는 무대 뒤의 상황에 대해서는 거의 알지 못했던 사람이었다. 장미셸 마크롱은 본래 대규모의 정치적인 집회를 싫어했다. "저는 정치라는 것이 극도로 파괴적인 면모를 지니고 있다고 생각합니다. 그런 세계에 대해서는 큰 존경심이 없지만 지금으로서는 에마뉘엘이 그 길로 잘 들어선 것 같습니다. 제 아들은 저항을 위해 충분히 단련된 강인한 기질을 늘 드러냈거든요. 에마뉘엘에게는 엄청난 배짱이 있어요." 그는 이렇게 확신하고 있었다.

가족들은 이런 식으로 마크롱의 행보를 납득하고 있었다. 의사인 남동생도 아마 처음에는 자기 형이 정치에 몸을 담그는 것을 원하지 않았을 것이다. 하지만 그도 공적인 논쟁에는 관심을 갖고 있었다. 그는 이렇게 고백했다. "저는 제가 책을 통해 쌓아온 지식과는 반대로, 정치적으로 우파의 편에 서 있지 않아요. 하지만 좌파와 우파가 다른 시대의 개념이라는 형의 말에는 완전히 동의합니다. 제 생각은 형의 생각과 정말 똑같아요. 특히 정치권에 있는 공무원들의 체제를 완전히 개선해야 한다는 주장에 대해서요." 이 두 형제는 프랑스를 위한 최고의 쟁점들과 학술 연구의 미래에 대해서 같은 방식으로 환기하고 있었다. "저는 병원 개혁에 있어서 바슐로 법프랑스 의료 시스템 개혁을 목표로 대통령 니콜라 사르코지가 시작한 Hospital 2012 Plan의 첫 단계로, 지리적 위치에 상관없이 모든 프랑스 국민을 보살피는 보다 나은 평등한 접근을 보장하는 것을 목표로 하는 법이라는 원점으로 돌아가지 않은 우파에 대해 굉장히 실망감을 느꼈어요. 그런 태도는 이름도 붙일 수 없는 관료주의가 되고 말 겁니다! 저는 현 상황을 변화시키기 위해 제 아들에게도 이런 종류의 문제들을 이야기해주고 있죠."

아마도 마크롱은 언론에서 일으킬 야단법석으로부터 자기 부모를 보호하려는 배려의 차원에서 가족 이야기를 거의 꺼내지 않는지도 모른다.

마크롱의 지인들은 한 술 더 떠서 그가 지닌 인간적인 조심성에 대해 증언했다. "사적으로는 거의 몰랐어요. 왜냐하면 가족 이야기를 전혀 안 했거든요." 연극배우들은 무대 위에서만 자신의 모습을 완전히 드러내리라 맹세하는 아주 조심스러운 사람들인 것일까? 그리고 마크롱은 연극배우로서의 습성 때문에 그런 태도를 취했던 것일까? 예상하건대 현실적으로는 그와 완전히 반대의 이유일 것이다.

가족에 대한 노출을 그토록 꺼리는 마크롱은 휴양지인 비아리츠에서 자기 부인과 손을 잡은 채 수영 팬츠만 입고 있는 모습이라든지, 리스본 연안에서 청바지를 입고 산책하는 모습을 거의 전부 노출하기도 했다. 이렇게 상반된 면모를 보면 그가 어떤 사람이라는 생각이 드는가?

투케에 있는 가게들의 모든 상인들이 마크롱 부부를 잘 알고 있었다. 그곳에서는 약사의 언니라는 사람도 브리지트와 꽤 친하고, 야당 의원인 줄리엣 베르나르의 남편 올리비에는 브리지트의 아이들에 대해 아주 훤하게 알고 있었다. 또 브리지트의 딸은 한 신발 가게 주인에게 법률적인 상담도 해주고 있었다. 마크롱은 투케에 가면 길에서 마주치는 모든 사람들에게 굉장히 친절하게 인사를 했다. 그리고 브리지트의 아이들도 역시 정말 솔직하며 거드름 피우는 태도를 보이지 않았다.

그들은 실제로 지극히 평범하고 온순한 사람들이기 때문에 트집 잡기를 즐기는 사람들이 건수를 잡을 만한 행동을 하지 않는다는 것도 쉽게 상상할 수 있었다.

시의원인 레옹스 드프레가 주축이 되어 만들어낸 소식지 〈투케의 메아리〉도 그런 사실에 대해 은근히 증명한 바 있다. "그 부부는 마크롱이 베르시에 진출하자마자, 아니 어쩌면 대통령 후보자가 되었을 때부터 권력과 한층 더 가까워진 자신들에 대해 사람들이 이러쿵저러쿵 이야기하게 만드는 경솔한 행동을 거의 하지 않았다." 신문에 서명을 한 주필主筆이 이렇게 적었다.

마크롱의 인생은 다른 곳에서와 마찬가지로 투케에서도 점점 더 복잡해지고 있었다. 함께 셀프 카메라 모드로 사진을 찍자며 다가오는 사람들로부터 벗어나는 일과 유명한 사람으로서 겪는 불편함 때문이었다. 그때부터 동네 사람들은 그가 투케의 길을 한가롭게 걷는 일을 자주 볼 수 없게 되었다. 그가 바깥에서보다 자택에서 점점 더 많은 시간을 보내게 되었기 때문이다. 또한 그 당시에 자기의 중요한 저서인 《혁명》을 공들여 집필하고 있었으며, 그의 아내는 가까운 곳에서 손에 사인펜을 들고 그의 집필 작업을 도와주고 있었다.

마크롱 부부는 결혼식을 올린 후 2007년에 파리에서 부동산을 구입했다. 파리 15구에 있는 80제곱미터 넓이의 집이었다. 사실 그전에도 브리지트는 아미앵에서의 생활과 파리에서의 생활 사이를 분주히 오가며 별 탈 없이 잘 지내고 있었다. 라 프로비당스 학교에서 꿈처럼 즐거운 삶을 영위

하며 시간을 보내고 있었던 것이다.

그녀는 아미앵에서의 학교 수업을 사흘로 몰아서 했다. 즉, 사흘간만 출근하고 나머지 나흘 동안에는 마크롱과 파리에서 지냈다는 말이다. 젊은 마크롱은 그 당시 지갑이 가벼웠기 때문에 자기 선배나 엄청난 거부인 앙리 에르망에게 돈을 빌리기도 했다. 집을 사느라 들었던 돈 90만 유로를 갚기 위해서였다. 재정 감독관 직책을 맡고 있던 마크롱은 그 고급 공무원 근무를 그만둔 상태였다. 항상 그늘로 가려져 있던 국가 기관 건물에서 일한 지도 벌써 3년 반이 지나간 시점이었다.

마크롱은 항상 여유 있게 일을 성취했던 능력 덕분에 장피에르 주이에가 정무 차관으로 임명되었을 때, 주이에가 전에 했던 감독관 업무를 대리로 맡아서 차질 없이 수행하기도 했다.

그러나 2007년이 끝나갈 무렵, 고급 공무원 출신의 마크롱은 점점 더 복잡해지는 인간관계의 그물망에 노출되는 일상에 지쳐서 다른 삶을 꿈꾸게 되었다. 마티뇽 관저에 있는 프랑수아 피용의 내각에 들어가겠다고 결심했던 그는 에릭 뵈르트 장관이 다가왔을 때 자신의 생각을 바꾸게 되었다.

마크롱의 이 행보는 국립행정학교의 동료들뿐 아니라 투케에 있는 가족들도 당황시켰고, 사람들이 그를 오히려 우파 정치인으로 분류하도록 만들었다. 아미앵에서 알게 된 지인으로 나중에 마크롱의 정치적인 여정을 가까이에서 함께하게 된 프랑수아 조셉 퓌리는 이렇게 말했다. "그 당시에 사르코지 밑에서 일해 달라는 제안을 마크롱이 거부한 게 사실이에요."

두 사람은 사실 라 프로비당스에 다니던 학생 시절에는 거의 교류를 하지 않았다. 게다가 금융가인 프랑수아 조셉 퓌리는 파리공립경영대학원을 졸업하고 카미낙 게스통 Carmignac Gestion, 유럽 최대 규모의 독립 자산 운용사에서 근무하던 시기에 마크롱을 만나서 깊은 갈등을 겪게 되었다. 그는 마크롱을 라 프로비당스 학교에서 처음 보았고, 연극 무대에서 빛을 발했던 마크롱의 뛰어난 연기에 완전히 사로잡혔던 기억을 간직하고 있었다.

마크롱은 철학이라는 학문의 영향을 굉장히 많이 받았던 사람이었고, 퓌리가 몸담고 있던 은행가들의 세계에 대해 경계심을 품고 있었다. "재정 쪽으로 눈을 돌렸다는 것은 그가 예전에 했던 선택들과 상반되는 것이었죠. 그래서 어떤 면에서 보면 그가 자기 할머니에게서 물려받은 사회적인 기질을 버리려고 하는 것 같았어요. 그런 점이 절 놀라게 했죠. 전 그에게 이렇게 말했어요. '그 분야는 말이야. 테디 베어로 인형 놀이 하는 세계가 아니야. 넌 아마 하루 종일 숫자들이나 엑셀 모형과 씨름해야 될 거야.'" 이것은 퓌리가 마크롱의 계획에 대해 파악하기 전에 그의 의견에 완전한 반기를 들지 않은 상태로 했던 말이다.

실제로 마크롱은 아무것도 부인하지 않았다. 하지만 모든 일에 갈증을 느끼고 있었다. 즉, 배우는 일과 경작할 수 있는 모든 분야의 땅을 파 보는 일 등에 말이다. "그는 척척박사가 아니라 오히려 호기심이 넘치는 사람이었습니다." 마크롱의 친구이자 유명한 소설가인 에릭 오르세나가 주간지 〈메아리〉에서 한 말이다.

모든 분야를 탐험하고자 하는 본능적인 욕망 덕분에 마침내 마크롱은 자신의 의상을 갈아입고 완전히 새로운 일에 도전하게 되었다.

이제 젊은 은행가가 된 마크롱은 프랑수아 앙로의 비호를 받으며 로스차일드 투자 회사에서 재빨리 능력을 발휘했다. 하지만 그는 너무나 젊었고 아직은 초심자였기에 요령을 빨리 터득하지 못했다. 특정한 분야에서 예리한 전략을 구상하는 일에도 아직 미숙했다. 그래서 마크롱은 자기가 동원할 수 있는 모든 수단을 다 사용하고 나서 친구에게 이렇게 넌지시 털어놓았다. "이제 나에게는 선택의 여지가 없어. 신속한 기습 작전을 쓰는 수밖에."

아주 가까이에서 직장 상사의 관리를 받기도 했던 이 신참 마크롱은 그곳에서 어떻게 일해야 하는지 차차 터득하게 되었다. 인간관계에서 예전보다 더 예민해진 자신의 감각과 타협하는 법도 익히게 되었다. 그래서 두 가지의 거래를 놓고 선택해야 할 상황에 놓였을 때, 식품회사 네슬레와 거대한 제약회사 파이저 사이에서 칼 같은 결단을 내릴 수 있었던 것이다. 또 그런 식으로 대기업인 지멘스의 정보 서비스를 아토스 측이 매입할 수 있도록 활약하기도 했다.

마크롱이 2008년 9월에 로스차일드 투자 은행에 입사했을 때만 해도 정치적인 세계는 아직 저 멀리에 있었다. 사실 그는 예전에 자크 아탈리의 성장 촉진 위원회에서 보조 책임자로 일한 경험을 갖고 있기는 했다. 그 위원회는 2008년 1월에 프랑스의 경제 성장을 막는 장애물을 제거할 약 300가지의 제안을 내놓았다. 마크롱은 프랑수아 미테랑의 옛 지지자들이 연일 보내는 수백 통의 이메일들을 처리하는 작업을 군말 없이 감당했다.

파리고등사범학교 입시에서 떨어지고 난 후 생기욤 거리에 있는 파리정치대학에서 공부를 했던 마크롱은 이제 그 대학에서 강의도 하면서 정치에 대해, 그리고 공적인 일에 대해 생각하고 또 생각했다.

마크롱은 파리정치대학에서 공부를 하면서 정치에 관심을 갖기 시작했다. 나중에 마크롱의 정치 고문이 될 마크 페라치와 외교 고문이 될 오렐리앙 르슈발리에가 바로 그 시절의 동료들이었다. 대학 입시 준비반 시절에 만났던 친한 친구인 브리스의 이야기에 따르면 마크롱은 파리정치대학에 들어가기 전에도 정치에 아주 가끔 관심을 보였다고 한다.

마크롱은 로스차일드 은행에 입사하기 전부터 이미 로스차일드라는 가문에 대해서 잘 알고 있었고, 그 덕분에 국립행정학교 입학을 준비하는 학생들에게 일반교양 강의를 해 달라는 요청을 받았다. 15일마다 한 번씩, 두 시간의 강의를 하는 조건이었다. 그는 2012년 올랑드 대통령 측에 합류해서 대통령의 부비서실장으로 임명될 때까지 그 강의를 계속 진행했다.

파리정치대학 졸업생인 마크롱은 학생들에게 강의하는 일을 즐겼다. 아마도 학생들과 의견을 주고받는 세미나 식의 수업이 아니라 혼자 강연을 하는 식의 수업이었기 때문이었을 것이다. 마크롱의 강의를 들었던 젊은 여학생들은 그에게 큰 매력을 느꼈다. 하지만 학생들이 많이 모인 곳인 만큼 수많은 소문들이 돌아다니는 그곳에서도 마크롱에 대해서는 그 어떤 종류의 소문이나 유언비어도 흘러나오지 않았다.

강사 마크롱은 수업이 다 끝날 무렵에서야 출석부의 이름들을 확인하는 바람에 학생들이 때때로 얼굴을 찡그리기도 했다. 그는 꼭두새벽부터 시작되는 분주한 일정으로 인해 강의 시간을 계속 변경하거나 연기하기 일쑤였다. 그래서 학교의 조교가 강의 시간 변동에 대한 사유를 학생들에게 반복적으로 해명하도록 만들곤 했다. 그는 2008년 3월 말, 조교에게 보내는 이메일에 자기 일정을 조정하는 일의 어려움을 강조하면서 "제가 또 이렇게 강의 시간을 옮겨서 정말 성가시겠지만요"라고 적었다. 마크롱은 아직 장관이 아니었던 시절부터 그렇게 바빴던 것이다.

에마뉘엘 마크롱은 그 당시 이메일을 통해 반복적으로 말했듯이 실제로 항상 일 더미 속에 파묻혀 있었다. 파리정치대학 캠퍼스 안에 있는 개인적인 은신처인 바질 카페에 아주 가끔 얼굴을 보이긴 했지만 말이다.

마크롱은 상원 의사당의 고위 관료이자 동료인 위고 코니에와 수업 시간을 분배했다.

고등사범학교 출신이자 마크롱에게는 국립행정학교 선배이기도 한 위고 코니에는 나자트 발로벨카셈 같은 새파랗게 젊은 인재들을 많이 발굴했다.

그러나 자기와 함께 일반교양 강의를 담당하고 있는 동료 마크롱이 자주 일정을 변경하는 바람에 학생들 앞에서 얼마나 여러 번 변명을 늘어놓아야 했던가? 그럼에도 불구하고 그는 마크롱에 대해 "감성적으로 위대한 재능을 타고난 아주 친절하고 선한 동료"라고 평가했다.

마크롱은 수업의 초점을 오로지 정치 철학 분야에 맞추고 있었다. 그래서 자기가 맹목적으로 숭배하는 세 명의 철학자에 대해 즐겨 언급했다. 플라톤과 헤겔, 그리고 마크롱의 가슴 속에 항상 자리 잡고 있는 사상가인 폴 리쾨르가 그들이다. 한 동료는 마크롱이 학생들에게 제공했던 강의에 대해 이렇게 말했다. "감정이 아주 많이 담겨 있고, 아주 추상적인 강의였다."

사실 마크롱이 대통령 선거를 위한 행보를 시작했을 때,

그가 엄격하고 가혹한 현실 세계로 진입하는 일을 거부했을 뿐 아니라 구체적인 대책들을 보여주지도 않는다며 비난을 받았던 것도 놀라운 일은 아니었다. 그런 모습은 단순히 시기의 적절성 문제라든지, 아니면 사람들의 궁금증을 자극하려는 심리의 문제라든지, 또는 더 진부하게 생각하면 기한이 촉박해서 준비가 부족했다든지 등의 문제를 벗어난 그의 비현실적인 면모였다.

하지만 헤겔에게서 공적인 이익의 문제를 판독해내는 마크롱은 그저 순수한 지성인이었다. 고귀한 지식들과 철학적인 개념들, 현실의 심층부를 직접 포착하는 것을 좋아했던 학자였던 것이다.

프랑수아 조셉 퓌리와 마찬가지로 위고 코니에도 마크롱을 30여 년간 동요하게 만들었던 그런 딜레마를 발견했다. 위고 코니에는 이렇게 말했다. "그는 직접적인 행동을 취할 것인가, 아니면 성찰과 반성을 할 것인가의 결정을 놓고 망설이는 것처럼 느껴졌어요. 아니 망설이는 척하는 것 같았어요. 그러더니 로스차일드 투자 은행에 들어갈 준비를 하더군요." 마크롱이 불가피하게 다른 곳으로 치워놓아야 했던 철학 세계에 대한 '향수'는 이제 거의 남아 있지 않았다. 동시에 재무 감독관으로서의 업무에 대해서도 약간 싫증을 느꼈으리라. 그래서 그는 뒤로 물러서서 거리를 둔 채 회의적인 자세를 취하며 행정적인 일의 효율성에 대해 관찰했다.

마크롱은 마침내 재계의 매혹적인 세이렌그리스 신화 속의 등장

반어의 요정에게 굴복하게 되었다. 마크롱은 오래 망설이지 않았다. 그는 몇 년이 지난 후에 드러날 역사의 아이러니를 알지 못했다. 자신을 지키기 위해 금융계를 비방했던 후보자의 진영으로 본인이 들어가게 될 줄은 전혀 알지 못했던 것이다.

철학도였던 마크롱은 이제 넥타이를 맨 은행원 복장을 하고 있었다. 그리고 자기가 파리정치대학에 다니던 시절에 좋아했던 주제들은 머릿속으로만 하나씩 들춰보곤 했다. 그는 철학적인 이론에 대한 관심을 계속 간직하고 있었지만, 보다 더 경험론적인 접근방식은 멀리하고 있었다.

이 야심에 찬 젊은이는 프랑스에서 특혜를 받고 있는 소수의 사람들만 알고 지냈다. 오늘날 마크롱이 미팅에 참석할 때마다 즐겨 말하듯이, 그 사람들 중에는 피카르디 지역 출신의 사람도 있었고 북쪽 지방 출신의 아들도 있었다. 마크롱은 특혜를 받지 못하는 지역에서 발생하는 알코올 중독 문제와 담배 중독 문제 등의 피해를 언급함으로써 그곳에 사는 주민들 일부와 자기의 의견에 반대하는 사람들의 심기를 불편하게 만들기도 했다.

마크롱은 청소년기에 온 가족이 함께 바녜르 드 비고르 지역의 라몽지로 겨울 산행을 떠나곤 했는데, 이곳은 그 유명한 몽가이야르와도 가까운 곳이다. 피레네 산맥이 걸쳐 있는 바녜르 드 비고르에 마크롱의 외가가 소유한 땅이 있었기 때문에 그곳으로 여행을 자주 갔던 것이다. 그때마다 그는 부모님의 자동차를 타고 프랑스 땅을 지나가면서 창문 밖의 풍경을 유심히 관찰했다. 마크롱의 온 가족이 함께 대 이동을 했던 그곳은 요즘도 그가 스키를 타러 가서 트랙에 서 질주하듯 미끄러지는 것을 즐기는 곳이기도 했다.

한편 마크롱은 파리정치대학 학생들에게 강의를 할 때 꽤 편안해 보이기는 했지만, 카리스마 넘치는 강한 모습을 보이지는 않았다. 자기의 마지막 수업이 촬영될 때는 조금 더 조심성 있는 모습을 보여주고 있었다. 최근에 찍었던 그 강의 영상에 대해 말하자면, 그는 다른 주제 중에서도 특히 역사와 기억, 죽음과 질병, 종교가 가진 세속성과 성스러움, 또는 위험성 등의 주제에 대해서 누누이 이야기하고 있었다. 인간을 위태롭게 하는 그런 것들은 마크롱의 관점에서 거의 본질적인 위험이었다. 그런 것들로 인해 마크롱은 지식에 대해 모든 것을 재빨리 파악하려는 습관을 버리게 되었다.

아무튼 프랑스에서도 큰 변화의 시간이 흘렀지만 어느 누구도 르네 샤르가 했던 이 유명한 말에 해당하는 삶은 실현하지 못하고 있는 것 같았다. "당신의 행운을 받아들이고 당신의 행복을 꼭 잡아라. 그리고 당신 앞의 위험에 맞서라. 그러면 행운은 당신을 알아볼 것이고 당신의 행동에 익숙해질 것이다."

오늘날 '사회와 연대' 진영의 기획자인 프랑수아 조셉 퓌리는 르네 샤르의 그 말을 자기 식으로 환원해서, 마크롱이라는 인물을 이해할 수 있게 도움을 주는 유일한 분석을 내놓았다. "마크롱도 지속적으로 자기가 젊어질 위험성을 향해 전진하게 될 것이다."

마크롱은 철학과 재무, 교육, 고위 공직 사이에서 참과 거짓을 가르는 대립 상황에 처해도 전혀 불편해하지 않았다. 그는 오히려 다양한 것들을 정복하는 삶을 꿈꾸며 자기의 어떤 욕망에 의해서도 구속받지 않았다. 그만큼 그는 자신의 운명이 얼마나 높은 곳에 있는지 스스로 알아보았던 것이다.

그는 겨우 서른 살의 나이에 여러 가지 일들을 동시에 진행하고 있다는 인상을 심어주었다. 모든 일들이 완벽하지 않아도 괜찮았고, 파리정치대학에서의 강의 내용을 충분히 시사적인 내용으로 바꾸어서 설명할 만한 시간마저 낼 수 없어도 괜찮았다.

마크롱의 은행가 친구들은 그의 그런 행동을 정당화하며 그가 숨을 돌리며 쉬도록 내버려두지 않았다. 재무에 관련된 새로운 환경의 한복판에 있으면서도 과도하게 많은 강의를 하는 그의 상황을 약간 비꼬며 이런 말을 내뱉기도 했다. "그래, 잘 하고 있는 거야. 너는 고용된 사람이니까!" 마크롱이 너무 바빠서 꼭 마지막 순간에 약속을 취소하는 일도 이제 그들에게는 별로 대수롭게 느껴지지 않았다. 하지만 그는 거만한 모습을 전혀 보이지 않았다. 마크롱은 학교에서 만난 사람들과 잘 어울렸다. 하지만 명문 대학의 전지전능한 총장이자 그 당시 매우 영향력 있는 유명 인사였던 리샤르 데쿠앙을 열렬히 지지하는 모임에는 끼지 않았다.

당시 젊은 신랑 마크롱은 외부로 향하는 모든 문을 열고 있었지만, 자기 세계에 대해서는 칸막이를 치고 지냈다. 특히 투케에서 살던 시절에는 가장 가까운 친구들도 집에 초대하지 않았다. 또한 그 몇 년간의 사생활에 대해서도 거의 이야기하지 않았다. 그저 어렴풋한 수수께끼처럼 남아 있는 것이다. 물론 신체적으로는 굉장히 젊은이다운 인상을 주었던 게 사실이다. 그의 몸매 역시 군살이 붙거나 울퉁불퉁하지 않고 아주 미끈했다. "마크롱은 대단히 날렵한 모습이었어요. 적어도 겉으로 보기에는 말이죠." 마크롱이 재정 감독청에서 근무하던 시절에 사무실에서 가깝게 지냈던 지인이 말했다. 이 사람은 오늘날 투자 자문 회사의 영국 지사에서 일하고 있다.

마크롱이 고등사범학교 입시 준비반에서 수업을 듣던 시절이나 국립행정학교에 다니던 시절에 함께 공부를 했던 사람들은 그동안 숨겨져 있던 그의 모난 성격에 대해 폭로하기도 하고, 그와 가까이 있었던 자기 입장에서 그를 비난하기도 했다. 그 시절을 함께 보낸 사람들의 말에 따르면, 아마도 그 소모임의 사람들은 자기들보다 낮은 수준이라고 생각했던 마크롱이 급격하게 출세를 하자 질투를 느껴서 마크롱이 선택한 독특한 사랑에 대해 비웃는 일을 즐겼던 것 같다.

틀림없이 그런 방법은 마크롱의 느닷없는 성공을 공격하기에 좋은 수단이 되었을 것이다. 마크롱에 대해 나쁜 감정을 갖고 있던 사람들 중 한 명은 재정 감독청의 어느 젊은 여성 감독관이 자기에게 이렇게 외쳤던 날을 잊지 못했다. "에마뉘엘이 그 늙은 선생을 만나기 위해 떠났대!"

한편 브리지트는 파리 15구에 있는 자기 집의 테라스에서 남편과 즐거운 시간을 보내며 자기 나름대로 파리에서의 삶을 잘 활용하고 있었다. 프랭클린 학교는 미래의 엘리트들을 키우는 실질적인 양성소로 불렸는데, 그녀는 그 학교에서 하는 수업을 즐기고 있었다. 뇌이쉬르센 부근이나 파리 서쪽 지역에 사는 중산층 부모들은 자기들의 자녀가 나중에 대학 입시에서 우수한 성적을 받을 것이라고 확신하며 그 명문 학교에 자식을 입학시켰다. 브리지트는 아미앵에 살 때부터 이미 그 학교가 파리의 엘리트를 길러내는 원동력이라고 생각하고 있었다.

2007년 가을, 브리지트는 젊었을 때부터 사용하던 오지에르 부인이라는 이름으로 프랭클린의 강단에 섰다. 그리고 한 달이 지난 후, 이 새 신부는 브리지트 오지에르 마크롱이라는 이름으로 교편을 잡게 되었다. 그러자 그녀의 제자들은 짓궂게도 '밤'BAM, Brigitte Auziere-Macron이라는 이름에서 각 단어의 첫 글자를 따서 만든 것이라는 별명을 그녀에게 붙여주었다. 한 단어처럼 발음되는 이 별명을 듣고 브리지트 본인도 재미있어

했다.

일 년이 흘렀고 에마뉘엘 마크롱이 로스차일드 은행에서 정신없이 바쁘게 보냈던 첫 번째 시즌도 지나갔다. 숫자들과 씨름하고 계속 넘쳐나는 사업상의 약속들에 둘러싸였던 시기가 지나간 것이다.

한편 교사인 브리지트는 프랭클린 학교에서 막힘없이 경력을 이어가면서 자기의 재능을 활짝 꽃피우고 있었다. 그녀는 라 프로에서 수많은 학생들을 매료시켰던 만큼 이 학교에서도 역시 학생들에게 큰 도움을 주며 활약하고 있었다. 아직도 그녀의 페이스북 계정에 친구 신청을 하는 많은 옛 제자들이 그녀의 인기를 증명해주었다.

브리지트의 제자들이 뒤에서 들려주는 그녀에 대한 평가는 디오니소스 찬가와 맞먹었다. 그녀는 극도로 사실적인 사회상을 보여주는 회화 작품들에 대한 설명을 할 때, 방종한 돈 후안에 대한 이야기를 하며 학생들의 관심을 자극하는 방법을 잘 알고 있었다. 돈 후안은 그녀가 굉장히 애지중지했던 작품이기도 했다. 젊은 제자들을 가르치는 데에 항상 의욕이 넘쳤던 교사 브리지트는 자기 수업의 방향을 일찌감치 그런 쪽으로 선택해서 교육을 하고 있었다.

다른 교사들처럼 그녀 역시 충분히 학구적인 강의를 했다. 하지만 그녀는 인간에게 필수적인 비판 정신을 계속 고취하면서 진리에 대한 사고방식을 끊임없이 강조하곤 했다. 그녀가 그리 길지 않은 교직 생활을 하는 동안 가르쳤던 제자들 중에는 옛 장관인 르노 뒤트레이의 자제도 있었다. 오늘날 그 학생은 마크롱의 진영에 서서 '앙 마르슈!' 당의 당원이 되었다.

마크롱은 자신의 새로운 위치를 발견한 후, 그 새로운 세계에 푹 빠져 지냈다. 그는 철학과 금융이라는 동떨어진 두 세계의 정신적인 소명을 마음속에 간직한 채 정신적으로 점점 더 성숙해지고 있었다. 한편 브리지트는 마크롱이 이야기하는 재정 관련 전문용어들 중에 중요한 것들을 계속 알아듣지 못하고 있었다. 그래도 역시 문학적인 기호에서의 공통점이 그 커플을 항상 이어주고 있었다. 하지만 이들의 생활리듬은 서로 다른 편이었다.

정치인이 될 꿈을 꾸기 시작하면서 젊은 은행가의 마음은 조급해지기 시작했다. 수면은 이제 그에게 중요한 사항이 아니었다. 마크롱은 하루에 고작 네다섯 시간의 수면만 취하게 되었다.

마크롱은 로스차일드에 재직할 당시에 권력의 한 형태인 '결정'이란 것에 대해 매력을 느끼기 시작했다. 사회주의 사상에 대한 믿음을 간헐적으로 지니곤 했던 그는 2006년까지 사회당 당원증을 만들지도 않았다. 또한 당원증을 만들고 나서도 카드의 갱신을 오랫동안 미루기도 했다. 그는 전투적인 형식의 집회를 아주 싫어했지만, 사회주의를 주창하는 여러 방면의 사람들과 상담을 한 후에 비용 청구서가 날

아와도 인색하게 굴지 않았다. 마크롱이 재정 감독청에 다니는 보통의 직원들처럼 살게 되지 않을 것이라는 점이 이제 분명해졌다. 은행에서 한가롭게 걸어 다니며 한 직장에서 수년 동안 계속 편안히 근무하는 직원들 말이다.

이르기는 했지만 그는 숨겨져 있던 자신의 능력을 곧바로 드러내기 시작했다. 그는 이미 더 먼 곳을 바라보고 있었다. 장피에르 주이에가 권유했던 정치적인 세계에 대해 그의 마음이 단단히 굳어진 것이다. 마크롱은 장피에르 주이에 덕분에 프랑수아 올랑드 대통령과 만날 수 있었다. 그 만남 후 마크롱은 올랑드에게 나라의 경제에 관한 짧은 의견서를 재빨리 보냈다. 일단 위험 속으로 뛰어든 사람은 그 위험한 게임에 점점 더 빠져들기 마련이었다.

한편 솔페리노 거리에 자리 잡은 사회당 당사에서 그 당시 제1서기관을 맡고 있던 정치인의 지지율은 여론 조사에서 변함없이 최하위를 기록하고 있었다. 그런 상황의 징조는 마크롱이 자기 인생에서 완전히 새로운 선택을 하려고 준비를 하게 만든 많은 원인들 중 하나가 되었다. 마크롱은 우선, 사회당의 실추된 가치를 되찾는 일에 모험을 걸어야 했다. 아마도 그는 자기가 사회당 경선 투표에 나올 후보자들에게 아첨을 덜 한다면 국가 수장의 신임을 더 쉽게 얻을 수 있을 것이라고 생각했을 것이다. 이에 대해 마크 페라치는 다음과 같이 설명했다. "더러운 정치판에서 취해야 하는 중요한 선택의 차원을 넘어서, 마크롱과 프랑수아 올랑드 사이에는 감정적인 면이 어느 정도 존재했습니다." 페라치는 '앙 마르슈!' 신당의 내부에 있는 '일자리 만들기' 모임의 책임자이기도 했다. 그렇게 가까운 사이였는데도 불구하고, 파리 국제 학생 기숙사 캠퍼스에서 조깅을 하던 도중 마크롱이 페라치에게 앞으로 정치적인 참여를 하겠다고 넌지시 고백하자 페라치는 큰 충격을 받았다고 한다.

2011년 5월 14일에 뉴욕의 스위트룸에서 벌어진 충격적인 성추행 사건으로 인해 국제통화기금의 총재였던 도미니크 스트로스칸이 추락하게 되었다. 그러나 그 이전에 올랑드가 마크롱과 맺었던 신기한 약속은 이미 어떤 예감을 드러내고 있었다. 마크롱은 이미 그때 정계가 자기에게 손을 내밀고 있다고 느꼈던 것이다.

마크롱은 아직 학생이었을 때, 1998년에 열린 시민운동 하계 연수 프로그램에 참석하면서 장 피에르 슈벤망이라는 유명인에 대해 큰 호감을 느낀 적이 있었다. 또 나중에 투케에 가서는 '미래 전망을 위한 임시 단체' 주변에까지 접근을 시도했다. 정치적으로 우파인 필립 코트렐이 유일한 회장 대행으로서 그 단체를 이끌고 있었다.

그 후에도 마크롱은 아파트에서 열리는 정치적인 모임들이나 몇몇 단체의 집회에 참석했다. 그는 자기가 타고 있던 현실의 배에서 내리기 전에 코트 도팔 해변이 펼쳐진 북부 지방에 자신의 미래를 맡길 수는 없을 것이라고 예감했다.

그렇게 되면 아마도 같은 지역에 사는 많은 경쟁자들이 마크롱이 대통령 후보자로 나서는 데 방해 작전을 쓸 것이었다. 그는 작은 규모의 지방보다 나라 전체에 자기 모습을 드러내는 상상을 더 많이 하고 있었다.

드디어 엘리제궁이 그에게 자리를 마련해주었다. 작가인 장프랑수아의 아들, 니콜라 르벨 진영의 보좌관 직책을 준 것이었다. 마크롱은 경제적인 문제들에 있어서 자기의 유일한 특권이 될 만한 것들을 분리시키는 일에 최선을 다했다. 유럽 각지에 진출해서 자기의 상관을 잘 보좌하기 위해 공식적인 회견장에서는 최대한 빨리 빠져나오기도 했다. 그런 식으로 마크롱이 어디서든 꼭 필요한 사람이 되자 벌써부터 그를 성가시게 여기는 사람들도 생겼다. 하지만 올랑드 대통령은 그를 굉장히 좋아했다.

엘리제궁의 공무원들은 중요한 결정이 내려지는 녹색 색조의 멋진 살롱이라든가 황금빛 천장이 있는 화려한 방과는 동떨어진 소박한 공간에서 열심히 일하고 있었다. 그들은 모두 똑같이 마크롱에게 호감을 가졌다. 하지만 자기들과 지위가 같은 마크롱이 자기들에게 직접 인사를 하러 오는 행동에는 적응하지 못했는지 어색한 반응을 보였다. 하지만 마크롱은 이미 파리정치대학의 조교들에게도 그렇게 겸손한 태도로 먼저 인사를 건네곤 했다.

마크롱의 그런 친절함에 대해서는 주변의 사람들 모두가 한목소리를 내며 동의했다. 정작 마크롱 자신만 그렇지 않다고 이야기할 뿐이다. 적의로 가득 차 있는 정치계의 상층부에서도 그가 신사다운 상식을 가진 사람이라는 이야기가 때때로 흘러나왔다. 그러나 보통 사람들보다 훨씬 겸손한 면모 때문에 마크롱은 경멸의 시선을 받기도 했다. 정치적인 모험의 세계는 마크롱의 마음에 들었지만, 그 세계에서 마크롱을 밀어내려는 조직의 방식은 그에게 반감을 품게 했다.

2014년 6월, 엘리제궁에서 열린 마크롱의 성대한 환송회는 거의 장관급 대우로 치러졌다. 마크롱은 모두에게 인사를 하고 자신이 보좌관으로 일했던 사무실을 떠났다. 그날 올랑드 대통령은 감사의 표시로 이런 말을 했다. "이제 에마뉘엘 마크롱을 모르는 사람이 어디에 있겠습니까?" 하지만 그날로부터 한 달도 되지 않아서 누구도 예상하지 못했던 일이 일어났다. 마뉘엘 발스 총리가 대통령에게 재정경제부 장관 후보자로 마크롱의 이름을 꺼낸 것이다.

사실 국가 수장인 올랑드는 그 당시 자신에게 모욕감을 계속 안겨주던 몽트부르 장관의 자리를 대신할 만한 사람을 급하게 찾고 있었다. 지나치게 활동적이었던 재정경제부 장관은 경제 부흥을 위한 도전적인 새 구상안을 계속 제시함으로써 올랑드에게 난처한 상황만 만들고 있었다. 이미 흔들리고 있던 대통령에게 굴욕감을 안겨주는 언행을 하면서 말이다.

마크롱이 엘리제궁을 떠났을 때, 그가 장차 몽트부르 장관의 후임이 될 것이라는 것은 분명해 보였다. 때문에 마크롱은 자신의 정치적인 시간을 잠시 정지시키고 개인적인 용무를 볼 계획을 세우기 시작했다. 명망 높은 런던정치경제대학교에서 강의를 할 계획도 이미 잡아놓은 참이었다.

그래서 2014년 8월 말에 마크롱은 투케의 해변에서 오랜만에 한가한 시간을 보낼 수 있었다. 마크롱과 오래전부터 알고 지낸 프랑수아 조셉 퓌리도 역시 피서를 위해 파드칼레 해변의 휴양지를 선택했기에 두 사람은 아침에 카페에서 만나곤 했다. 문학적 소양을 갖추고 있던 그 기업가는 자신과 아주 비슷한 취향을 지닌 마크롱과 자주 의견을 교환했다. 이제 마크롱은 올랑드 대통령의 '전'보좌관일 뿐이었으나, 투케에서 휴가를 보내는 동안에도 그는 일을 구상하고 있었다. 엘리제궁에서 근무하던 시절에 자신의 진영에서 일했던 사람들에게 일자리를 다시 줄 수 있는 방법을 모색하고 있었던 것이다. 그는 이미 새로운 그림을 여유 있게 구상하고 있었다. 공적인 재정을 주제로 해서 거시 경제학 전문가들과 함께 토론하는 학술 연구 모임이 개설되었다는 이야기도 들었기 때문이다.

마크롱은 대기업들과 여러 기관들을 든든하게 지지해주고 분석해줄 수 있는 조직을 만들어서 기업과 기관에 제공해야겠다는 생각을 떠올렸다. 마크롱은 국립행정학교에 다니던 시기에 나이지리아에서 연수를 받은 경험도 있기 때문에 전 세계의 여러 곳들 중에서도 비약적으로 발전하고 있는 아프리카 지역에 큰 관심을 갖고 있었다. 프랑수아 조셉 퓌리는 이렇게 말했다. "그는 이미 사회의 사회 보장 수당금에 대한 송장 내역에 의문을 품고 있었죠."

그렇게 해서 언제나 욕심과 야망으로 가득했던 이 당당한 기획자는 줄리앙 드노르망디와 함께 사업 계획에 착수하게 되었다. 줄리앙은 나중에 베르시에서 마크롱과 한편이 되어 결국 '앙 마르슈!'에도 들어가게 된다. 그리고 그랑제콜 출신의 아주 젊고 신중한 청년인 이스마엘 에믈리앙과 더불어 마뉘엘 발스의 측근이자 하바스 월드와이드 회사의 집행의장인 스테판 푹스도 마크롱과 손을 잡았다.

이런 경로를 통해 이른바 경이로운 신동 출신의 마크롱은 나중에 베르시 지구에 있는 재정경제부의 장관이 되어 커뮤니케이션 전략을 세우게 된다. 그리고 결국 나중에는 '앙 마르슈!' 신당의 품에 들어가게 된다.

앞에서 언급했던 사업 파트너들과 마크롱의 목표는 온라인 학습을 모델로 삼은 후 여러 가지 언어와 문서로 된 보증 정보를 디지털 방식으로 구축하는 국제적인 회사를 설립하는 것이었다.

그렇게 해서 그해 여름, 마크롱과 브리지트는 캘리포니아에 가게 되었다. 대학 입시 준비반 시절의 스승이자 앵글로색슨 문화의 전문가인 크리스티앙 몽주를 만나기로 했기 때문이다. 몽주는 그 번잡스러운 미국 서부에서 꼭 방문해야 할 박물관들의 목록과 더불어 읽을 만한 책 목록을 마크롱 부부에게 알려주었다. 그 와중에도 마크롱은 사업에 관한 전망을 계속 떠올리고 있었고, 전위적인 괴짜들이 득실거리는 그 미국 땅에 사는 많은 인사들과 만났다. 그때부터 완전히 새로운 세계가 그에게 펼쳐진 것이다. 마크롱이 준비했던 회사의 규약도 완성되었다.

프랑수아 조셉 퓌리는 마크롱과 우정 어린 교류를 주고받고 있던 어느 날 저녁, 대통령 관저에서 자기 친구를 호출했다는 사실을 알게 되자 그야말로 어안이 벙벙해지고 말았다. 함께 있던 이스마엘 에믈리앙 역시 깜짝 놀랐다. 마크롱은 재정 감독청과 로스차일드, 그리고 엘리제궁에 이어 이제 드디어 장관이 되어 베르시에 진출한 것이다!

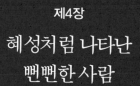

제4장

혜성처럼 나타난
뻔뻔한 사람

Les Macron

로켓 같은 사람인 마크롱은 자기 사무실에 모형을 걸어놓을 정도로 혜성을 좋아한다. 혜성들 중에서도 '추리'1969년 9월 11일에 발견된 단주기 혜성인 67P/추루모프–게라시멘코 혜성의 별명라는 별명을 가진 혜성은 그 독특하고도 난해한 이름으로 유명하다. 마크롱은 장차 자신의 정치 경력에서 절정이 될 제7의 하늘이 열릴 날을 꿈꾸며 그 추리 혜성의 이미지를 골라서 걸어놓은 것이다. 그는 평소에도 항상 이 영어 문장을 입에 달고 살지 않는가? "가능성은 무궁무진해!Sky is the limit!"

마크롱의 혜성은 베르시 지역에서 불똥만을 남기게 되지는 않을 것이었다. 어쨌든 그 혜성은 2년 동안이나 떠 있게 되었다.

2016년 8월 30일 오후 3시가 막 지났다. 서로의 의견이 팽팽히 맞서고 있는 상황이 지루하게 이어지고 있었다. 마크롱 장관이 올랑드 대통령에게 사직서를 막 제출한 참이었다.

끝내 자신의 의견을 관철시킨 마크롱은 근무했던 사무실을 떠났다. 그러고는 "보시다시피 저는 오늘 정말 단호한 결심을 했습니다"라는 내용의 이메일을 자기의 지인들에게 서둘러 전송했다.

배는 작동을 시작하자마자 전속력으로 움직이기 시작했다. 탐조등 불빛을 받으며 센강 위를 달리는 이 배는 마크롱 부부를 완전히 다른 삶으로 싣고 가고 있었다. 그동안 베르시 지역에 있는 아파트에서 남편과 거의 두문불출하며 살고 있던 브리지트는 사람들에게 작별 인사를 했고 서재에서 진행된 방송 촬영도 마쳤다. 몇 시간 후에 남편이 중대한 발표를 하는 순간, 온갖 언론사 카메라들이 또다시 자기에게 달려들 것이다. 그때부터는 그녀 역시 마크롱처럼 떠오르는 스타가 될 것이었다.

그녀는 자기와 남편의 그 엉뚱한 계획을 절대적인 것이 아닌 상대적인 것으로 만들고 싶은 듯, 아니면 그 전쟁기계 철학자 들뢰즈와 가타리가 국가장치의 포획기능과 대립적으로 사용했던 개념으로 국가장치와 다른 방향으로 작동하면서 국가와 대결할 때는 구체적인 전쟁을 가져올 수도 있는 기계 같은 언론사 기자들로부터 일찌감치 빠져나가고 싶은 듯 아무도 예상하지 못한 대응 방법을 자주 이용했다. 그래서 갑자기 작가 베르나노스를 언급하기도 하는 것이었다.

"가장 아름다운 모험이 그 안에 있죠. 그런 게 바로 문학이 에요!"

마크롱은 장관직을 내려놓으면서 이렇게 선언했다. 그것은 실용주의적이면서도 굉장히 투쟁적인 선언이었다. "인생에는 해결책이라는 게 없습니다. 하지만 계속 작동하고 있는 힘은 분명 존재하죠Dans la vie, il n'y a pas de solutions, mais des forces en marche." 이 선언 속의 두 단어 'en marche' 즉, '전진' 이 이미 마크롱의 거침없는 상승을 예견하고 있었다.

과거를 돌이켜보면 이미 6개월도 전부터 에마뉘엘 마크롱의 일정은 한계를 넘어서고 있었다. 혼자서 멀리 바다를 건너야 하는 장거리 출장에다 수많은 강연과 약속이 줄줄이 이어지고 있었기 때문이다. 마크롱은 7월 12일에 아미앵의 상호 공제 조합에서 연설을 하며 화려한 절정의 순간을 만끽했다. 거기서 이 용감한 병사 마크롱은 각자 자기의 입장에 따라 집결한 사람들 앞에서 미묘한 색조가 전혀 섞이지 않은 뚜렷한 정치색을 드러냈다. 그리고 권총의 탄창을 장전하듯 비장한 각오를 다졌다. 그는 한 시간 이십 분 가량 진행된 두 번째 쇼를 마치며 마지막으로 이런 말을 했다. 자기가 숨기고 있던 총을 마침내 꺼낸 셈이다. "우리가 세 달 후나 여섯 달 후, 아니면 일 년 후에 어떻게 될지 상상할 수 있겠습니까?"

무대 뒤에 서 있던 그의 코치 브리지트는 연설에 아주 만족스러워했다. 그녀는 마크롱이 그 연설문을 반복적으로 읽고 여슴하게 만들었다.

최초의 인물이 되기 위해, 아니 그렇게 되지 못하더라도 일단 마크롱은 전진하기로 했다.

2016년 8월 말에 마크롱의 지인인 앙리 에르망은 한 대담에서 이렇게 고백했다. "저는 그에게 이렇게 말했죠. 바로 지금 기회가 온 거야! 이때가 아니면 안 돼!" 에르망은 대통령 후보로 나서게 될 젊은 친구 마크롱의 운명을 확신하고 있었던 것이다. 실제로 그 상황에서는 약간의 의심도 보이지 않았다. 머릿속에서 떠올리고 싶지 않았던 프랑수아 올랑드 대통령에 대한 생각만 빼면 말이다. 총사령관 올랑드는 자기에게서 은혜를 입은 그 충신이 신의 없는 행동을 하리라고는 끝까지 예상하지 못하고 있었다.

올랑드의 친구인 줄리앙 드레이는 마크롱을 '선량한 청년'이라든가 '바른 생활 사나이'라고 불렀다. 하지만 기적적인 인물이라고 할 수 있는 마크롱은 자신의 사임을 발표하는 일에서도 구태의연한 방식으로 합법적인 절차를 밟으려고 기다리지도 않았다. 여론이 이미 매장시킨 자신의 정치적 아버지를 꺾으러 가기 위한 절차에서 말이다. 다른 사람처럼 행동하지 않는 사람은 다른 사람과 같은 방식으로 배신을 하지도 않는 것이다. 마크롱은 배신자 유다가 아니었다.

장관이었던 마크롱이 대통령 자리로 뛰어든 것은 그가 정치계의 중앙 무대 위로 첫발을 내딛은 지 2년도 채 지나지 않았을 때였다. 그의 친구인 프랑수아 조셉 퓌리는 이렇게 기록했다. "사회당 당원들의 가장 큰 실수는 마크롱이 가진 다양한 면모를 파악하지 못하고 그를 놓쳤다는 점이다."

그 당시 경제장관이었던 아르노 몽트부르는 위험을 알아 차렸다. 그것도 단숨에 말이다. 그는 마뉘엘 발스에게 미리 알리기까지 했다. 모든 것을 차지하려고 하는 자의 영향력 으로 인해 상황이 확 뒤집어질 것이라고 말이다. 그리고 정 말 곧 그렇게 되었다. 게다가 그 뻔뻔해 보이는 자, 마크롱은 새로운 직위를 차지하기 위해 뛰어와서 칼을 빼들었다. 마 크롱의 호언장담에 짜증이 난 사람들이 방송에 나와서 마크 롱의 배신과 배은망덕, 그리고 다른 약점에 대해서 꼬리에 꼬리를 물고 이야기해도 상관없었다.

이제 제일 중요한 인사가 된 마크롱은 큰 계획을 그리고 있었다. 재무장관인 미셸 사팽은 그가 유럽과의 옵션거래에 대해 개인적인 의견을 제시하는 것을 보고는 바로 화를 냈 다. 그다음에는 마크롱이 절대 권력을 행사하는 것처럼 느 낀 디지털부 장관 악셀 르메르가 짜증을 냈다. 마크롱은 적 절한 중재를 위해 끝없이, 그리고 상황을 피하지 않고 올랑 드 대통령에게 간청을 했다. 노동부 장관이었던 미리암 엘 콤리는 이렇게 고백했다. "우리가 그에게 그만하라고 말하 지 않는 한 그는 끝까지 이야기를 늘어놓더군요. 하지만 꽉 막힌 사람은 아니었어요. 누군가 그를 설득하는 데 성공하면 어떤 문제에 대해서는 자기 의견을 수정하기까지 했으니까요. 그에게 제일 핵심적인 문제는 정치에 있어서 용감해지는 일이었죠. 그런데 또 어떤 사람들에 대해서는 큰 용기를 내려고 하지 않더군요."

그렇지만 사회주의자 마크롱은 경선 투표를 앞두고 '민중의 아름다운 동맹'이라는 표어로 좌파 인사들을 결집시킨 마뉘엘 발스를 지지했다. 그는 마뉘엘 발스를 높이 평가하고 있었으며 그런 사실을 숨기지도 않았다. 마뉘엘 발스의 법안이 사회당 당원의 비판가들로 하여금 엄청난 폭력 사태를 일으키게 만들었을 때, 발스에게 우호적인 위로의 메시지를 보내주었던 소수의 지인들 중 한 명이 마크롱이었다.

베르시 지구에 있는 재정경제부의 선장이 된 마크롱은 배의 균형을 잘 잡으며 센강을 항해했다. 그러나 그 배가 베르시 지구에 도달했을 때 길고 긴 강의 물살은 결코 잔잔하지 않았다.

정치계의 거짓된 쇼와 그 저열한 술책들은 가장 높은 자리에 대한 갈망으로 가득 차 있는 이 사람을 재빨리 낚아챘다. 또한 마크롱 역시 정치권의 입성을 위해 그렇게 호된 신고식을 치를 만했던 인물이기도 했다.

오늘날 마크롱의 배우자가 된 브리지트는 사랑이 가득한 눈을 반짝이며 자기 남편이 장관이었던 시절에 얼마나 온 힘을 쏟았는지에 대해 다시 강조했다. 진정으로 정치적인 삶에 눈을 뜨게 된 브리지트는 이렇게 외쳤다. "남편이 제안한 법안을 통과시키기 위해 자그마치 다섯 시간이 넘는 토론이 이어졌죠!" 그 당시 마크롱은 다른 인물로 위장한 듯한 모습으로 살았다. 자신이 내세운 법안을 통과시키기 위해 마뉘엘 발스 총리가 결정한 프랑스 헌법 제49조 3항마뉘엘 발스 총리가 노동법 개정안의 의회 표결을 피해 총리 포고령으로 발효한 법적 근거였음을 이용하는 등 정당하지 못한 수단까지 동원해야 했기 때문이다. 총리는 기질적으로 다른 사람에 대해 원한을 갖지 않는 사람이었다. 하지만 마크롱은 그가 좀 더 강한 사람이 되기를 원했다. 그리고 자기 측근들에게 지도자라면 대다수의 국회의원들을 끝내 설득했다고 확신할 수 있어야 한다고 단언했다. 마크롱의 친구인 마크 페라치는 그를 이렇게 평가했다. "국회의 심의 과정에서 드러나는 위선적인 행위들을 목격한 마크롱은 좀 더 높은 곳으로 뻗어나가려고 했던 욕망을 더 키우게 되었죠." 더욱이 마크롱 장관은 자신의 법적인 조사 과정에 헌신했던 위원회의 구성원들을 이용해 하나의 연맹을 만들 수도 있다는 사실을 깨달았다. 그래서 마크롱이 대통령 후보로 나서는 과정에서 특히 리샤르 페랑과 코린 에렐, 크리스토프 카스타너 등이 마크롱의 무조건적인 지지자로 바로 변신할 수 있었던 것이다.

마크롱 장관은 자기의 진영에 모인 사람들의 급진적인 면을 보고 놀라기도 했다. 왜냐하면 리샤르 페랑 같은 오브리스트마르틴 오브리는 2008년 11월부터 2012년 4월까지 사회당의 제1서기관을 지냈으며 그녀를 추종하는 사람들을 오브리스트라고 부름에게까지 마법을 걸어서 마음을 돌리게 할 만큼 모임의 분위기가 열렬했던 것이다. 리샤르 페랑은 오늘날 '앙 마르슈!' 신당의 비서실장이되지 않았는가! 동료 의원들은 그들이 모두 마크롱과 사랑에 빠졌다고 말했다. 또 그 당시 모든 사람들의 관심은 오직마크롱 법안의 취지를 설명하는 답변자, 마크롱에게만 쏠려있는 것처럼 보였다고 한다.

그러나 국민들은 마크롱 장관을 향해 재빨리 비난의 화살을 쏘기 시작했다. 올랑드 대통령에 대한 배신행위를 비판했고, 공무원 제도 개혁에 있어서 사려 깊지 못한 주장을 했던 것과 주당 35시간 노동제에 대한 개정안을 내놓은 것을비판했다. 큰 반발에 부딪친 마크롱이 그것들에 대해서 새롭게 합의를 할 수도 있다고 처신했지만 소용없었다. 마크롱은 대중들의 비판을 통해 여론을 시험해볼 기회를 얻었다고 판단했다. 그렇게 해서 아주 오랫동안 사회당 당원증을지니고 있지도 않던 마크롱은 좌파 세력에게 있어 신앙과도같은 단골 메뉴인 노동 개혁 문제로 고군분투하게 되었던것이다.

비판가들과 개혁가들의 비위를 맞추려고 노력했던 장크리스토프 캉바델리는 길을 잃고 방황하는 좌파 노동자들 앞에서 마크롱이 자기의 입장을 밝힐 수 있게 하려고 그를 굉장히 자주 초청했다. 마크롱은 불가피했던 그 통과 의례와현대화된 노조의 움직임에 대해서 악의를 품지는 않았다.

그가 그렇게도 좋아하는 곳인 투케에서도 권력이 지닌 악순환의 고리에 파묻히는 경험을 했다. 그러나 파리에서는 마크롱의 '좌익 성향'에 대해 오해하는 듯한 사람은 없는 것 같았다.

세골렌 루아얄도 이렇게 말했다. "아무튼 그는 좌파가 아니에요. 베르시의 한 고위 공직자도 호통을 치며 마크롱은 좌파가 아니라고 했습니다. 경제장관이었던 아르노 몽트부르의 생각도 비슷해요. 에마뉘엘이 재정 감독청에 재직할 당시에 그와 같은 부서에 있었던 제 친구 한 명이 2012년 2월에 저한테 이렇게 말했습니다. '넌 이번 대선에서 올랑드에게 표를 던질 생각이지? 난 자기가 만든 경제 개발 계획에 대해 알리고 다니는 사람을 한 명 알고 있어. 내년이 되면 넌 벌써 그 사람에 대한 이야기를 사방에서 듣게 될 거야. 왜냐하면 그 사람이 아주 높은 곳에 올라갈 꿈을 꾸고 있거든.' 하지만 그렇게 경제 개발 계획을 만들던 마크롱이 현재는 재계에 대항해서 어떤 것도 바꾸려고 하지 않고 있습니다. 오히려 그 반대로 가고 있죠!"

그러나 오늘날 마크롱의 지지자가 된 세골렌 루아얄은 또 이런 말도 했다. "몇 달이 지난 후 제 친구를 만났을 때는 상황이 완전히 바뀌었어요. 전 그 친구 앞에서 눈도 마주치지 못한 채 변명거리를 찾고 있었죠."

아무튼 그 당시에 에마뉘엘 마크롱은 자신이 꾸릴 내각이 최고의 결과를 얻을 수 있도록 자기 힘으로 동원할 수 있는 온갖 수단을 다 사용했다. 부하 직원의 잘못으로 가끔 난관에 부딪칠 때마다 그는 이렇게 외쳤다. "저한테는 이런 변명을 절대로 하지 마세요. '다른 사람들은 그렇게 하지 않았어요!'라는 말이요."

마크롱이 이끌었던 내각의 옛 구성원 한 사람이 진심을 담은 어조로 이렇게 말했다. "저희는 그때 상황을 완전히 바꿔보자는 목표를 세우고 그 목표를 향한 의욕이 2,000%까지 치솟았죠. 마크롱 역시 구체적인 계획을 갖고 있었어요. 그는 사회의 빗장을 풀고 사람들의 일상을 변화시키기 위해 미시경제학적인 모든 수단들을 작동시키고 싶다고 했어요." 가끔 브리지트가 모든 사람들을 챙겨주는 엄마 노릇을 하고 있을 때, 이 보스는 아주 능숙하게 이 사람 저 사람의 능력이 가진 가치를 평가하는 일을 하고 있었다.

추진력과 활기를 만들어내는 것은 마크롱의 특기였다. 그는 또한 대등한 조언자인 브리지트와 함께 시詩에 대한 사랑을 공유하고 있었다. 브리지트는 남편의 다이어리 안에 그가 하루 동안 만나야 할 사람들의 목록과 더불어 좋은 시 몇 구절도 적어서 슬쩍 끼워놓곤 했다.

삼십 대의 마크롱은 케케묵은 관습들에 대해 자주 코웃음을 쳤다. 마크롱은 엘리제궁에서 대통령의 보좌관직을 맡으며 자기의 육감을 잘 발달시켜 왔다. 때문에 공화국의 수장이 참석하는 월요일 아침의 엄숙한 회의 분위기를 한층 더 부드럽게 만드는 재주도 갖고 있었다. 마치 철없는 중고등학생처럼 짓궂어질 때도 있어서 회의에 집중을 못 하고 산만해 보이는 동료를 똑같이 흉내 내서 웃음을 자아내기도 했다. 또 그는 시사 주간지 〈카나르 앙셰네〉에 실린 콩트르페트리contrepeterie, 단어나 표현의 문자와 음절을 바꾸어 새로운 단어를 만드는 언어유희 게임를 즐겨 했는데, 그 게임을 하지 않을 때는 친구인 마크 페라치와 함께 참신한 발상을 동원해 새로운 단어를 만드는 게임을 할 때도 많았다.

마크롱은 휴식 시간에 부하 직원이 예고도 없이 들이닥쳐서 자기에게 반기를 들 때도 언짢은 반응을 보이지 않았다. 우리는 엘리제궁의 양탄자 깔린 한 집무실에서 마크롱이 성대한 의식을 거행하는 것도 지켜보지 않았던가? 그것은 오직 자기를 지지해준 동료들과의 약속을 지키기 위한 것이었다.

한편 올랑드 대통령 밑에서 정보 통신 정책 보좌관으로 일하던 가스파르 강체르는 마크롱의 국립행정학교 동창이기도 했다. 가스파르는 자기 집무실의 책상 위에 아주 오래된 머그잔을 올려놓고 있었는데, 그 잔에는 자신과 마크롱이 함께 찍은 사진과 함께 '펑크 문화는 아직 살아 있다!'는 문구가 새겨져 있었다.

마크롱은 이미 재정 분야에서 고위직을 맡았던 경험을 갖고 있었다. 그래서 재정경제부 장관으로 임명되자 자기에게 주어진 새로운 역할에 대단히 여유 있는 자세로 임했다. 한 공무원은 이렇게 회상했다. "마크롱은 함께 일하는 사람들과 수직적인 관계를 만들지 않았어요. 이제 막 생겨난 기업에 뛰어든 것처럼 동료들과 편안한 분위기에서 일을 했죠."
마치 앵글로색슨 혈통의 영국 신사처럼 너무나 정중했던 마크롱의 그 유명한 수평적인 관계에 대해서 주변 사람들은 칭찬을 아끼지 않았다. 그 남자가 실제로는 혼자만의 시간을 보내기를 좋아하는 사람이긴 하지만 말이다.

또한 그는 자기가 존경하는 은사인 폴 리쾨르의 이 격언을 항상 자신의 좌우명으로 삼았다.

"정치적인 토론이란 그것으로 판정을 내릴 수는 있겠지만 해결책을 낼 수는 없는 것이다."

정치인 미리암 엘 콤리는 장관으로 임명된 지 얼마 안 된 마크롱이 처음으로 출장을 갔던 날의 일을 잘 기억하고 있었다. 2014년 8월 말에 마르세유로 갔던 출장이었다. 그녀는 수년째 파리 18구의 지역구 의원으로 선출되어 활동하고 있었고, 동료인 마크롱과는 매우 다른 영역 출신이라고 할 수 있었다. 그녀는 그 기회를 틈타 아주 가까이에서 괴짜 마크롱을 살펴보고 싶었다.

파리 시장인 안 이달고의 대변인이기도 했던 그녀의 이야기를 파리에서 들어보았다. 마르세유라는 일하기 까다로운 지역에서 마크롱이 자기 임무에 몰두하고 있을 때 옆에서 그를 도왔던 일은 정말 흥미진진했다고 한다. 그녀는 이렇게 말했다. "마크롱은 거기에 도착하자마자 곧바로 편안한 모습을 보여줬어요. 젊은이들과 뭔가 통하는 게 있는 듯했어요. 고리타분하지 않은 그의 강연이 사람들에게 아주 잘 전달되는 것 같았죠. 그는 그곳 사람들을 이해하기 위한 시간을 벌기 위해 공직자로서 의무적으로 머물러야 하는 방문지에서는 빨리 빠져나가려고 했어요." 그는 재정경제부 장관으로서 모든 영역에서 자신과 공적인 관계를 맺고 있는 사람들을 애지중지하며 잘 챙겼다. 2015년 11월에 테러 이후 시대의 경제적인 지속성이라는 주제로 열렸던 회의에서 마크롱을 만났던 한 사람도 그의 타고난 사교성에 대해 이렇게 묘사했다. "그는 회의장에 도착하자마자 거기 모인 50여 명의 참석자 한 사람 한 사람에게 인사를 했습니다. 행정부와 연맹을 대표하는 사람으로서 말이죠. 마크롱은 거기서 그런 식으로 인사를 했던 유일한 장관이었어요."

유일한 지도자로서 완전한 자유를 지니고 있던 마크롱은 모든 규범의 틀을 깨뜨리는 일에 주저하지 않았다. 일을 빨리 진척시키기 위해서라면 어떤 방법이든 시도해보려고 했다. 게다가 그는 다른 장관들의 영역을 침범하는 데에도 일가견이 있어서 자기 때문에 내심 짜증이 나 있는 장관들에게 휴대폰으로 도발적인 문자 메시지를 보내며 빙긋 웃기까지 했다. "내 친구여. 유감스럽게 됐군요!" 그가 지닌 그 자유스러운 천성은 때때로 엉뚱한 행동을 하게 만들었다. 비록 마크롱 자신은 그런 일을 했다고 전혀 인정하지 않을지라도 말이다.

2014년 9월에 일어난 일이었다. 마크롱은 장관 직책을 맡자마자 유럽 1채널의 한 프로그램에 나와서 피니스테르주의 람폴 기밀리오에 있는 도축 기업 '가드'에서 해고된 옛 노동자들에 대한 이야기를 꺼냈다. 그는 유상으로만 딸 수 있는 면허증이 없이는 고용의 변화에 적응하기 어렵다고 발언했고, 직업을 바꾸는 일의 어려움에 대해서도 환기했다. 또한 그 신입 장관은 '육체노동을 하는 여성들의 대다수가 문맹자라는 사실'에 대해서도 문제 제기를 했다. 그 방송이 나간 후 시청자들의 항의가 엄청나게 빗발쳤다. 은행가 출신의 장관이 결국 자신의 오만함을 감추지 못하고 사람들 앞에서 드러내버린 것처럼 느껴지는 사건이었다.

　먼저 몰레의 옛 시장이었던 마릴리스 르브랑쉬가 엄청난 분노를 담아 자기 입장을 표명했다. 그녀는 아침 9시 30분에 예정된 장관 회의가 열리기도 전에 수화기를 들었다. "당신이 사람들을 모욕했다는 사실을 알기나 해요? 뭔가를 논의할 때는요, 상황의 분석과 방법론, 그 두 가지를 혼동하면 안 되는 거라고요." 지방분권화와 공직 부서의 장관이자 교육자였던 그녀가 이렇게 소리쳤다.

　그녀는 지역 관할권을 여러 번 통과시켰던 경험을 갖고 있었다. 게다가 공무와 관련된 발언으로 인해 빠질 수 있는 함정에 대해서도 잘 알고 있는 사람이었다. 그녀의 이야기를 마크롱은 군말 없이 들었다. 마릴리스 르브랑쉬는 다음과 같이 고백했다. "저는 마크롱에게 '당신이 〈텔레그람〉에 연락해서 직접 해명하도록 하세요!'라고 말했어요." 그러자 에마뉘엘 마크롱은 전화기 너머로 약간 고지식한 문구를 쓰며 자신의 입장을 정당화했다고 한다. "사람들에게 모욕감을 주려고 그랬던 것은 아닙니다만……."

결국 여론의 분위기가 악화되어서 마크롱이 '메아 쿨파'mea-culpa, 라틴어로 '나의 죄'라는 뜻이며 주로 가톨릭에서 사죄 기도를 드릴 때 쓰는 말를 언론에 발표해야 할 상황이 되었다. 그가 작년 1월에 프랑스 북부에 방문했을 때 북부 지방 사람들에 대한 개인적인 진단을 내놓았던 일로 두 번째 논란까지 생겨났기 때문이다.

그때 실제로 일어났던 일들을 하나하나 열거한다면 분명 귀에 거슬리는 이야기가 될 것이다. 그러나 마크롱은 결국 사람들이 오만하다고 비난했던 부분에 대해 용감하게 책임을 지기로 했다. 정치인 마르틴 오브리와 가까운 친구이기도 한 르브랑쉬 장관은 오늘날 프랑스 국회에서 막강한 권한을 행사하고 있는 사람이다. 그녀는 마크롱이 여론의 뭇매를 맞은 '가드' 그룹 노동자 발언 건에 대해 다음과 같이 신랄한 말로 결론을 내렸다. "그는 영리함이 좀 부족했던 거예요."

마크롱은 자신의 정치적인 스승인 마릴리스 르브랑쉬 장관에게 하루만 시간을 달라고 부탁하지도 못했다. 그가 언제나 그랬듯이 연장자에 대한 선량한 존경심에서 그랬던 것이다. 그 사건 이후로 시간이 좀 지나 마릴리스 르브랑쉬가 자기의 딸과 함께 길을 가다가 마크롱을 우연히 만나게 되었다. 그때 마크롱이 그 딸에게 이렇게 외쳤다고 한다. "당신의 어머니는 진짜 대쪽 같은 분이더군요!"

어쨌든 '가드' 그룹 발언을 골격으로 한 그 일화는 마크롱에게 한 가지 교훈을 가져다주었다. 그것은 너무나 유동적이고 불안정한 언어의 표현은 때때로 다듬어주어야 이익을 얻는다는 점이었다. 하지만 그런 깨달음이 영향력을 발휘하기도 전, 마크롱이 평소에 즐겨 입는 은행가 스타일의 옷들이 도마 위에 올랐다. 그가 사치스러운 사람이라는 새로운 공격을 받기 시작한 것이었다. 그가 에로 지방으로 출장을 갔을 때 한 파업 노동자와 이야기를 하다가 소리 높여 항변했듯이 '순전히 자기의 노동과 능력만으로 옷값을 지불'했다 하더라도 공격은 사그라들지 않았다.

아무튼 프랑스인들은 그를 향해 경멸의 태도를 취하기도 하고 도발적인 태도를 취하기도 하면서 '완전히 확인되지 않은' 정치계의 인물을 호기심 가득한 눈으로 지켜보았다. 마크롱이 내세우는 주장들과 가장 근접한 방식으로 그를 나타내는 말은 '전달자'일 것이다. 그의 주장은 특히 법으로 규제되어 있는 직업들(변호사, 약사, 공증인 등)을 단일화시키자고 하거나, 혹은 일요일에 상점들이 문을 여는 일에 대해 상인들에게 자율성을 부과하자거나 하는 것들이었다. 바로 이 주장들이 마크롱이라는 인물을 더 주목받게 만들었다.

여론 조사 업체인 '해리스 인터랙티브'에서 부장을 맡고 있던 장다니엘 레비는 선언하듯 이렇게 말했다. "그는 모든 빈칸에 일일이 표시를 하고 있었어요. 아주 젊었고 자기 발언에 확신을 갖고 있었죠. 사생활도 없는 사람 같았고 하나의 정당에 종속되어 있지도 않았어요. 또한 물건을 구매할 수 있는 아주 작은 능력이라도 있는 사람이라면 그 당시에 지갑을 열어서 새로 생긴 마크롱 버스_{재정경제부 장관이었던 마크롱 은 프랑스의 시장 개방을 목표로, 독일의 가장 큰 고속버스 업체인 '플릭스버스'의 승 객들에게 선거에 기권하지 말고 반드시 투표할 것을 독려하며 버스표를 나중에 환불해 주는 캠페인을 벌였음}의 즉각적인 효과를 볼 수 있었죠. 나이가 많은 유권자들은 국가가 경쟁력을 키우기 위해서라면 마크롱의 주장처럼 경제적으로 조금 더 위험에 처해도 괜찮다는 이야기까지 할 정도로 그에 대한 선호도가 올라가고 있었어요."

2년 전만 해도 그리 알려져 있지 않았던 남자는 자신의 영향력이 여론에 점점 더 큰 효과를 행사하는 것을 보며 무척 즐거워했다. 코트도르의 국회의원이자 마크롱의 지지자인 프랑수아 파트리아는 다음과 같이 확신했다. "마크롱은 겨우 6개월 만에 다른 유명한 정치권 지도자들을 우습게 만들어버렸죠. 거기에는 정치계의 거물인 마뉘엘 발스 총리도 포함됩니다. 그는 자기가 사람들에게 각인시킨 감정을 자각하고 있었어요. 그래서 자기의 운명이 정계에 놓여 있다는 사실도 알게 된 거죠."

마크롱은 그의 이름이 권위를 지니게 된 그때부터 더 유명해져야겠다는 야망에 사로잡혔다. 그 목표를 이루기 위해 우선, 각광받는 광고 대행사인 '하바스' 그룹 출신인 이스마엘 아믈리앙을 자문위원으로 합류시켰다. 그리고 여러 명의 언론 홍보 담당자들도 만났다. 그 어떤 만남도 우연히 이루어지지는 않았다.

마크롱은 국제 세계에서도 자신을 알리고 이미지를 잘 활용할 수 있도록 지방과 수도권을 가리지 않고 언론사들과의 관계를 돈독하게 하고 있었다. 즉, 모든 관계망을 잘 통제하고 있었던 것이다. 그런데 〈북쪽 지방의 목소리〉 소속 기자인 올리비에 메를랑은 이런 이야기를 들려주었다. "마크롱은 정치적인 인터뷰를 한 번도 거절하지 않았습니다. 그런데 한 지방 특파원이 투케 해변에서 마크롱 부부의 사진을 몰래 찍었어요. 그러고는 신문 기사를 얻기 위해 그 부부와 사진을 교환했죠. 다음 날 신문이 나왔을 때, 마크롱의 내각 측에서 아주 단호한 어조로 우리에게 통보를 하더군요. 그 기사가 우리와 거래한 마지막 기사가 될 거라고요." 어쨌든 언론사는 개인 정보를 그런 식으로 경솔하게 이용해서는 안 될 것이다. 세부적인 사생활도 소중한 법이니 말이다.

이제 젊은 정치인 마크롱의 위상은 완전히 구축되었다. 그는 2015년 가을부터 자신의 독립을 위해 뛰었다.

그는 2015년 말에 동료들과 함께한 저녁 모임에서 자신

의 계획과 전망에 대해 털어놓았다. 베르시에서 자신의 첫
번째 정치적 장비를 갖춘 지 아직 1년 6개월밖에 지나지 않
은 시점이었으나, '앙 마르슈!' 운동의 윤곽선이 벌써 드러
난 것이다. 구체적인 사항은 거의 보이지 않았고 다분히 대
략적인 사항들이었지만 말이다. 하지만 마크롱 장관은 자신
이 담장 밖에서 만들려고 하는 위대한 마르슈 부대가 바로
1킬로미터 근방에 도사리고 있다는 것을 잘 알고 있었다.
금융권의 친구들이 말하듯 '모험을 좋아하는 친구' 마크롱
은 이렇게 계속 전진하고 있었다.

11월에 파리 전역에서 엄청난 사상자를 낸 테러가 발생
하자 마크롱의 정치적인 야망은 더 단단히 굳어졌고 더 빠
르게 돌진하기 시작했다. 그는 12월에도 베르시에서 장관
으로 일하고 있었고, '앙 마르슈!' 운동을 위한 활동도 시작
하고 있었다. '앙 마르슈!'는 마크롱 장관과 그의 부인, 그리
고 이 부부의 주변에 모인 지지자들의 작은 모임을 통해, 비
록 정식 명칭은 나중에야 받게 되었으나 이미 맹아萌芽의 단
계에 놓여 있었다.

어느 날 마크롱 부부는 루브르 박물관 피라미드 구조물의
맞은편에 있는 말리 카페에 갔다. 그곳에서 기습적으로 그
들에게 인사를 건넨 사람과 인사를 하고 솔직한 태도로 대
화도 나누게 되었다. 사업가 소피 드 망통이 그 카페에서 자
기 가족들과 즐거운 시간을 보내고 있다가 우연히 그 부부
를 만난 것이다. 마크롱은 엘리제궁에 있을 때 그 수다쟁이

여성을 만난 적이 있었다. 그녀는 정치판에 관한 험담을 몹시 좋아하는 사람이었다. 그런데도 마크롱은 그녀가 자기들의 특별한 정보를 누설할 수도 있다는 불안감을 어떻게 무시할 수 있었을까?

자유로운 기질을 가진 여성인 소피는 마크롱에 대한 화제에서 벗어나지 못한 채 이렇게 말했다. "마크롱은 아주 명료한 사람이었어요. 제 관점으로는 그가 윤리적인 대통령이 되려는 목표를 가진 것 같았어요. 그런 생각이 사람들에게 알려지기를 바라는 욕심까지 보여주더군요. 그리고 대통령이 되고 싶다는 야망을 제게 솔직하게 털어놓았어요. 앞으로 하게 될 일들까지 이야기했죠. 그런데 그 당시 그가 계획했던 모든 것들이 아주 가까운 시일 내에 눈앞의 현실로 나타나더라고요!" 소피는 손을 꼭 잡고 카페에 들어왔던 그 부부를 보고 완전히 매혹되었다고 했다. 또한 대화를 나누며 자기의 눈에도 또렷이 각인된 마크롱 장관의 푸른 눈동자가 그녀의 마음을 사로잡았다고 했다. 거기에 그 눈빛 말고 다른 것은 아무것도 존재하지 않는 것처럼 말이다.

결국 2016년 봄에 마크롱은 부인과 함께 준비한 저녁식사 모임에서 야망의 최종적인 목표에 대해 사람들이 키우고 있는 의혹의 불씨를 껐다. 날이 갈수록 마크롱에 대한 소문이 사람들 사이에 퍼졌지만 프랑수아 올랑드 대통령만은 그것에 대해 완강하게 부인하고 있었다.

사실 2015년 가을에 올랑드는 마크롱 장관에 대해 전적인 신뢰의 의지를 표명한 바 있었다. 그래서 기자인 제라르 다베와 파브리스 롬 앞에서 자기 부하인 마크롱의 충성심에 대해 이렇게 단언했던 것이다. "에마뉘엘 마크롱은 표리부동한 사람이 아닙니다. 자기의 개인적인 이익을 취하기 위해 장관직을 이용하지 않는 면에서도 그렇죠. 선동에 의해 조종당하는 그런 사람이 전혀 아니에요. 하지만 언론계와 정치계의 규범들에 대해서는 잘 모르는 사람이기도 하죠." 국가의 수장 올랑드는 〈르몽드〉의 두 기자 앞에서 마크롱에 대한 칭찬에 열을 올리고 있었다. "그에게는 사악함이란 게 없습니다. 미숙함이 약간 있을지는 몰라도 정말로 사악함이 없어요. 하지만 사실을 털어놓자면 정치적인 삶에서는 그런 미숙함이 종종 첫 번째 논쟁거리로 도마에 오를 수도 있지요." 올랑드는 자기의 판단에 대해 확신하며 차분한 어조로 그런 이론을 내세웠다.

마뉘엘 발스 부부 역시 마크롱 장관이 자기 몫에 대해 큰 욕심을 내지 않는 사람이라고 굳게 믿고 있었다. 마뉘엘 발스의 부인인 안 그라부앙은 남편이 그토록 열심히 홍보를 하고 있는 마크롱에 대해 관대한 태도를 보였다. 그렇지만 이 부부의 친구는 다음과 같이 회상했다. "그녀는 마크롱이 엄청나게 좋은 사람이라고 항상 노래를 불렀죠. 그런데 12월이 되자 그 노랫말이 다른 내용으로 싹 바뀌더라고요!" 그 시기부터 여론은 대통령이 그를 과도하게 믿었던 것이 잘못이었다며 과열되기 시작했다. 명망 높던 노련한 정치가 올랑드에게는 어이없을 정도로 순진한 면이 있어서 배신을 예상하지 못했던 것이라고 평가되기도 했다. 그래도 올랑드는 상황을 잘 통제하고 궁지에서 빨리 벗어나기 위해 상대를 무시하는 자기만의 대처 방식을 잘 알고 있었다. 그러나 불행하게도 그가 2006년에 겪었던 난관올랑드는 세골렌 루아얄과 결혼을 하지 않은 채로 30년 동안 함께 살았지만. 2006년에 기자인 발레리 트리에르바일레르와 돌연 동거를 시작해서 논란을 일으켰음은 나중에 광고의 소재로도 등장해서 웃음거리가 되었다. 어쨌든 그때 궁지에 몰렸기 때문에 세골렌 루아얄에게 사회당 경선 투표의 후보자 자리를 권했던 것이 아니겠는가? 그 당시 올랑드는 그 무엇보다도 로랑 파비우스나 도미니크 스트로스칸처럼 머리가 희끗희끗한 정치계의 거물이 그 자리를 차지하는 사태를 막고 싶어 했다. 그 두 거물은 사회당 집단에서 자신만의 유리한 몫을 따로 비축하고 있는 사람들이었기 때문이다. 그렇지만 세골렌 루아얄은 올랑드의 요청을 거절했다. 결국 사회당의 총수이자 사회주의자 인형들을 거느리는 꼭두각시 조종사였던 올랑드는 더 이상 인형의 끈을 억지로 당길 수 없게 되었다.

그로부터 10년이 지나자 그때와 똑같은 시나리오가 에마뉘엘 마크롱을 통해 재현되었다. 하지만 세골렌 루아얄은 그런 상황에 금방 속지 않았다. 그녀는 한없이 배짱이 두둑한 그 젊은 정치인이 자신의 감정을 다소 감추고 있는 듯한 모습을 너그럽고 즐거운 시선으로 관찰했다.

프랑수아 올랑드는 평소에 그토록 아끼던 충복이 자신에게서 독립하려는 모습을 보이자, 그런 상황을 인정하지 못하고 계속 부정했다. 그리고 결국 이성을 잃고 말았다. 2016년 4월에 '앙 마르슈!'가 창당되고 나서 최근까지도 올랑드는 똑같은 자세를 유지했다. 그러나 마크롱이 집필한 책의 제목은 더 이상 의혹의 여지를 남겨놓지 않았다. 그 책이 바로 《혁명》이었다.

상황이 이렇게 흘러가자 마뉘엘 발스 총리는 대통령에게 적절한 신호도 보내고 마크롱에 대한 비판의 목소리도 높였다. 또한 그 무례한 부하를 제재하라는 조언도 건넸으나 다 소용없는 일이 되고 말았다. 프랑수아 올랑드는 마뉘엘 발스가 내는 분노의 목소리에 귀를 기울이지 않고 자기에게 다가오는 불길한 예언을 억지로 모르는 척하고 있었기 때문이다. 어쩌면 그때 올랑드는 거만한 두 사람, 마크롱과 발스를 함께 무력화시킬지도 모를 대립 상황을 만들고 있었던 것은 아니었을까?

올랑드는 사실 프랑수아 미테랑이라는 좋은 스승에게서 가르침을 받은 사람이었다. 야망으로 인해 서로 부딪치고 싸우고 같이 파멸하는 그 정치적인 주방에서 즐겁게 음식을 맛보았던 선배가 미테랑이었다. 그래서 올랑드 대통령은 자기가 임명했던 젊은 재정경제부 장관이 자신의 귓가에 부드럽게 속삭이는 정치적인 공모의 말에만 귀를 기울이며 지냈을 것이다. 그래서 잘 발달된 재치를 이용해 분위기를 한 번에 전환시킬 준비가 되어 있는 젊은 마크롱의 열정적인 모습만을 바라보며 안심하고 있었던 것이다.

올랑드는 마크롱의 매력에 빠져 있었고 또한 마크롱 부인의 매력에 반해 있었다. 이제 그를 궁지에 몰아넣게 된 부부에게 사로잡혀 있었던 것이다. 또한 올랑드는 아주 정당한 방법으로 선출되었던 젊은 보좌관의 임기응변에 관련된 재주를 항상 높이 평가하지 않았던가? 2012년 5월 중순에 올랑드가 마크롱과 함께 베를린에 갔을 때, 독일 총리인 앙겔라 메르켈과 함께한 식사 자리에서 마크롱은 상냥한 어조로 재미있는 농담을 던졌다고 한다. 주간지 〈포인트〉에 따르면 그 식사를 준비한 주방장은 이미 옛날에 파리에서 수습 과정을 마친 오랜 경력의 요리사였지만, 마크롱은 그 주방장이 파리에 가서 두 번째 실습을 받아야 할 만한 음식 솜씨를 선보였다고 강조했다는 것이다!

그런 엉뚱함과 뻔뻔스러움이 대통령을 깜빡 속아 넘어가게 만든 것이다. 장관들 중의 한 사람이 한숨을 쉬며 이렇게 말했다. "올랑드는 에마뉘엘과 부모 자식 간처럼 친밀한 관계를 맺고 싶어 하는 것 같았어요. 마치 그가 옛날에 그렇게도 좋아했던 미테랑 대통령과의 관계처럼 말이죠."

2016년 봄이 되었다. 분위기를 봐서는 마크롱은 여전히 올랑드 대통령을 안심시키는 일에 열중하고 있는 듯했다.

그는 올랑드 대통령과 머리를 맞대고 앉아 우정 어린 분위기 속에서 자기가 외부에서 만든 모임은 아직 불완전한 발명품에 지나지 않는다고 맹세했다. 5년 전부터 투표를 전혀 하지 않는 일부 국민들의 냉담한 마음을 돌리기 위해 하나의 수단을 만들고 있을 뿐이라는 설명이었다. 숨이 가빠져서 헐떡거리고 있는 이 프랑스 공화국에 산소를 불어넣어 주기 위해 만든, 어떤 면에서 보면 하나의 시민 단체에 불과하다는 말도 덧붙였다.

제라르 콜롱이나 프랑수아 파트리아 또는 리샤르 페랑 같은 정치계의 인사들이 그 모임에 합류했다는 이야기도 대통령으로 하여금 경계 태세를 갖추게 만들지는 못했다.

자기가 임명한 그 장관이 2016년 8월 말에 사직서를 낼 때까지 올랑드는 뜨거운 포탄이 자기에게 점점 더 가까이 날아오고 있다는 것을 끝내 알아보지 못했다.

제5장

걷잡을 수 없는 상승세,
덩달아 커지는 비난

장관 집무실 문을 닫고 나간 지 얼마 되지도 않아서 사람
들로부터 '마크롱 대통령!'이라는 구호를 듣게 된 남자가
샬롱 앙 샹파뉴 와인을 맛보고 있다. 저편에서는 마크롱의
교활한 배신에 완전히 얼이 빠진 올랑드 지지자들이 마크롱
을 향해 온갖 욕과 악담을 퍼붓기 시작했다. 그러나 마크롱
이 최초의 계획을 담은 조직을 창설하겠다고 결심한 것은
벌써 수개월이 지난 시점이었다.

'앙 마르슈!' 신당은 2016년 11월 6일에 마크롱의 고향
인 아미앵에서 공식적으로 출범했다. 과거에 재정경제부 장
관 마크롱이 새로운 정치 조직을 결성하겠다고 약속했던 그
모임이 현실에서 브리지트와 친구들, 그리고 언론 앞에 모

습을 드러낸 것이다. 마크롱은 그날 이렇게 외쳤다. "저는 이 운동을 통해 정치의 지반에서부터 기초공사를 다시 할 수 있을 것이라고 생각합니다."

그렇게 해서 하나의 거대한 행진이 예고되었다. '앙 마르 슈!'의 수많은 자원 봉사자들이 프랑스 국민들과의 접촉을 시작했고, 수십만 명과의 만남이 이루어졌다.

마크롱 현상에 대한 기사들이 쏟아져 나오는 상황에 짜 증이 났던 마뉘엘 발스 지지자 중 한 사람은 이렇게 빈정거 렸다. "맞아요. 마크롱 측은 국민 한 사람 한 사람을 찾아가 서 활동을 벌이고 있어요. 정말이에요! 하지만 그 일 말고 또 무슨 활동을 하는 거죠?" 사실 그 시기에는 세골렌 루아 얄의 주도로 사람들이 직접 참여해서 만들어가는 민주주의 의 한 형태가 실행되고 있었다. 베르트랑 들라노에에 이어 서 안 이달고 역시 파리에서 오랫동안 그런 식의 정치 활동 에 전념하고 있었던 것이다.

그렇지만 정계에서 활동 중인 유력한 인사들이 빈정거리 며 하는 말들은 중요하지 않았다. 마크롱은 새로운 길을 따 라 묵묵히 걸어갔다. 파리에서는 마크롱에 대한 수많은 질 문지들이 그야말로 폭발적으로 늘어났는데, 그것들은 특별 히 중요한 핵심어를 찾아내는 소프트웨어를 이용해서 컴퓨 터로 처리되었다. 버락 오바마 대통령이 최초로 성공적인 선거 캠페인을 벌였을 때도 이용했던 그 방식이 진가를 드 러냈다. '앙 마르슈!' 신당의 관계자인 코린 베르시니는 부슈뒤론에 있는 '앙 마르슈!' 본부에서 이렇게 말했다. "우리 당은 국민들이 '베이비시터'처럼 살고 있는 수동적인 인생에서 벗어나야 한다는 주장을 원칙으로 하고 있습니다. 국민들은 불편한 점이 무엇인지 말할 수 있어야 하고, 스스로 진단을 내릴 수 있어야 합니다."

'앙 마르슈!' 신당의 대대적인 첫 행군이 끝난 직후부터 노동자들은 대통령 선거 캠페인 내내 카페에 모여들었다. 자원 봉사자들은 자기가 사는 아파트에 사람들을 불러 모으기도 했다. 그 모임에서는 처음으로 정치적인 활동을 하는 초보자들과 다수의 젊은이들이 종종 마주쳤다. 남들보다 더 큰 야망을 갖고 있고 미래에 대한 전망으로 가득 찬 노동자 집단부터 시작해서, 시민들이 먹을 간식들을 만들거나 노동자들의 경력을 쌓는 일을 도와주는 자원 봉사자 등이 아주 특별한 호의가 담긴 제안들을 실천하기 시작했다.

마크롱 선거 운동의 지방 지부 책임자이자 젠 잉크 생명 공학 연구회에서 마르세유 지역 회장을 맡고 있는 한 여성은 즐거워 보이는 모습으로 이렇게 말했다. "우리는 지역적인 구분에 대한 인식을 갖고 있지 않아요. 다만 우리가 마신 음료와 맥주 값을 내며 계산서의 가격을 볼 때만 여기가 지방이라는 사실을 인식하죠." 미래의 대통령 후보자를 위한 전문가 그룹도 결성되었다. 마크롱에게 종합적인 의견도 제시해주고 국민의 건강과 세금 제도, 영구적인 국가 발전에 있어서 구체적인 제안을 마련해주기 위한 그룹이었다.

'앙 마르슈!'가 활동을 시작했던 초기부터 그 특별한 모험에 관심을 갖고 있으면서도 어느 정도의 거리를 두며 관망하는 사람도 물론 존재했다. 그중에는 정치적인 참여를 적극적으로 지속해온 유명한 소설가 알렉상드르 자댕도 있었다. 그는 다음과 같이 자신의 속마음을 털어놓았다. "처음에는 현 국가 체계가 지닌 한계를 넘어서려고 하는 마크롱의 의지를 믿었어요. 그런데 '앙 마르슈!'의 후보자는 의심의 여지없이 그 기대를 저버리더군요." 그는 또 이렇게 고백했다. "저는 정치인들에 대해 판단할 때 그들의 행동을 먼저 봅니다. 그들이 다른 사람을 위해 아무것도 하지 않는 것처럼 보이면 전 그들을 신뢰하지 않지요. 그런데 장루이 볼루는 시장으로서 어떤 분명한 업적을 남긴 사람이에요. 장관으로 재직할 당시에는 그가 책임지고 있던 국가 기관이 도시 개혁을 위해 실제로 도시의 구역들을 재건하기도 했죠. 또한 그는 오늘날에도 아프리카의 발전을 위해 아주 구체적인 활동을 벌이고 있어요. 제가 마크롱에 대해 왜 거리를 두고 있는지 그 이유를 정확히 밝히기는 어렵군요. 하지만 마크롱은 그 이유를 알 것이라고 생각해요."

그렇지만 운명의 날이 다가올수록 새롭게 마크롱에게 이끌린 사람들이 꾸준히 생겨났다. "당신은 마크롱의 어떤 면모에 그렇게 열광하는 것인가요?" 여성 정치인인 라마 야드가 이런 문자 메시지 문구를 작성했다. 그녀는 일 드 프랑스 지역의 옛 국회의원이자 자신과도 친분이 두터운 한 공화당

당원에게 이 메시지를 보냈다. 센생드니의 직업 훈련원 원장인 파트릭 툴메가 그 메시지를 받은 주인공인데, 그는 에마뉘엘 마크롱에게 완전히 푹 빠진 상태였기 때문에 장문의 열광적인 답장을 보내왔다. 사르코지의 옛 보좌관이었던 라마 야드는 마크롱이 만든 동맹에 대해 무시하는 눈길을 보내는 반대편 세력의 정치적인 진흙탕으로부터 죽을힘을 다해 도망 나온 참이었다. 정계의 새내기인 마크롱은 자기 나름의 방식대로 '과감하게 전진할 프랑스'라는 표어의 화살로 그녀의 마음을 관통했다.

진지하고 엄숙한 분위기를 풍긴 것은 아니었지만 사람들에게 다소 새로운 이미지를 보여준 마크롱의 대통령 계획안은 아주 천천히, 그리고 하나씩 하나씩 그 본모습을 드러냈다. 〈프랑스 앵테르〉의 기자인 샬린 바노나케의 익살스러운 표현에 따르면, 그 대통령 후보는 세탁기의 자동 세탁보다 더 짧은 범위의 계획을 갖고 있는 사람처럼 보였다고 한다.

마크롱은 〈프랑스 앵테르〉의 유쾌한 발상이 담긴 표현에 대해 재미있어 하기까지 했다. 그러고는 사람들을 계속 자기 진영으로 모으기 시작했다. 몇 갈래로 쪼개진 우파 진영에 환멸을 느낀 사람들, 지쳐서 녹초가 된 마뉘엘 발스 지지자들, 마크롱 역시 예전에 그 그룹에 들어가 있었던 알랭 쥐페 지지자들, 진보적인 자연 보호자들, 길을 잃고 방황하던 소수의 브뤼노 르 메르 지지자들이 바로 그들이었다. 투표를 세 달 앞둔 시점에서 이미 16만 명의 '앙 마르슈!' 지지자들이 모인 놀라운 상황이 펼쳐졌다. 이 말을 꼭 하고 넘어가야겠다. 그 중도 신당의 표어에는 '당신이 겨우 3분만 투자한다면 돈 한 푼 들이지 않고도 바로 당원이 될 수 있습니다!'라는 말이 적혀 있었다.

그런데 의논할 상대가 있는 곳이라면 누구에게나(거물인 도미니크 스트로스칸까지 포함해서) 달려가서 상담을 했던 선구자 마크롱은 어느 순간부터 자신의 선거 운동을 표준화시켜야겠다는 필요성을 느끼게 되었다. 그는 민주주의 조직의 활성화라는 목표와 거리가 먼 것처럼 느껴지는, 너무나 혼잡해서 사람들을 불편하게 만드는 집단을 정비했다. 그리고 프랑스 의회에서 나중에 마크롱의 계승자가 될 당원들을 모집했다. 그래서 르파즈 지지자들과 쿠슈네르 지지자들이 합류하게 되었지만 베르제나 맹스, 아탈리 같은 거물들은 마크롱의 배에 타지 않았다.

시험 운행을 잘 끝낸 기계와도 같았던 마크롱은 컨디션이 평소보다 좋을 때는 느긋하고 편안한 모습을 보여주었지만, 컨디션이 평소보다 나쁠 때는 준비가 부족해 보이는 모습을 보여주기도 했다. 그는 2016년 가을에 최고 공직자 자리에 정식으로 지원을 했다. 그러고는 선거 유세를 펼치기 위한 첫 번째 지역으로 마르세유를 선택했다. 그는 그곳에서 선거 운동을 마친 후 마르세유 도심에 있는 식당으로 저녁식사를 하러 갔다. '앙 마르슈!' 신당의 마르세유 지방 관계자는 '라 빌라'라는 음식점을 예약해놓았다. 마르세유에 있는 기업체 사장들과 여러 단체의 회원들이 그 기회를 놓치지 않고 그 식사 자리에 모였다. 그런데 마크롱 부부가 테이블 앞에 앉으려고 하자 옆 테이블에 있는 누군가가 브리지트를 불렀다. 그녀는 바로 인터넷 스트리밍 기업인 '넷플릭스'에서 방송되는 〈마르세유〉 시리즈의 제작자 사브리나 루바쉬였다. 그 옆에는 유명한 배우인 제라르 드파르디외와 브누아 마지멜이 앉아 있었다. 그들도 역시 '넷플릭스'에서 방송될 영화를 찍기 위해 마르세유에 머물고 있었던 것이다.

입담이 좋기로 유명한 제작자는 브리지트에게 이런 말을 던졌다. "저는 원래 제 애인과 저녁식사를 하려고 했는데, 당신들을 만나서 대화를 나누는 게 더 좋을 것 같아서 여기 왔어요. 그런데 그가 식탁의 저쪽 편에 앉아 있네요. 그러니 그냥 남편 분 옆에서 식사를 하시는 게 좋겠어요." 그 말을 놓치지 않은 브리지트는 바로 그녀에게 자리를 바꾸자고 제안했다. 그렇게 해서 브리지트는 동료이자 법대 교수인 장 필립 아그레스티와도 가까이에서 이야기를 나누게 되었다. 그러자 얼음처럼 냉랭했던 분위기가 순식간에 전환되었고, 사람들은 교직에 관한 화젯거리로 시간 가는 줄 모르고 의견을 주고받았다.

선거 운동을 하러 왔던 마크롱 부부는 마르세유 지방 내에서도 특히 생활환경이 안 좋기로 소문난 지역들의 특징이 무엇인지 궁금해했다. 사브리나 루바쉬도 그런 열악한 지역들 중 한곳인 펠릭스 피아에서 태어났다. 사브리나의 말에 따르면 그곳은 "유럽에서 가장 빈곤한 지역 중의 한 곳"이라고 했다. 제작자 사브리나는 자신이 혜택을 받지 못한 땅에 살고 있는 사람들에게 일자리를 만들어주기 위해 방송 활동을 하고 있는 것이라고 설명했다. 방송 작업을 하면 직업을 얻는 일에 자격 조건이 거의 필요 없는 자잘한 일자리들이 생겨나기 때문에, 그런 방송 촬영도 일자리 창출에 있어 하나의 수단이 된다는 것이다. 그 당시 브리지트 마크롱은 사람들에게 다가가서 생선을 주지 말고 생선을 잡는 법을 알려주어야 한다는 신념을 갖고 있었다. 그녀는 힘든 환경에 놓인 젊은이들 역시 어려운 교과서를 공부할 만한 능력이 있는 사람들이라고 확신했다. 최저 수준에 맞춰진 평등화는 더 이상 아무 이익도 만들어내지 못할 것이었다. 젊은이들에게 자신감을 북돋아주고 노동의 참맛을 만끽하게 만들어주어야 했다. 자신의 남편인 대통령 후보자처럼 말이다. 그런 대화들이 오가면서 저녁식사가 마무리되고 있었다. 거기 모인 모든 사람들은 모두 친해져서 이제 서로에게 말을 놓고 있었다.

며칠이 흘렀다. 사브리나 루바쉬는 마크롱에게서 전화를 받았다. "에마뉘엘 마크롱이 국민들과 대면하는 공식적인 첫 만남을 포트 드 베르사유 컨벤션 센터에서 가질 예정입니다. 저희는 당신이 그 개회식 무대에서 한 말씀 해주시기를 바랍니다. 이번 행사는 분명 저희의 선거 운동에서 가장 중요한 행사들 중 하나가 될 겁니다. 저희의 이 제안에 꼭 승낙하실 필요는 없습니다. 그 대답에 상관없이 당신은 아주 오랫동안 저희의 친구로 남게 될 겁니다." 그 말에는 무엇인가를 지시하는 듯한 어조는 전혀 느껴지지 않았다. 마크롱은 슬며시 이런 말도 남겼다. "원하는 대로 하세요. 당신의 생각을 있는 그대로 알려주시면 됩니다. 당신의 뜻을 전달해주세요."

사브리나 루바쉬는 그 행사가 열리기 이틀 전에 마크롱에게 간단한 답장을 보냈다. 그리고 12월 10일 정치 초심자 사브리나는 포트 드 베르사유에서 열린 성대한 행사의 무대에 올랐다. 행사의 구호는 '전진하는(앙 마르슈) 기호 2번'이었는데, 이 구호는 리샤르 페랑과 옛 장관인 르노 뒤트레이가 자신의 선거 운동에서 사용했던 형식의 구호이기도 했다. 행사에 참석한 사브리나는 완전히 자유로운 기분을 느끼며 그 구호를 보고 미소를 지었다. 정해진 틀을 언제라도 깨부술 준비가 되어 있는 투사 마크롱에게 너무나 잘 어울리는 표현이 아닌가!

온 힘을 다해 타인에게 친밀감을 주고 편안하게 말을 건네는 그 남자는 구시대의 먼지를 털어내고 세상의 모든 억압을 풀기를 희망하는 사람이었다. 행동에서 느껴지는 세련된 면모와 더불어 상대방이 금방 감지할 수 있는 복합적인 성격을 가진 그에게 고고함이 느껴지는 '에마뉘엘'이라는 이름 말고 다른 어떤 이름을 붙일 수 있을까?

한편 자기만의 세계를 꼭 움켜쥐는 능력에 있어서 타의 추종을 불허했던 니콜라 사르코지는 더 이상 마크롱의 등을 편하게 두드리거나 그의 팔을 툭툭 칠 수 없게 되었다.

언제나 단정한 태도를 취하고 내면에 엄청난 열정을 숨기고 있는 젊은 정치인 마크롱에 대한 이야기들이 점점 더 많이 들리기 시작했다. 이렇게 많은 사람들의 마음을 움직이고 있었지만 정작 이 남자는 말을 많이 하지 않았다. 그리고 자기가 느끼고 있는 감정을 억지로 드러내지도 않았다. 그런데 사회당의 한 여성 의원은 마크롱에게서 그의 이미지와 상반된 역설적인 면모를 발견하고 놀라기까지 했다. 그녀의 말을 옮기자면 "남성 정치인들을 바라보는 방식으로 여성 정치인을 바라보지 않는 마크롱의 태도"에 놀랐다는 것이다. 그녀는 아마 때로는 능글맞기도 하고 때로는 여자를 무시하는 듯한 그런 시선을 느껴본 적이 없었을 것이다. 게다가 여자를 무시하는 것처럼 보였던 그 시선은 습관적인 태도처럼 보였으니 말이다. 하지만 마크롱의 해명을 들어보면 이렇다. 자기는 머릿속의 신념을 위해 투쟁하는 사람이기 때문에 국회 본회의장에 있는 여성 의원들을 남성 의원들과 다르게 대하는 자기의 태도는 특권층이 갖고 있는 관습을 단칼에 자르려는 행동이라는 것이다. 문제를 제기한 그 여성 의원은 이런 말을 던졌다. "그는 오히려 성별이 없는 사람 같아요."

하지만 마크롱이 분명 남성이라는 점은 부인할 수 없을 것이다. 그의 뒤를 쫓은 적이 있었던 한 기자는 단호한 어조로 이렇게 강조했다. "마크롱은 여자들을 쳐다보지도 않던데요." 뛰어난 능력을 가진 한 사회당 당원은 단도직입적으로 이렇게 말했다. "그에게는 정서라는 게 없어요." 그렇다면 결국 그는 차가운 성격을 지닌 프랑수아 올랑드의 복제인간에 지나지 않는단 말인가? 마크롱은 언제나 자기 앞의 청중들을 매혹시키고 그들의 넋을 잃게 할 준비가 되어 있지만, 내면적으로는 엄청나게 냉담한 정서를 지닌 사람일지도 모른다.

자기들의 삶을 촬영한 첫 번째 다큐멘터리가 완성되었을 때 마크롱은 브리지트의 귀에다 무슨 말을 속삭였을까? "그날은 제가 찍은 필름이 방송으로 나가기 이틀 전이었어요." 다큐멘터리를 찍은 피에르 위렐이 말했다. 노장 감독 클로드 를루슈가 소유한 전형적인 파리 스타일의 작은 극장이 마크롱 부부를 상영회에 초대한 날이었다. 전직 장관인 마크롱은 그날, 자기가 대통령에 출마할 것이라는 선언을 힘차게 발표하고 온 참이었다. 텔레비전 프로그램 제작사인 '코끼리와 동지들'의 대표인 에마뉘엘 셍이 제작자인 베아트리스 쇤베르그와 함께 그 자리에 참석했다. 그리고 대통령 후보자와의 대화를 진행할 책임자인 신참 실뱅 포르도 왔다. 마크롱 부부는 객석의 박스 석에 자리를 잡았다. 스크

린만을 마주보고 있는 자리였다. 다른 사람들은 부부의 뒤쪽에 앉았다. 상영을 앞두고 브리지트는 약간 흥분한 것 같았으나 그녀의 남편은 훨씬 더 편안해 보였다. 어쨌든 그는 어떤 감정도 드러내지 않는 사람인 것이다.

하지만 큰 스크린으로 기록 영화가 상영되자 마크롱이 행복해하는 모습을 보였다. 자기가 어릴 때 그토록 좋아했던 '마네트' 외할머니의 모습을 찍은, 오랫동안 잊고 있었던 사진들이 스크린에 나타났기 때문이다. 그리고 몇 년이 지난 후 라 프로비당스 학교에 다녔던 시절의 장면들이 펼쳐졌다. 브리지트 선생님의 지도를 받으며 그 유명한 연극에서 '허수아비' 역을 연기했던 장면들이었다.

상영이 다 끝난 후에 마크롱은 그 다큐멘터리에 대해 어떤 사적인 의견도 내놓지 않았다. 오히려 그는 그 다큐멘터리가 제작자의 마음에 들었는지 궁금하게 여기는 엉뚱함을 보였다. 부드러운 남자인 마크롱은 자기의 감정을 드러내지 않는 데 있어서 역시 일가견이 있었다.

그에게는 모든 시험의 순간을 앞두고 평정심을 잃지 않는 기질이 있었다. 2016년 11월 말에 이런 일이 일어났다. 파리에 있는 프낙프랑스 전 지역에 대리점을 두고 책이나 음반, 전자제품을 파는 대형 매장의 테른 역 지점에서 일하는 스무 명 가량의 직원들이 거의 두 시간째 마크롱에게 욕설을 퍼붓고 있었다. 그 잘난 '혁명가'가 선거 운동을 위한 자기의 책《혁명》을 부촌에 사는 사람들에게 증정하기 위해 왔다는 게 이유였다. 그들은 확성기에 대고 이렇게 외쳤다. "마크롱은 위선자다!", "은행가들은 유치장에나 가라!", "마크롱, 당신이 혁명을 알고 있는 것이라면 우리는 벌써 혁명을 달성한 지 오래일 것이다!" 그러자 또 다른 선동꾼들이 나타나서 자기들의 구호를 목청껏 외치기 시작했다. "임기 5년간의 퇴보!" 그들은 높이 쌓아올린 마크롱의 책 더미 앞에서 건방지고 조롱하는 듯한 말투로 그에게 중얼거렸다. "이 사람도 똑같은 정치인이지."

하지만 침착성을 결코 잃지 않는 전직 장관은 그런 소동 속에서도 책 사인회를 계속 진행했다. 그는 속마음을 감추고 아무렇지도 않은 표정으로 사람들의 팔을 잡고 때때로 그들의 삶과 직업에 대한 몇 가지 질문들을 던지기도 했다. 그리고 진심 어린 태도를 취하며 자신의 책을 그들에게 증정했다. 그는 쓰다 보면 점점 더 글씨가 위로 올라가는 자기의 이름 몇 글자를 서명하기 전에 자기 앞의 낯선 사람들에게 이런 문구를 써주었다. '저의 모든 애정을 여기에 담았습니다.'

인생의 초반인 청소년기에도 그랬던 것처럼 그 호의적인 남자 마크롱에게는 아주 친밀한 친구가 거의 없었다. '앙 마르슈!'에서 활동하는 한 측근은 사람들의 편견을 고쳐주려는 의도에서 이렇게 말했다. "마크롱은 정이 많은 사람이기 때문에 오히려 친구가 적은 겁니다." 브리지트의 딸인 티펜

오지에르 역시 같은 생각을 갖고 있었다. 사람들은 자기의 의붓아버지에게서 뚜렷이 드러나는 상반된 두 가지 면모 때문에 그를 정이 없는 사람이라고 판단하는데, 자기는 그런 의심을 거의 이해할 수 없다고 했다.

그녀는 이렇게 속마음을 털어놓았다. "아버지는 환상적이거나 불확실한 것들을 머릿속에 불러들이지 않는 분이에요. 사람들은 그의 쾌활한 면모 뒤에 무엇인가가 숨겨져 있다고 믿고 항상 그것을 캐내려고 하죠. 하지만 아버지는 본능적으로 그렇게 행동하시는 거예요. 비록 그가 불가피한 상황에 놓이거나 자기 가족이 비난을 받을 때는 아주 단호한 모습을 보일지라도 말이에요."

천성적으로 명랑한 성격을 지닌 마크롱은 '문자 메시지 소통 이벤트'를 열어서 며칠 밤 동안 대중들과의 접촉을 시도하기도 했다. 쏟아지는 문자 메시지의 홍수 속에서 자기 주변 사람들뿐 아니라 아예 모르는 사람들과도 연락을 주고받았다. 그와 연락한 사람들은 만장일치로 이렇게 말했다. "자정부터 새벽 2시 사이에 폭죽이 연속으로 펑펑 터지는 줄 알았어!"

마크롱은 그때 사람들과 주고받았던 따뜻했던 말 한마디 한마디를 잊지 않고 있다. 그날 이벤트에 참여했던 사람들 중 소수는 요즘 유행에 따라 자기들 사이의 연락망을 구축해서 그 모임을 계속 이어가고 있다. 또한 마크롱은 투케 해변에서 수영복을 입고 휴식을 즐기고 있는 순간에도 지방

단체들에 대한 국가 세비 인하 등에 대해 토론하면서 사람들과 의견을 나누기를 주저하지 않았다.

브루타뉴 지방 출신의 여성 국회의원인 코린 에렐은 자기의 동료를 이렇게 평가했다. "에마뉘엘은 편안히 앉아 있지를 않아요." 거의 마흔 살이 다 되어가는 그 남자는 과하다 싶을 정도로 호의를 베풀면서 사람들을 성가시게 만든다고 말했다. 그래서 주변 사람들은 마크롱의 그런 행동이 자신의 감정을 위장하는 것이 아닌지 상상하게 된다. 부분적으로 볼 때 말이다. 권력을 가진 그의 동료들은 그런 꾸며진 행동이 어떤 의미인지를 아주 잘 알고 있었기 때문이다. 오트잘프 주의 의원인 카린 베르제는 비난의 어조로 다음과 같이 말했다. "사실 마크롱은 아주 개인적인 사람이에요. 하지만 그가 어떤 순간 보이는 자동적인 반응이 독특한 매력으로 많은 사람들을 매료시키는 것 같아요. 특정한 일이 벌어질 때 거품에 미끄러지듯 슬며시 그 상황에서 빠져나가는 식이죠." 그녀는 예전에 올랑드가 대선 후보자로 나섰을 때, 올랑드의 경제 계획 전략에 대한 주제로 필리프 아기옹 같은 경제학자들과 더불어 마크롱과 시간을 보낸 경험이 있었다. 그런 경험 때문에 마크롱이 로스차일드 은행에서 일하면서 대규모 계약으로 해외 출장을 계속 다녔을 때도 그녀는 마크롱의 행동을 잘 관찰할 수 있었던 것이다.

국립행정학교 출신으로 마크롱의 예전 동료이자 공화당 의원이기도 한 줄리앙 오베르 역시 비슷한 말을 했다. 마크롱과 졸업 동기인 오베르는 그 영리한 친구가 자기의 신념에 상반되는 지점에서 마음속에 숨겨놓고 있는 것들이 무엇인지 궁금하게 여겼다. 그는 쁘띠 프랑스 마을의 연안에서 열린 술자리 모임에서 기분 좋은 시간을 보내며 이런 결론을 내놓았다. "에마뉘엘은 파도타기의 달인이죠." 보클뤼즈 주의 의원이었던 줄리앙 오베르는 이런 말도 덧붙였다. "그는 사교성을 가진 사람이지만, 항상 사람들에게 일정한 거리를 유지하는 외로운 사람이기도 해요."

한편 파트릭 툴메도 역시 그 감정적인 기질에 있어서 마크롱처럼 자신감이 넘치는 사람이라고 할 수 있다. 정치적인 면에서도 마찬가지이다. '앙 마르슈!'의 대표 위원인 그는 마크롱이 장관이었던 시절에 자기에게 베풀어준 친절함을 잊지 않고 있었다. 과거에는 전투적인 성향을 지닌 UMP 대중 운동 연합의 당원이었던 파트릭 툴메는 휠체어를 타고 다니는 장애인이다. 그는 마크롱이 평범한 사람들처럼 일상 생활의 크고 작은 걱정거리를 신경 쓰는 소박한 사람이라는 사실을 알게 되었다고 전했다. 툴메는 그런 일을 목격할 때마다 당황스러워하며 마크롱에게 이런 말을 던졌다고 한다. "당신이 그렇게 한 거예요? 이런 사람이었어요?" 마크롱은 평소에 '어느 누구도 놀라게 만들지 않는 사람'인데 말이다. 이 전직 장관은 베르시 지역에 툴메를 초대한 적이 있었다. 툴메와 처음으로 만나서 여유 있게 인사도 나누고 직업 훈련에 관한 의견도 교환하려는 목적에서였다. 툴메는 직업 훈련 분야에 대해 아주 세밀한 부분까지 알고 있는 전문가 였기 때문이다.

툴메는 마크롱이 지닌 지성미와 더불어 '작가 라블레 풍 의 호방한 언어 구사력' 때문에 마크롱에게 더 큰 호감을 품 게 되었다. 그러나 정치적인 분야에서는 그런 호방함이 자 취를 감춰버린다는 사실도 알게 되었다. 툴메가 이렇게 말 했다. "어쨌든 정치는 다른 세계의 일이니까요." 전직 지방 위원인 툴메는 과거에 자폐 증세를 겪으며 고통스러운 시간 을 보낸 적이 있었다. 그런 경험이 있던 툴메는 어느 날 카 메라도 없고 언론인들도 없는 곳으로 마크롱 부부를 데려갔 다. 그곳은 아픈 사람들을 맞이해주는 자신의 거처였다. 마 크롱 부부는 툴메의 말을 경청하기도 하고 그의 입장을 이 해하려고 노력하면서 그곳에서 세 시간 이상 머물렀다. 마 크롱은 대화를 나누며 완전히 혼란스러워졌다. 그는 이렇게 말했다. "저는 툴메를 시험해보려는 의도로 그런 대화를 나 눈 게 아니었어요. 감히 말씀드리자면, 저는 그 자리에서 툴 메의 눈빛을 보면서 그가 눈속임을 하고 있는 게 아니라는 것을 느꼈죠."

그 후에 마크롱은 브리지트와 티팬에게 보비니 지역에서 직업 교육의 중심이 되는 곳이 어디인지 한번 검색해보라고 권유했다. 대학 입학시험을 준비하기 전까지의 기간과 대학 입학 자격을 얻기까지의 기간 6년, 모두 합쳐서 12년을 끌 어야 하는 그 세계, 가진 것이 거의 없는 수습생들의 그 세계에 대해서 말이다. 언제나 그렇듯 호기심 많은 아내인 브리지트는 그 문제를 진지하게 포착해서 살펴보았다.

이제 대통령 후보자로서 우중충한 회색 정장을 걸친 마크롱은 때때로 입가에 어렴풋한 미소를 지은 채 선량한 청년 역할을 하고 있었다. 전에 출장을 갔을 때 어떤 농민에게 그런 친근한 모습을 보였던 것처럼 말이다.

한편 예전에 자크 시라크의 진영에서 정치적인 활동을 했고 최근 몇 년 동안에는 거대 기업인 LVMH 그룹의 미국 지사에서 근무했던 르노 뒤트레이는 현재 '앙 마르슈!'의 당원이 되었다. 그는 이런 말을 하면서 마크롱에 대한 믿음을 보여주었다. "오늘날 사람들은 그에 관한 이야기를 다 알고 있다고 믿고 있어요. 하지만 그는 정말이지 매정한 사람이 아닙니다. 저는 자신에게 도취되어 있는 이기적인 자들을 굉장히 많이 만나 봤기 때문에 사람에 대해 잘 판단하는 편이죠!"

마크롱과 20년 이상 교류를 했던 측근인 마크 페라치 역시 마크롱에 대한 믿음을 이야기했다. "자기 모습에 도취된 나르시시스트로 그를 분류하는 사람들은 잘못된 분석을 하고 있는 겁니다."

포트 드 베르사유 컨벤션 센터에서 첫 번째 대집회가 열렸을 때, 이 '매정하면서도 따뜻한' 사람은 다른 정치인들 못지않게 열광적인 모습을 보여주지 않았던가? 그는 셀 수 없이 많은 지지자들과 당당하게 악수를 주고받았으며, 자기의 연설에 더 많은 무게감과 엄숙함을 싣기 위해 때때로 팔꿈치를 책상 위에 당당하게 올리기도 했다. 또한 모젤 지역의 가난한 동네에서 만났던 한 어린 소녀를 회상하던 순간에는 눈가가 촉촉해지면서 목소리가 떨리기도 했다. 그 소녀는 마크롱에게 나중에 커서 통역가가 되고 싶다고 이야기했던 아이였다. 여행을 하고 싶어서가 아니라 자기 엄마가 이웃 나라의 삶을 이해하는 데 도움을 주고 싶다는 것이었다.

연극인이라고도 할 수 있는 마크롱은 자신의 표정을 관리할 수 있는 사람이다. 그는 감정을 노출시키거나 유지하는 법도 잘 알고 있었다. 그의 감정 표현은 점점 격렬해지다가 최고조에 이르기도 했는데 그 모습은 마치 유일신을 찬양하는 신도처럼 보였다. 두 팔을 활짝 벌려 직각을 이룬 자세로 목소리를 높이다 보면 어느새 목소리가 갈라지기도 했다. 풍자 전문가들은 서로 경쟁이라도 하듯 마크롱의 그런 모습을 희화화해서 묘사했고, 사회적인 관계망 내에서도 분위기는 마찬가지였다. 마크롱은 영화 〈타이타닉〉에서 뱃머리에 서 있던 레오나르도 디카프리오의 모습으로 그려지기도 했다. 더 짓궂은 그림에서는 변성기를 지나고 있어서 이상한 목소리를 내는 청소년의 모습을 하고 있었고, 사람들이 살갗을 벗기는 장난을 쳐서 날카로운 신음 소리를 내는 고양이의 모습을 하고 있기도 했다.

마크롱의 의붓자식들조차 그 패러디 촌극들을 보고는 웃

음을 터뜨릴 수밖에 없었다. "특히 마티유 마데니앙이 '앙 마르슈!'의 자원 봉사자들을 묘사한 패러디는 우리를 완전히 박장대소하게 만들었죠. 연설할 때 열광적인 마크롱의 모습을 흉내 내서, 선거 운동을 하는 자원 봉사자들이 집집마다 문을 두드린 다음 마크롱처럼 절규하던 그 패러디 말이에요." 티팬 오지에르가 말했다.

하지만 마크롱을 익살스럽게 놀리고 풍자하는 그 분위기는 중요하지 않았다. 더 중요했던 것은 그가 '앙 마르슈!'를 출범시켰던 첫 집회가 사람들에게 강한 인상을 심어주었다는 점이었다. 잠잠했던 언론은 그때부터 마크롱에 대한 호기심을 드러내기 시작했다.

이 사람은 분명한 실체를 갖고 있는 것 같기도 했고, 실체를 파악하기 어려운 인물로 보이기도 했다. 정계의 주변 인물들은 곧바로 많은 측면에 있어서 아주 모호한 태도를 취했다. 마크롱이 공격할 만한 구석이 전혀 없었던 것은 아니지만 그는 좌파와 우파, 그리고 중도파 진영까지 꿰뚫고 있는 사람이었다. 간단히 말해서 모든 면을 파악하고 있는 사람이었던 것이다. 그래서 그의 등장은 단순한 문제로 보이지 않았다. 11월 중순까지도 마크롱이 다가오고 있다는 것을 인식하지 못했던 마린 르 펜은 마음속으로 자기 앞의 위험을 애써 밀어내고 있었다. 극우 정당인 '국민 전선'의 대표인 마린 르 펜은 선거 운동 본부에서 나지막한 목소리로 자신의 감정을 진정시켰다. "저는 마크롱이 대선에 출마한다고 해서 불안감을 느끼지 않습니다."

2016년 겨울이 되자 르 펜이 남겼던 그 말의 의미는 바로 뒤집어졌다. 여론 조사 결과, 2차 결선 투표에서 그녀와 마크롱이 양자 대결 구도로 맞붙게 될 것이라는 예측이 나온 것이다. 갑자기 튀어나온 이 정치계의 스타는 등장하자마자 폭발적인 인기를 얻었던 팝 가수 저스틴 비버에 견줄 만했다. 하지만 르 펜이 이끄는 국민 전선 당원들이 보기에 마크롱은 국민들로부터 그토록 많은 비난을 받았던 '위엠페에스',UMPS, Union pour un mouvement populaire와 Parti socialist를 합친 신조어로서 좌파와 우파의 중간에 걸쳐 있는 정치인을 비꼬는 말의 완벽한 화신에 불과했다. 마크롱에 대해서 '은행가 출신의 풋내기', '돈 많은 좌파', '정계와 재계가 결탁할 조짐을 보여주는 위험인물'이라는 말들이 떠돌고 있었다. 하지만 훌륭한 인물들 중에는 부유한 집안 출신이 항상 있기 마련이었다. "그런 식의 의심은 모두가 동의할 수 있는 부분이긴 합니다. 하지만 마크롱은 재계의 특권 계급을 옹호하기 위해 대선에 출마하려는 게 아닙니다." 2016년 여름이 끝나갈 무렵 몽트부르의 선거 캠프에서 빠져나간 의원인 아르노 르루아가 마크롱의 입장을 이렇게 옹호했다.

우파 진영의 경선 투표에서 주요 후보자로 꼽혔던 공화당 의원 티에리 솔레르는 마크롱의 출신에 대해 짜증을 내며 비판했다. "슬쩍 감추기에는 너무나 뚜렷한 배경들이잖아요. 국립행정학교 졸업에다 고위 공직자 출신, 재무 감독관 출신이라니요. 게다가 공식적인 직책에서 물러난 지 불과 9개월밖에 지나지 않았다고요. 그런데도 자기가 기업가라도 되는 것처럼 나서고 있어요!"

마크롱과 앙리 4세 학교 시절 아주 가까운 친구였던 브리스는 대중들이 마크롱을 향해서 퍼붓는 비난의 말에 대해 이런 생각을 밝혔다. "많은 사람들의 눈에는 그가 단지 출세를 지향하는 사람으로만 보이는 것일까요? 그는 능력을 갖춘 사람입니다. 그리고 그가 구사하는 언어가 바로 그의 힘이고요. 어떤 연설이든 상관없이 그것을 자기 것으로 금방 끌어오고, 어떤 주제의 토론이든 쉽게 적응하는 그의 뛰어난 능력에 질투가 좀 날 수는 있겠죠." 마크롱은 무대에 섰을 때조차 자기 역할을 잘 해내는 사람이었다. 그는 자신의 이야기가 방송된 이후, 사람들이 자기를 배우로 인식하게 되지 않을까 하는 엉뚱한 걱정까지 측근에게 슬쩍 고백하지 않았던가?

마크롱은 2월에 정치의 무대에 정식으로 올라섰다. 그의 인생에서 제일 중요한 역할을 수행하게 될 날이 곧 다가왔다는 말이다. 많은 사람들이 그를 질투하고 있었고 프랑수아 피용은 뜻밖의 방식으로 마크롱을 궁지에 몰아넣었다. 그러나 마크롱은 자신이 어떤 태도를 유지해야 하는지 잘 알고 있었다. 그는 일단 우파 진영 의원들이 던지는 날카로운 공격들을 넘어서야 했다. 우파 진영은 엘리제궁의 내각이 마크롱에게 특혜를 주기 위한 목적으로 프랑수아 피용을 억누르는 술책에 가담했다는 비난도 던졌다.

마크롱은 크리스티안 토비라의 신랄한 공격도 진압해야 했다. 그녀는 젊은이들 편에 선 마크롱의 영향력으로 인해 엄청난 쇼크를 받았기 때문이다. 또한 사회당으로 복귀한 정치적 경쟁자가 마크롱에게 가하는 공격도 받아쳐야 했다. 마크롱이 대선 후보로 나서자마자 브누아 아몽은 그에게 이성을 잃지 말라고 권고하며, 마크롱의 천부적인 재능에 자극을 받은 젊은 치타 군단 정치인들보다 앞서서 뛰어야 한다고 발언했다. 이제 마크롱이 야수처럼 좀 더 예리한 방식을 이용해서 자기가 약속했던 국가적인 계약을 실행에 옮겨야만 하는 시기가 온 것이었다.

그래서 마크롱은 사람들 앞에서 좀 더 좋은 이미지를 만들어야만 했고 자신에 대한 네 번째 언론 보도를 순조롭게 진행시켜야 했다. 최근에 불거진 마크롱에 대한 논쟁거리들은 사소한 것들이었지만 그리 멀지 않은 곳에서 그를 성가시게 만드는 것들이었으므로 마크롱은 빠르게 진압했다. 어쩌면 또 다른 사람들이 그 논쟁거리를 이용해 음모를 꾸밀지도 몰랐다. 그러기 전에 입을 다물게 해서 자기에 대한 이야기들을 우호적인 '소문'으로 바꾸기 위해 애써야 했다. 또바로 그런 모습이 대선 후보자의 일반적인 삶이었다.

제6장

광적으로 퍼지는
악의 소문들

마크롱은 그때부터 이미 사람들이 자신의 인생 전부를 조사하고 검색하리라는 것을 알고 있었다. 2016년 5월 31일에 〈미디어파트〉와 〈카나르 앙셰네〉는 이런 기사를 내놓았다. 전직 장관이자 대선 후보인 마크롱이 재산을 축소해서 신고했으며, 그가 실제로 보유하고 있는 재산은 부유세를 내야 하는 기준 금액보다 더 많다는 내용이었다. 발랑시엔으로 출장을 갔을 때는 그 출장과 관계없는 질문을 받기도 했다. 마크롱은 바로 반격에 나섰다. "저는 여기서 저의 세무 내역을 바로잡으려는 것이 아닙니다. 몇몇 관공서 직원들이나 세금 관련 책임자들이 저의 세무 기록에 담긴 비밀을 캐내려고 조사했을 것입니다. 여러분 앞에서 감히 고백하건대, 실제 내역과 완전히 상반되는 것들은 전혀 존재하지 않습니다."

주택 임차인이기도 했던 마크롱은 곧 자신의 상황을 적법하게 만들었다. 하지만 이미 그때 자신이 권력을 가진 사람들에게 있어 감시의 대상이 되었다는 것을 깨달았다. 그는 언론사 카메라 앞에서 이런 말을 했다. "저는 함정에 쉽게 빠지는 사람이 아닙니다. 그것을 아셔야 합니다. 사실 요즘 저에 관한 온갖 소문들로 인해 떠들썩하죠. 저를 불안하게 하고 제 힘이 빠지도록 만들고 싶어서일 겁니다. 제가 벌이는 선거 운동의 평판을 떨어뜨리려는 의도로 거의 모든 문제들에서 저를 걸고넘어지더군요. 하지만 저는 그렇게 순진하지 않습니다. 인생에서 우연히 일어나는 일이란 없다고들 말하더군요. 그러나 저는 그 말을 믿지 않습니다."

한편 〈포인트〉는 이런 기사를 보도했다. '앙 마르슈!' 신당이 조직화되기도 전에, 그러니까 여름 이전에 벌써 마뉘엘 발스 총리 진영의 사람들이 마크롱의 측근 한 사람을 염탐했다는 내용이었다. 그래서 몇 달이 지난 2016년 9월에는 이미 내각을 떠난 상태였던 마크롱이 〈익스프레스〉 측에 셀 수도 없이 여러 번 문제 제기를 했다. 피해자가 된 자신의 상황에 대해 하소연 하면서 말이다. "사람들이 저를 탈수기에 넣고 돌리는 듯한 기분이 들었어요. 제 사적인 생활과 가족 관계, 재산 내역이 마치 상품을 전시하듯 언론에 줄줄이 노출되었어요. 이렇게 사생활 침해를 심하게 당하는 서른여덟 살의 남자가 저 말고 또 어디에 있을까요?"

사실 언론의 그런 폭력성은 마크롱이 아연실색할 만한 것이었다. 언젠가 모로코 출신의 정치가 미리암 엘 콤리는 남편과 함께 마크롱 부부와 점심식사를 한 적이 있었다. 그녀는 그때 일어났던 일을 앞으로도 잊지 못할 것이다. 그 식사 자리에서 그들은 모두 서로를 기분 좋게 격려해주고 있었다. 그런데 법률에 관한 토론이 한창 무르익을 무렵에 미리암은 우측 편에서, 그러니까 자기의 딸이 다니는 학교 정문 앞에서 시위가 벌어지고 있는 것을 보았다. 그리고 학교 건물 앞에 자기의 모국어로 '더러운 아랍인들'이라고 적힌 현수막이 걸려 있는 것을 발견했다. 미리암 엘 콤리는 이런 말을 했다. "저희는 그런 상황을 마주할 때마다 저희 편에서 힘을 써줄 사람들이 없다는 사실 때문에 너무나 외롭습니다. 우정 어린 대화를 나누고 있던 그 자리에서도 사람들의 호의가 넘치는 그 지역 사람들의 비위를 건드리지 않게 조심하는 것이 좋겠다고 생각했을 정도니까요."

마크롱 부부는 정치인으로 사는 인생이 어떤 것인지 곧 알아챘다. 즉, 정치인은 언론에서 때맞춰 누설하는 실질적인 정보들과 그 안에 함정이 도사리는 소문들을 자양분으로 해서 살아간다는 것을 깨달은 것이다.

어떤 사람들은 자기들 취향에 맞게 높은 인지도를 쌓고 있는 은행가 출신의 마크롱을 먹잇감으로 정했다. 그래서 파리에서 지인들과 저녁식사를 할 때 목이 쉬도록 마크롱에 관한 이야기를 늘어놓게 되는 것이다.

또 다른 사람들은 마크롱 부부에 대한 이야기가 마크롱이 지닌 다른 중요한 측면에 비하면 단지 포장지에 불과할 뿐이라고 단언했다. 그리고 여자들의 마음을 사로잡았던 것 이상으로 남자들의 마음도 사로잡게 될 것이라고 말했다. 마크롱이 대형 방송사인 '라디오 프랑스'의 사장인 마티외 갈레와 친분을 쌓음으로써 큰 도움을 받게 될 것이라고 믿고 있는 사람들도 존재했다. 젊은 사장인 마티외 갈레는 청년처럼 패기 넘치는 분위기와 치아가 다 드러나는 환한 미소를 가지고 있었다. 그는 빠르게 일을 처리하려는 강한 의지와 자기 역할에 대한 야망을 품고 있었고, 몸에 딱 맞는 옷을 입었을 때 드러나는 멋진 풍채까지 소유하고 있었다. 그러니 그 두 젊은이가 얼마나 잘 어울리는 한 쌍의 파트너가 되겠는가? 공익사업체인 '라디오 프랑스'의 사장이 밤 11시에 마크롱을 만나기 위해 자가용을 타고 베르시에 도착하는 모습을 목격한 사람이 어디 한두 사람이겠는가? 남자 동성애자 모임의 일부 회원은 저녁식사 모임에서 이런 항의도 했다. "진실을 밝히려면 언론이 그 두 사람의 일거수일투족에 대해 과도하게 보도하는 것을 멈추는 게 좋을 거예요. 자꾸 그런 식으로 얼굴이 노출되면 사람들이 둘의 관계를 의심하는 것도 당연한 일이니까요!"

한편 니콜라 사르코지는 2016년 5월에 〈포인트〉가 진행한 인터뷰에서 다음과 같이 아주 모호한 말을 하며 마크롱에 대한 자신의 의견을 피력했다. "제가 어떤 생각을 할 것이라고 예상하는 건가요? 그는 단지 추잡한 인물일 뿐이에요. 약간 남자인 것 같기도 하고 또 약간 여자인 것 같기도 해요. 자기 상황에 따라 다른 양상을 보이는 사람이죠. 양쪽의 성별을 다 갖고 있는 사람처럼 보여요. 사람들이 마크롱을 좋아하는 이유는 그가 어느 한쪽을 선택할 필요가 없는 중간형의 인물이기 때문이겠죠."

정치적인 문제를 '사라지게 만들려고' 애쓰는 사람들은 마크롱을 '성별이 사라진' 사람으로 보기도 했다. 전 대통령의 선거 운동을 위해 기금을 조성했던 파리의 한 유명한 사업가가 그런 사람들 중 하나였다. 그는 국립행정학교 출신이고 금융 감독관까지 지낸 인물로 어떻게 보면 마크롱과 비슷한 이력을 갖고 있었다. 마크롱보다 20년 일찍 그 길을 지나갔을 뿐이다. 자신이 동성애자라고 밝혔던 그 노련한 로비스트는 파리 시내에서 저녁식사 모임에 참석할 때마다 마크롱의 성 정체성에 대한 소문을 마음껏 퍼뜨리고 다녔다. 그 '게이' 재력가는 분명히 큰 실수를 저지른 것이다.

여름철로 접어들자 마크롱은 그 상황을 더 이상 방관할 수 없었다. 그는 전 대통령의 친구들에게 접근해서 조언을 구한다는 메시지를 전달했다. 걷잡을 수 없이 퍼져가는 모든 비방을 중단시켜야 했기 때문이다. 2016년 7월 7일에 앵발리드 기념관 광장에서는 정치인 미셸 로카르의 죽음을 애도하는 국장國葬이 치러졌는데, 마크롱은 그 자리에서 사르코지를 만날 수 있는 기회를 잡았다. 그리고 정중하게 다가가 조언을 구했다. 사르코지 측에서 자기에 대한 나쁜 소문을 퍼뜨리고 있다는 의혹이 제기되었고, 그 문제에 대해 의견을 간단히 교환해야겠다는 생각이 들었기 때문이다.

파파라치들은 마크롱이라는 먹잇감을 결코 놓치지 않았다. 2014년 겨울에 연예 전문 주간지인 〈클로저〉는 올랑드 대통령의 사적인 사진을 몰래 찍어서 신문에 실은 적이 있었다. 〈클로저〉는 올랑드가 여배우 줄리 가예와 비밀 연애 중이라는 것을 폭로했고, 곧 엄청난 비난으로 세상이 발칵 뒤집혔다. 또한 국민 전선의 당원인 플로리앙 필립포는 자기가 파파라치에게 당했던 사건이 되풀이되지 않도록 자기 친구인 마크롱의 편에 서서 〈클로저〉의 직원에게 경고의 메시지를 계속 보냈다. 그는 정치권에서 처음으로 '아우팅'outing, 본인은 원하지 않는데 남이 나서서 그가 동성애자임을 밝히는 것을 당한 사람으로서 야만적인 '아우팅'의 전형적인 사례로 남게 된 피해자이기도 했다.

사진 사냥꾼들은 마크롱이 이중생활을 할 것이라 추측하고 그의 자취를 쫓기 위해 빠르게 움직였다. 파파라치들 중 한 명은 이렇게 고백했다. 장차 대통령이 될지도 모르는 그 후보자의 아주 작은 흔적이라도 찾아내기 위해 6개월이 넘도록 마크롱의 뒤를 밟았지만 결국 아무것도 찾지 못했다는 것이다. 마크롱이 차에서 내린 자기 친구에게 가벼운 포옹을 했던 장면만을 포착했을 뿐이라고 했다.

파파라치들에게 있어서는 아주 보잘 것 없는 초라한 결실이었다. 그들이 마크롱을 몰래 따라다닌 결과는 사람들이 이미 그 전직 장관에 대해 알고 있는 수준에만 머물렀다. 마크롱은 언제나 망설이지 않고 자기 측근들과 포옹을 했고 대화 상대의 팔을 잡곤 했다. 그들이 자기의 발언에 더 많이 공감할 수 있게 만들기 위한 호의적인 행동이었다. 마크롱이라는 새로운 표적을 촬영한 많은 사진에서는 그의 평판에 해가 될 만한 것이 전혀 보이지 않았다.

마크롱 부부는 자신들에 관한 악의적인 소문들을 잘 알고 있었고 그런 것들에 대해 분노를 터트릴 만도 했다. 그러나 부부는 예상 밖의 태도를 취했다. 고통스러운 문제에 대해 정면으로 맞서기로 한 것이다. 정치 홍보계의 유명 인사이자 사르코지의 지지자인 파트리샤 발므는 마크롱의 그런 면모에 완전히 매료되어 이런 칭찬을 했다. "그는 정말 세련된 사람이에요. 전 그가 자기의 모든 능력을 발휘하는 일에 있어 천재적인 사람이라고 느꼈어요." 그래서 그녀는 강한 영향력을 행사하고 있는 자기의 인맥에 그를 추가하기로 바로 결정했다.

사실 마크롱 부부가 지인들과 저녁식사를 할 때마다 그에 관한 악의적인 소문은 하루도 빠짐없이 대화에 등장했고, 마크롱은 그 소문을 항상 부인해야만 했다. 그는 강력하게 항변했다. "브리지트가 저의 일거수일투족을 꿰뚫고 있어요. 그런데 어떻게 제가 이중생활을 할 수 있다는 말입니까?" 저녁식사가 끝날 무렵 그가 자기의 괴로운 심정을 토로하는 모습을 지켜봤던 사람들은 이런 이야기를 전했다. 마크롱은 당연하게도 해로운 그 소문 때문에 자주 한탄을 하며 괴로워했지만, 그의 배우자는 사람들의 끝없는 험담에 지쳤는지 마크롱보다 덜 힘들어하는 것처럼 보였다는 것이다. 브리지트 마크롱은 그런 이야기에 대해 이렇게 고백했다. "아마 그 사람은 제가 그 소문에 대한 이야기를 제 스스로 막고 있었다는 사실을 몰랐나 보군요." 실제로 그녀는 수많은 파렴치한 소문들로 인해 분명히 슬퍼 보였다. 사실 마크롱 자신도 고백했다시피 동성애의 문제는 전혀 금기시할 필요가 없는 문제이긴 하다. 하지만 평범한 사랑을 하고 있는 한 쌍의 부부에게 있어서는 또 다른 차원의 이야기인 것이다.

브리지트의 한 친구는 한숨을 쉬며 말했다. "그녀는 폭력적인 것을 싫어하는 사람이에요. 그런데 그 소문이 그녀를 계속 당황하게 만들었고 심각한 마음의 상처를 입혔죠." 방송 진행자이기도 한 베르나르 몽티엘이 브리지트에게 다른 스타들이 겪은 일들을 예로 들어 위로해주어도 별로 소용이 없었다. 베르나르의 친구인 유명한 배우 이자벨 아자니 역시 악의로 가득한 소문 때문에 끔찍한 고통을 겪었다는 이야기를 들려주었지만 그녀의 마음은 여전히 어두웠다.

정계에 도사리는 모든 함정을 포착하는 일은 풋내기 정치인에게는 아주 어려운 일이다. 그것은 노련한 정치인에게 있어서도 그리 익숙한 일이 아니다. 브리지트는 다른 사람들처럼 자신도 단지 경계를 하고 있는 것뿐이라고 말했다. 게다가 '페넬로페 게이트'공화당의 대선 후보로 나선 전 총리 프랑수아 피용이 아내인 페넬로페를 자기 보좌관의 지인이 발행하는 문학잡지의 고문으로 위장 취업시켜서 부당 이득을 취하고 세비를 횡령했다는 의혹을 받았으며, 이 스캔들로 인해 차기 대통령 후보 1위를 달리던 피용에 대한 지지도가 급격히 떨어짐가 터지고 그 파장이 확대되자 약간 불안해졌던 것이다. 누가 알겠는가? 브리지트도 역시 먼 훗날에 그런 사건을 겪게 될지. 때문에 그녀는 정치가의 부인이 연루된 사건이 자신의 일인 것처럼 자신의 모습을 돌아보았다.

2016년 봄이 되자 브리지트 마크롱은 불길이 더 번지는 것을 막기 위해 행동에 나섰다. 〈파리 마치〉의 기자이자 '바티칸 전문가'이기도 한 카롤린 피고치에게 자신의 이야기를 처음으로 공개하기로 결심한 것이다. 브리지트는 가족 사진첩까지 보여주면서 자기들의 과거에 포함되어 있는 모든 것, 즉 자기들이 직접 세운 견고하며 실체를 가진 사랑의 역사를 공개하고자 했다. 그 주간지는 조금 진부해 보이는 사진을 큰 사이즈로 여러 장 실었다. 파리에서 열린 유투U2의 콘서트를 관람하며 뺨을 맞대고 있는 마크롱 부부의 사진이 가장 먼저 눈에 띄었다. 그리고 마크롱이 열광적으로 좋아하는 스키장에서 셀프 카메라 모드로 촬영한 커플 사진도 보였다. 그 사진 속에서도 콧등에 선글라스를 살짝 걸친 브

리지트는 마크롱과 빰을 맞대고 있었다. 또한 마크롱 부부
가 보내온 액자의 사진 속에는 두 사람이 소매를 걷어 올린
채 활짝 웃으며 브리지트의 손녀에게 젖병을 물려주는 모
습도 담겨 있었다. 손녀 엘리스가 아직 아기였을 때 찍은 사
진이었다. 마지막으로 마크롱이 투케에 있는 자택에서 애견
피가로와 함께 즐거워하는 모습을 담은 사진도 있었다.

언제나 자로 잰 듯한 정확성을 자랑하는 이런 종류의 탐
방 기사는 아주 사소한 것도 우연의 결과로 남겨놓지 않는
법이다. 그렇지만 결과적으로 이 기사도 다른 상투적인 기
사들과 다를 바 없는 효과를 내고 말았다. 결국 독자들의 기
억에 각인된 사진은 두 사람이 도서 전시회에 가서 지역 의
원이자 환경 운동가인 장 라살과 포옹하며 즐거워하는 모습
이었던 것이다.

잡지에 실린 마지막 사진은 위인전 속의 미화된 사진처
럼 보였다. 7월 14일에 거리 행진이 끝난 후 찍힌 그 사진
은 서른한 명의 마크롱 지지자들과 함께 찍혀 있었다. 그들
은 대화를 하느라 정신이 없어 보였지만 당당한 걸음을 내
딛고 있었다. 말 그대로 '앙 마르슈!'였다. 사진 설명에는 이
렇게 적혀 있었다. "그가 한 사람의 남자로서 처음 내린 결
정은 바로 그녀와 결혼하겠다는 것이었다." 마크롱의 배우
자를 비방하던 사람들은 그가 자신에 대한 그녀의 영향력을
과도하게 강조한다지만 그런 이야기는 별로 중요하지 않았
다. "그 결정은 확실히 마크롱이 자신의 인생에서 자유롭게

내린 마지막 결정이기도 했기 때문이다."

마크롱 부부가 그런 식으로 언론에 사진들까지 공개하면서 기울였던 모든 노력이 완전히 좋은 결과로 돌아온 것은 아니었다. 그렇지만 그 부부는 적어도 자기들이 남들과 다르고 아주 매력적인 커플이라는 점을 여론에 깊이 각인시킬 만큼의 재능은 발휘한 셈이었다. 그럼에도 불구하고 마크롱은 동성애 관련 소문을 피할 수 없었다. 그 소문은 먼 곳까지 퍼져가서 그 효력을 드러내고 있었고, 인터넷에서도 급속도로 퍼져 사람들의 호기심을 끝없이 자극하고 있었다.

"마티유 갈레와 에마뉘엘 마크롱이 동성애 커플이라는 것을 모르는 사람도 있나요?" 이런 식의 분위기였다. 가상영역인 온라인에서부터 신이 지배하는 영역인 종교계에 이르기까지 프랑스의 모든 곳에서 마크롱을 중상하는 소문이 들끓었다. 엘리제궁을 향해 뛰어가고 있던 이 젊은 정치인은 자신에 대한 오해가 선거 운동을 방해하도록 그대로 두어서는 안 되겠다는 생각을 하게 되었다.

2016년 11월 2일, 마크롱의 고백은 역설적이게도 〈미디어파트〉의 웹 사이트를 통해 발표되었다. 그 긴 고백은 대단히 강렬했다. "아주 간단하게 말씀드리겠습니다. 저에 대한 나쁜 소문을 퍼뜨리며 즐거워하는 자들은 헛수고를 하고 있는 것입니다. 어쨌든 전 그 사람들 때문에 제 삶을 변화시키지는 않을 겁니다. 전 절대로 이중생활을 하고 있지 않습니다. 전 오로지 남편으로서 가족과 함께하는 인생에 모든 것을 걸고 있는 사람입니다." 마크롱은 발언을 이어가면서 '그 모든 헛소문들'을 퍼뜨리는 '좌파와 우파'의 정치인들을 비판하기도 했다.

그 후로 두 달이 지났다. 남편이 선거 운동을 하러 부산히 뛰어다닐 무렵, 마크롱 부인은 프로방스 지방으로 가는 출장을 이용해야겠다고 생각했다. 마크롱을 따라다니는 기자들을 설득시키기 위해서였다. "선거 운동이 점점 더 속도를 내고 있을 무렵에 저는 그 소문이 다시 도마 위에 오를까 봐 겁이 났어요." 그녀는 특파원들 앞에서 이렇게 말했다. 대선 후보자의 부인이 거의 민망하게 느껴질 정도로 자유로운 발언을 쏟아내자 특파원들은 어안이 벙벙했다. 에마뉘엘 마크롱의 측근들도 함께 부지런히 움직였다. 그들은 우선 저명한 사회당 여성 의원의 말에 반대하는 언론을 비난했고, 마크롱의 소문에 대해 무게감도 없이 안절부절 못하며 몰래 숨을 돌리고 있는 정부의 가벼운 면모에 대해서도 유감의 뜻을 전했다. 마크롱의 가족이 급히 알려준 소식에 따르면 마크롱은 기자들과 함께했던 점심식사 자리에서 이렇게 단언했다고 한다. "프랑스인들이 선출한 대통령은 결코 동성 애자가 아닐 것입니다."

마크롱의 한 측근은 한숨을 쉬며 이렇게 말했다. "저는 그 모든 소문을 다 들었습니다. 에마뉘엘이 연인과 아프리카로 비밀스러운 여행을 갔다는 말도 있었고, 그가 파리 오페라 극장에 가서 자기의 동성 애인을 골랐다는 말까지 있었죠!"

선거 캠프에서 흘러나온 그 황당하고 우스운 비밀 이야기를 들은 당원들은 소문을 낚아채서 그것의 근원지가 어디인지 알고 싶어 했다. 자기들이 지지하고 있는 사람이 피해자가 된 상황을 더 자세히 부각시켜서 알리기 위해서였다. 실제로 적들은 마크롱이 첫 승리를 거두는 것을 방해하기 위해 짓궂은 공격을 퍼붓지 않았던가? 아마 예상보다 더 단순한 이유에서 그랬을 것이다. 그리고 그런 비방은 예상보다 더 슬픈 일이기도 했다.

그렇지만 많은 사람들의 눈에는 그토록 눈부신 젊음을 갖고 있는 남자가 자기보다 스물네 살이나 많은 아내를, 그것도 배신하지도 않고 지속적으로 사랑한다는 것이 불가능한 일로 보였던 것이다. 그래서 마크롱의 선거 캠페인에 참여한 어떤 회원은 악의를 가진 집단이 그런 면을 마크롱의 약점으로 삼아 음모를 꾸민 것임을 알아챘다. 그 회원은 이렇게 말했다. "에마뉘엘은 외모가 잘 생겼죠. 그리고 젊은 데다가 인생에서 성공을 거둔 사람이기도 해요. 그래서 자기가 원하는 것을 무엇이든 얻을 수 있는 사람으로 보이는 것이죠. 그런 그가 자기보다 나이가 많은 여자를 아내로 맞이해서 충실한 결혼생활을 하겠다고 결정한 것뿐이에요. 그래서 파리 출신의 엘리트들에 관한 소문은 항상 평민들의 선입견과 충돌한다는 말이 있는 것이랍니다."

마크롱 부부는 결국 그 혐오스러운 책략의 뿌리를 뽑기로 결심했다. 그들은 매일 저녁마다 자기가 각자 들은 소문을 서로에게 이야기해주는 습관을 갖게 되었다. 하지만 의사소통 전문가인 필립 모로쉐보레는 이런 분석을 내놓았다. "마크롱 부부가 그런 식으로 소문의 내용을 다시 환기하는 일은 그 소문이 잠잠해지는 것을 막는 행동이에요. 정보의 출처에 대해서만 서로에게 알려줄 뿐인 거죠."

그러면 마크롱 부부는 왜 그런 위험한 행동을 감행하게 된 것일까? 필립 모로쉐보레는 다음과 같은 말을 이어갔다. "제 생각에는 마크롱 부부가 진심으로 상처를 받았던 것 같습니다. 강한 압박감을 느끼자 그 감정을 외부로 표출하게 된 것이죠. 그 부부는 또한 자기들 나름의 방식으로 정치 지도자들도 통제력을 잃을 수 있는 평범한 남자와 평범한 여자라는 것을 보여준 셈이죠."

그의 말은 곧 정치인들도 인간적인 사람들이라는 뜻이다. 그런 의미에서 마크롱 부부는 너무나 인간적인 커플이었다.

제7장

명사들과 만날 때도
늘 함께하는 커플

언젠가 마크롱 부부는 엘리제궁에서 열린 국빈 만찬에 참석한 적이 있었다. 이미 과거에 보좌관 직분으로 엘리제궁에 입성했던 경험을 가진 그 부부에게는 이번이 벌써 두 번째 국빈 만찬이었다. 네덜란드의 막시마 왕비와 그녀의 배우자인 빌럼알렉산더 국왕을 위해 준비된 그 만찬장에는 참석자들의 식탁 위로 웃음소리가 끊이지 않고 이어지고 있었다.

그 식사 자리에서 브리지트와 마크롱은 서로 경쟁하듯 재미있는 표현들을 생각해냈으며, 마치 친구들과 탁구 시합을 하듯 재치 넘치는 농담을 주거니 받거니 했다. 그들의 농담을 함께 즐긴 이들은 대통령을 모시는 걸출한 정치인인 회색 머리의 장피에르 주이에와 그의 아내인 브리지트 태팅게르였다. 또 그 자리에는 유명한 방송인 스테판 베른이 있었

고, 프랑수아 클뤼제와 그의 아내도 있었다. 대통령의 보좌
관인 실비 위박도 있었으며, 막강한 영향력을 지닌 예술 후
원자이자 프랑수아 피용의 친구인 마크 래드레 드 라샤리에
르도 그 활기 넘치는 자리를 빛내고 있었다. 엘리제궁의 의
전 담당부에서는 그 손님들이 모였던 그 식탁에 '반 고흐'라
는 이름을 붙여주었다.

한편 프랑수아 올랑드는 은밀하게 그들을 관찰하고 있었
다. 엘리제궁의 주인으로서의 임무를 맡고 있던 공화국 대
통령은 끝없이 이어지던 그 저녁식사 자리에서 포로가 된
것 같은 심정으로 앉아 있었다. 물론 올랑드 역시 평소에는
재정경제부 장관인 마크롱과 농담하는 것을 굉장히 좋아하
는 사람이었다. 하지만 그 자리에서 장관은 식탁 앞에 앉은
각각의 손님들에게 인사를 다니거나 다른 활기찬 부부 옆에
서 오래 시간을 끄느라 너무나 바빠 보였다.

올랑드는 건너편 식탁 쪽으로 다가가서 손님들과 대화를
나누려고 했는데, 곧 다음과 같은 이야기가 들려오자 어색
한 미소를 지을 수밖에 없었다. 그 식탁 쪽의 분위기가 올랑
드가 앉았던 식탁 쪽 분위기보다 훨씬 더 활기차고 즐겁다
는 이야기였다. 게다가 곧바로 스테판 베른이 짓궂은 농담
으로 반박을 했다. "하지만 여기에도 올랑드처럼 재미없는
사람들이 너무 많은데!"

유쾌한 대화는 밤이 깊어질 때까지 계속 이어졌다. 그래
서 마크롱 부부와 몇몇 손님들은 '반 고흐' 식탁 앞에서 함

께 식사를 했던 사람들의 그 멋진 경험을 영원히 남겨야겠다고 결정했다. 그렇게 해서 모든 참석자들이 한배를 타고는 '그랑 팔레' 미술관의 전시회를 보러가자는 의견에 합의했다. 모두가 공모자가 된 그 배의 출항 시간은 잠시 연기되었으나 서로의 집에서 돌아가며 저녁식사를 할 것을 약속했다. 물론 앞으로 갖게 될 저녁식사 자리에도 '반 고흐' 식탁처럼 화가의 이름을 붙이기로 했다.

엘리제궁에서 그토록 즐거운 시간을 보냈던 연회가 열린 후 몇 주가 흘렀다. 프랑수아 올랑드 대통령이 젊은 장관에게 냉담한 태도로 대하고 있다는 이야기가 들리기 시작했다. 방송인 스테판 베른은 약간 심술궂은 의도로 이렇게 빈정거렸다. 두 사람의 관계는 폭풍우가 몰아치는 냉랭한 관계가 전혀 아니지만, 아마 정치 연대기를 쓰는 솔직한 작가는 그런 관계였다고 기록할 것이라는 발언이었다. 어쨌든 그 방송 진행자는 몇 주 후에 베르시에서 아주 즐거운 시간을 보내게 되었는데, 그 자리에는 올랑드 대통령과 그의 여자 친구인 줄리 가예, '반 고흐' 식탁에서 저녁을 먹었던 일부 손님들, 그리고 마크롱 부부도 있었다. 그날의 모임은 마크롱 부부가 준비했던 열 차례 남짓한 저녁식사 자리 중 하나였고, 거대한 유리 건축물 속에서 식사를 했던 특별한 시간이었다.

마크롱의 완전한 반대편인 우파 진영과 언론사의 조사 위원회는 돋보기를 들이대며 마크롱 부부가 자기들의 생활수준에 맞춰서 쓰는 생활비를, 특히 사회적인 체면을 유지하기 위해 쓰는 비용을 면밀히 조사하고 있었다. 대통령 선거를 몇 주 앞둔 시점에서 그런 움직임은 불가피한 매복이기도 했다. 2016년에 장관으로 재직했던 8개월 동안 베르시의 주택 임차인이기도 했던 마크롱은 급여로 지급된 돈의 80%를 소비했다. 연봉 18만 유로 중에서 12만 유로를 쓴 것이다.

한편 '앙 마르슈!' 신당이 장래에 당원이 될 사람들을 위해 푼돈을 적립했다는 의혹을 받게 되자 마크롱은 증거 자료까지 제시하면서 즉각적인 반박을 했다. 기자인 프레데릭 세즈와 마리옹이 쓴 책인《베르시의 지옥에서 보낸 한 시간》에서는 특히 식비에 대한 지적이 나온다. 마크롱이 '좋은 관계를 유지하고 있는 지인들'과의 저녁식사 비용으로 서민들의 눈이 휘둥그레질 만큼의 많은 돈을 썼는데, 그런 비용이 경제성의 원칙에 항상 부합하지는 않는다는 지적이었다.

유행을 좇는 요즘 젊은이들은 자신의 인맥을 과시하는 수단으로 단지 몇 시간 동안 여러 건의 저녁 약속을 이어서 잡을 수 있다는 자랑도 한다. 즉, 이른 저녁식사 약속들과 저녁식사 이후의 약속들을 사슬처럼 연결해놓는 것이다. 마크롱 부부도 그 젊은이들처럼 때때로 같은 날 저녁에 두 번씩 손님들을 초대하곤 했다. 그들이 지출한 많은 금액의 식비는 그런 이유 때문이었을 것이다.

그래도 식사 초대의 습관은 변함없이 이어지고 있었다. 장관의 배우자는 베르시에 있는 아파트에서 지속적으로 손님들을 맞이했다. 저녁식사 초대는 언제나 가까운 사람들만 불렀기 때문에 손님이 아무리 많아봤자 세 명을 넘지 않았다. 마크롱 부인은 손님들이 도착하면 그들이 자기소개도 하고 자유로운 분위기를 느낄 수 있도록 식전 음료를 마시는 시간을 무척 중요하게 여겼다. 그녀는 상대방으로부터 내밀한 이야기를 끌어내는 데 일가견이 있었기 때문에 항상 손님을 돋보이게 만들고 식사 자리의 분위기를 더 가볍게 만들어주었다. 또한 사람들이 식사를 마치기 전에 주방장이나 제빵사를 식탁 앞에 오게 해서 그들의 솜씨를 칭찬해주는 일도 잊지 않았다.

식사 자리의 분위기를 북돋아주는 데에는 마크롱 부부의 매력도 한몫을 했다. 몇몇 손님이 특별히 간청하지 않는 한 대화 속에서 정치 이야기가 화제로 떠오르는 일은 거의 없었다. 가끔 식사 자리에서 브리지트가 손님이 꺼낸 정치인 이야기를 어쩔 수 없이 들어주어야 할 때가 있었는데, 그녀는 그 손님 앞에서 거의 넋이 나간 듯한 표정을 지으며 시간을 보냈다. 그래서 결국 이런 농담까지 한 적도 있다. "지난번 식사 자리에서는 다른 사람 이야기로 시간을 보냈으니 그 사람이랑 식사를 한 거나 마찬가지예요. 그렇게 시간을 보내는 건 정말 지루한 일이에요. 저희는 정말로 당신과 시간을 보내고 싶답니다!"

마크롱 부부의 식사 자리에는 연극계의 인사들과 작가들, 배우들도 때때로 얼굴을 보였다. 가수인 린 르노, 소설가인 필립 베송과 미셸 우엘벡, 기자인 시릴 엘딘과 마크올리비에 포지엘, 제작자인 니콜라 캉틀루와 알렉스 뤼츠, 그리고 장마크 뒤몽테, 배우 중에서는 피에르 아르디티와 그의 아내 에블린 부이, 아리엘 동발과 프랑수아 벨랑, '코메디프랑세즈' 출신 배우들인 기욤 갈리엔과 크리스티앙 엑도 왔었고, 파브리스 루키니와 그의 여자 친구도 왔다. 언젠가 올랑드 내각의 한 여성 장관이 동료인 마크롱의 식사비용을 보고는 얼굴을 찌푸리며 빈정거리는 말투로 말했다. "사람이 좀 많긴 하네요."

2005년 니콜라 사르코지가 활발한 활동을 벌였던 시기 이후로 베르시에서 정치인이 그렇게 많은 문화 예술계의 인사들을 초대한 것은 전대미문의 일이었다. 과거에 사르코지는 자기의 두 번째 부인인 세실리아 주변에 있던 많은 예술가들과 가까이 교류하고 싶어 했다. 마시아 부부와 비가르, 클라비에나 바벨리비앙이 그들이었다. 사르코지는 그 이후로 가수이자 모델인 브루니와 만나서 결혼까지 하게 된다. 사르코지는 네이쉬르센느 도시의 시장을 하고 있었을 때 그 예술가들의 결혼식에 참석할 정도로 그들과 친분이 두터웠다.

사실 마크롱 부부는 복수심이라는 감정을 키워본 적이 없었고, 머릿속에서 몰아내야 할 열등감도 갖고 있지 않았다. 하지만 누군가가 유성처럼 나타났다가 금방 사라져버리곤 하는 혼란스러운 정치판에 몸을 신자마자 정신이 얼떨떨해졌다. 그래서 그들은 즉시 우선 파리에 있는 유명 인사들의 마음을 사로잡아야겠다는 생각을 떠올린 것이다. 명사들의 세계는 그 부부를 끌어당기고 매혹시켰으며 힘을 모으게 만들었다.

요즘에도 한가한 시간이 날 때면 시를 쓰는 마크롱은 과거 스무 살 무렵에 작가가 되고 싶다는 꿈을 키운 적도 있었다. 그는 오늘날에도 언젠가는 자신의 첫 번째 문학 작품을 출판할 것이라고 고백하곤 한다. "그는 문필 활동에 대해 굉장한 애착을 갖고 있어요." 마크롱 부부와 자주 교류를 하는 사이이고 마크롱의 첫 저서인 《혁명》의 원고를 미리 읽어봤던 한 작가가 이렇게 말했다.

브리지트는 서랍 깊숙한 곳에 숨어 있는 남편의 그 미완성 문학 작품에 대한 이야기를 꺼내며 약간 흥분한 것처럼 보였다. 그녀는 그 책이 출판될 미래를 상상하며 부푼 기대감으로 즐거워했다. 특히 연극을 사랑하는 마크롱은 예전에 파리에서 공부하던 시절에 사립 연기 학교인 '쿠르 플로랑'에서 강의를 듣기까지 했다. 〈피가로〉의 기자인 프랑수아자비에도 언급했다시피 마크롱은 배우인 장피에르 마리엘과 영화를 찍기 위해 배우 선발 오디션을 보러 간 경험도 있었다. 또 그는 국립행정학교에 다니던 시절에 스트라스부르에서 직접 연극 강의도 했다.

브리지트 역시 작가들과의 만남을 굉장히 좋아했다. 생루이 드 공자그 학교에서 프랑스어와 라틴어를 가르치던 시절, 그녀는 프랑스의 현대 작가들과 학생들의 만남을 자주 추진하곤 했다. 세계적인 석학인 에릭 오르세나도 그들 중한 명이었다. 브리지트와 친한 소설가인 필립 베송은 이런 말을 했다. "브리지트는 문학과 관련된 참고 서적들을 줄줄이 꿰고 있었어요. 그래서 그녀와 의견을 교환하는 일은 정말 즐거웠죠." 그는 이어서 이런 이야기도 덧붙였다. "브리지트는 그 어떤 것에도 흥미를 잃지 않았어요. 인생의 대부분을 피카르디 지방에서 보냈지만, 파리의 휘황찬란한 지성의 빛에 홀려서 끝없이 경탄하는 사람이었죠. 그리고 사람을 깜짝 놀라게 하는 능력을 잘 간직하고 있었는데 바로 그런 면이 사람들의 마음을 움직였어요."

"저는 어쩌면 보바리 부인과 비슷한 유형의 사람이에요." 브리지트는 새로운 예술계 인사와 친해진 일에 대한 이야기를 하다가 우스갯소리를 하듯 이런 말을 던졌다. 플로베르의 소설 속 보바리 부인은 지나간 무도회의 눈부신 장면에 현혹되어서 자기의 정신을 홀린 그 매혹적인 세계로 다시미끄러져 들어가는 일에 성공했다. 로돌프가 단념하지 못했던 엠마 보바리. 그녀는 어쨌든 행복한 여자인 것이다.

브리지트 마크롱도 보바리 부인처럼 자기에게 즐거움을 주는 것들을 피하지 않는 편이고, 이런 좌우명을 항상 가슴에 새기며 지낸다. "웃지 않고 보낸 하루는 아무 쓸모도 없는 하루이다!" 이제 그녀는 아미앵의 성심 수도원에서 수녀님들의 엄격한 통제를 받았던 어린 시절 그 소녀의 모습이 아니었던 것이다. 그녀가 말했듯이 수도원의 그런 교육도 그녀가 '깔깔대며 웃는 버릇'을 고쳐주지는 못했다.

브리지트는 대대로 초콜릿을 만들어서 파는 사업가 집안 출신이었기 때문에 파리의 그 드넓은 세계와는 아주 멀리 떨어져 있는 것처럼 보이는 환경에서 성장했다. 트로뉴 가문이 오랜 세월 동안 운영해온 초콜릿 가게의 간판은 세월의 흐름에 따라 많이 낡아 있었다. 세상을 떠나서 이제 존재하지 않는 가장인 '장트로뉴'라는 이름의 글씨 옆으로 거대한 초콜릿 모양의 플라스틱판이 붙어 있는 간판이었다.

브리지트는 새로 사귄 친구들에게 가끔 이런 고백을 털어놓았다. 청소년이었던 시절에 항상 먼 곳을 향한 그리움과 고뇌에 잠겨 있었고, 금방이라도 불이 붙을 것 같은 정열로 가득했다는 이야기였다. 그녀는 나중에 성인이 되어서도 수정처럼 연약한 젊은 베르테르 같은 수많은 젊은이들의 고통에 대해 마음 깊이 공감할 줄 아는 교사였다.

어린 시절부터 그토록 예술에 대한 열정이 컸던 마크롱 부부는 이제부터 제2의 청춘을 즐겨보겠다는 특별한 결심을 했다. 그렇게 해서 그들은 마치 기분 좋게 취한 두 명의 청소년들처럼 들뜬 상태로 수도 파리에서 뜨거운 주목을 받고 있는 사람들로부터 도움을 받기로 했다. 스타를 쫓는 열광적인 팬이 되기로 한 마크롱 부부는 그 계획을 세우자마자 체계성을 발휘해서 자기네 거처에 예술가들의 보금자리를 만들었다. 고전적인 연극과 대중 연극에 박수갈채를 보내면서도 속물근성은 거의 보이지 않았다. 그런 속물근성은 마크롱의 취향과도 거리가 굉장히 멀었던 것이다.

마크롱 부부는 우선 희극배우인 샹탈 라드수와 처음으로 인사를 나눴다. 그녀가 출연한 연극 〈고약한 사람〉의 막이 내려가고 난 직후였다. 샹탈 라드수는 마크롱 부부를 만나고 난 후 〈RTL〉 방송에 출연해서 이런 이야기를 털어놓았다. "마크롱이 무슨 말을 하고 있는 건지 전혀 이해할 수 없더라고요. 그건 마치 국립행정학교 수업처럼 어려웠어요. 그리고 브리지트에 대해 말하자면 그녀는 옆에서 번역을 해주고 있었답니다. 마크롱이 말한 것을 낮은 수준으로 풀어서 설명해주는 식이었죠. 아주 잘 어울리는 콤비였어요!"

그 유능하면서도 열정적인 콤비는 배우인 프랑수아 벨랑의 마음도 사로잡았다. 벨랑은 연극 〈모모〉의 무대에서 연기를 하고 분장실로 돌아갔을 때 마크롱 부부와 처음으로 인사를 나누게 되었다. 다른 예술가들과 마찬가지로 벨랑 역시 그 부부를 만났을 때 강한 인상을 받았다. 우선 사람을 볼 때 눈을 똑바로 쳐다보는 그들의 태도에 놀랐고, 단 한 번의 만남으로도 자기들이 어떤 사람인지 알려주는 그 특별한 감각에 놀랐다. 더욱이 브리지트 마크롱은 자기들과 교제하는 유명인에 대해 불미스러운 기사가 나올 때, 그 사람에게 따뜻한 응원의 메시지를 보내는 일도 잊지 않았다. 그녀는 즉시 이렇게 물어보곤 했다. "괜찮은가요? 끄떡없는 거죠?"

마크롱 부부가 최근에 사귄 한 지인도 이런 말을 했다. "브리지트와 마크롱은 사람들에게 호감을 사는 성품을 타고난 것 같아요." 가수인 린 르노는 예전에 친구들과의 저녁식사 자리에서 브리지트가 자기와 공통적인 뿌리가 있는 곳인 북쪽 지방에서 살았던 기억을 회상했는데, 그 즉시 자기 가슴이 뭉클해졌다고 한다. "저는 브리지트를 너무나 사랑해요. 그녀는 전혀 속물이 아니에요." 또한 브리지트는 린 르노가 했던 인상적인 말을 스스로 반복해서 이야기하는 습관도 갖고 있다. 그 두 여성은 함께 극장에 가서 공연을 관람하는 것을 좋아한다. 또 함께 대화를 즐길 때면 숨이 넘어가도록 웃기도 한다.

놀랍게도 자크 시라크 부부와 가까운 사이인 린 르노와 그 당시 '앙 마르슈!' 신당 대통령 후보자의 아내 사이에는 정치적인 문제가 전혀 끼어들지 않았다. 최근에 린 르노의 집에서 가수인 조니 할리데이와 그의 부인인 라에티샤 할리데이의 결혼기념일을 축하하기 위한 저녁식사 연회가 열렸다. 식사 자리에서 린 르노는 이런 말을 털어놓았다. 에마뉘엘 마크롱에게서 그 대단했던 자크 시라크만큼 강한 인상을 받았다고 말이다. 그런데 그녀의 바로 앞에는 스테판 베른이나 뮈리엘 로뱅처럼 자기의 배우자와 함께 참석한 마크롱이 앉아 있었다. 그때 마크롱의 표정은 정말 가관이었다고 한다.

브리지트는 자기의 매력을 발산하며 언론계의 인사들에게도 다가갔다. 우선 홍보 담당자인 니콜 손빌의 힘을 빌리기로 했다. 그녀는 배우 알렉스 뤼츠가 연기한 캐릭터 '카트린느'에 영감을 준 것으로도 유명했다. 니콜 손빌은 저녁식사 자리를 여러 번 마련하여 마크롱 부부에게 배우들을 소개해주었고, 그렇게 해서 유명한 배우 부부인 피에르 아르디티와 에블린 부이와도 만날 수 있게 되었다.

보통 사람들보다 좀 더 엉뚱한 기질이 많은 유명 방송인 스테판 베른 이야기를 꺼내자면, 그는 자신의 차로 마크롱을 태워주기로 한 약속을 제대로 지키지 못한 실수 때문에 마크롱과 처음 인사를 나누게 되었다. 스테판 베른은 외르에루아르의 도지사와 함께 상원 의사당에서 점심을 먹고 나오다가 마크롱을 보았다. 하마터면 장관의 발이 묶이게 될 뻔한 일에 대해 사과를 하려고 차의 창문을 내렸을 때 그는 에마뉘엘 마크롱이 활짝 웃으며 이렇게 대답하는 소리를 들었다. "아, 스테판! 제 아내가 당신을 너무나 좋아해요. 저한테 당신에 대한 이야기만 할 정도예요. 그녀는 당신이 진행하는 〈역사의 비밀들〉이란 프로그램을 얼마나 특별하게 생각하는지 몰라요. 정말이지 당신과 꼭 한 번 식사를 하고 싶어 한답니다!"

마크롱 부부는 종잡을 수 없는 특이한 소설가인 미셸 우엘벡에게도 다가갔다. 니콜라 사르코지와 칼라 브루니 사르코지가 엘리제궁의 주인이었던 시절, 그들이 미셸 우엘벡을 초대했던 것처럼 말이다. 마크롱과 우엘벡은 문화 전문지 〈인록스〉가 2015년에 추진했던 대담에서 처음 마주쳤다. 두 사람은 자신들의 공통점과 쓴웃음을 짓게 하는 신랄한 발언을 주고받으며 굉장히 즐거운 시간을 보냈다.

대중들에게 하나의 아이콘으로 자리매김한 우엘벡은 대담 중에도 특유의 그 침착한 분위기를 유지한 채 이렇게 말했다. "제가 의도한 것도 아니었는데, 우리의 대화가 논의에서 빗나가고 있는 것 같은 느낌이 드는군요." 마크롱도 미소를 살짝 머금으며 이렇게 대답했다. "저도 당신과 똑같은 느낌이 드네요." 마크롱도 대화가 옆길로 새고 있다는 것을 알았지만, 사회주의자로서의 신념을 의식해서인지 다소 자신을 통제하는 모습을 보였다. 그들은 다음과 같은 말에도 역시 동의했다. "새는 새장 속에만 갇혀 있으면 행복해질 수가 없죠." 두 사람은 그 기분 좋은 만남의 무대에서 아무 불만이 없는 것처럼 보였다. 특히 마크롱이 무척 만족스러워 보였다.

마크롱 부부는 세계적인 연예 주간지인 〈피플〉에 나오는 유명인들과도 인연을 쌓아갔다. 유명한 스타들과 친분이 있는 방송인 베르나르 몽티엘이 브리지트에게 줄리앙 도레의 콘서트에 가자는 제안을 했을 때 브리지트는 1초도 망설이지 않고 승낙을 했다. 그녀는 콘서트에 줄리앙 도레의 음반까지 가져갔는데, 그 가수의 사인을 받아서 남편에게 가져다주기 위해서였다.

그리고 베르나르 몽티엘이 최근에 큰 인기를 누리고 있는 예술가 올랭스키의 특별 전시회에 브리지트를 초대했을 때, 그녀는 올랭스키를 만나게 된다는 생각에 머릿속이 하얗게 될 정도로 열렬한 기쁨을 드러냈다. 파리 전역에 자기의 활동 무대를 열고 많은 사람들과 교류를 했던 올랭스키는 물론 사교모임에서 여성에게 에스코트를 자주 해준 사람이기도 했다. 그런 그가 전시회에서 브리지트를 만났을 때 자기 친구 옆에서 거리낌 없이 너무나 편안한 태도를 보이는 그녀의 모습에 놀란 것도 당연하다. 그동안 상대했던 다른 여자들과 완전히 달랐던 것이다. 마크롱 부인은 그 전시회의 행사장에 도착했을 때 올랭스키와 가까운 곳에 자기의 좌석을 잡아달라는 부탁을 전혀 하지 않았다. 얌전빼는 스타일과 거리가 멀었던 브리지트는 단지 그 특별 전시회에 초대된 '행복한 소수'의 손님이 된 것만으로도 충분히 기뻤던 것이다. 에마뉘엘 마크롱 역시 그런 소탈한 면모를 갖고 있다.

마크롱은 언젠가 페르 클로드 식당에서 점심을 먹고 있다가 옆 테이블에 전설적인 샹송 가수인 샤를 아즈나부르가 앉아 있는 것을 보고는 그에게 다가가 말을 걸었다. "안녕하세요? 저는 정말 오랫동안 당신을 사랑한 팬입니다." 전직 장관 마크롱은 그 가수에게 이렇게 소박한 태도로 자신을 소개했던 것이다. "이렇게 만나 뵙게 되어 너무나 기쁩니다.

저는 12월 27일에 열리는 당신의 콘서트에도 갈 겁니다. 그때 저를 꼭 만나주세요. 하지만 미리 알려드려야 될 사실이 있는데 그 자리에는 프랑수아 올랑드 대통령도 함께할 겁니다."

무엇보다 사람들에게 마크롱이라는 사람을 주요 인사로 부각시키는 일이 급선무였다. 그래서 마크롱은 리옹에서 열린 집회에서 주느비에브 드 퐁트네와 포옹까지 나누었다. 그녀는 오랫동안 미스 프랑스 선발 대회의 위원장을 맡고 있었는데 약간 반골 기질이 있는 사람이었다. 또 마크롱은 사람들의 이목을 집중시키기 위해 역사 테마 공원인 퓌뒤푸에서도 그곳의 대표인 필립 드 빌리에와 가벼운 포옹을 하기도 했다. 그의 정치적인 성향은 마크롱과 꽤 달랐지만 말이다.

영화계와 음악계, 연극계에까지 마크롱이라는 인사의 매력을 알리기 위한 노력이 계속되었다. 그런 접근은 대중들의 기질뿐 아니라 취향과도 연결이 되어 있어서 마크롱은 그것들에 대해 잘 살피면서 예술계를 공략했다. 물론 그들의 취향만 좇은 것은 아니었다.

수많은 유명인들을 만나는 사이 벌써 대통령 선거 운동이 막바지에 이르고 있었다. 마크롱이 엘리제궁에서 보좌관으로서의 임무를 수행하고 있었을 무렵, 그는 내무부 장관이었던 마뉘엘 발스를 가까이에서 지켜볼 수가 있었다. 사회주의자 발스는 타인의 시간을 좌지우지할 수 있을 만큼의 절대적인 권력을 가졌음에도 불구하고, 아내인 안 그라부앙을 에스코트하는 데 큰 공을 들이고 있었다. 바이올리니스트인 안 그라부앙이 조니 할리데이라든가 파스칼 오비스포, 플로랑 파니처럼 많은 연예계 인사들과 교제하고 있었기 때문이다. 발스는 아내의 연예인 친구들이 준비한 콘서트나 연극 시연회에 가서 그녀를 에스코트하는 일에 최선을 다했다. 물론 그런 행사에는 파리의 수많은 시민들이 앞을 나투어 몰려들었기도 했다.

곧 마크롱 부부는 같은 관심사에 빠지게 되었다. 안 그라부앙과 브리지트 마크롱이 때때로 오트쿠튀르 컬렉션 행사장에 함께 참석하던 시기에 두 남편들도 좋은 관계를 유지하고 있었기에 가능한 일이었다. 패션 위크가 열렸을 때는 많은 사람들 앞에서 마크롱 부부의 모습을 드러내야 했는데, 두 사람은 크리스찬 디올의 행사장에서 많은 유명인들처럼 카메라를 응시하며 분위기에 맞는 표정을 지었다.

파리 로댕 미술관의 정원에서도 오트쿠튀르 컬렉션 행사가 진행되었고 브리지트와 그라부앙이 그곳에 함께 참석했다. 한 사람은 하얗고 긴 셔츠를 입고 손에 부채를 들고 있었으며 다른 한 사람은 몸에 딱 맞는 블라우스에 미니스커트를 입고 있었다. 두 사람 모두 굽이 높은 구두를 신고 있었고 대문자 약호로 장식된 가방을 들고 있었다. 그녀들은 행사장에서 함께 오랫동안 자리를 지키고 있었다. 마크롱 부인은 사람들 눈에 잘 띌 만큼의 대범한 동작으로 발스 부인에게 비즈양 볼을 번갈아대면서 인사하는 볼 키스 인사법도 해주었다. 이렇듯 주요 인사들과의 관계를 돈독하게 만들기 위한 질주는 순조롭게 진행되고 있었다.

2015년 가을과 2016년 여름 사이에 두 부부는 그들의 지인들이 제각각 새로 알게 된 수많은 주요 인사들을 초대하고 대접했다. 스테판 베른이나 기욤 갈리엔 같은 사람들이 발스 부부의 집에 초대를 받고 나서 그다음 날에는 마크롱 부부의 집에 초대를 받는 식이었다. 원로 배우 커플인 피에르 아르디티와 에블린 부이 부부 역시 정부 관직에 있는 두 쌍의 유명한 부부들을 만나는 일에 익숙한 것처럼 보였다.

그러나 정계에 몸담고 있는 두 남자의 경쟁 관계가 조금씩 심화되면서부터 그런 만남의 자리에는 점점 더 어색한 기운이 감돌고 있었다. 그리고 2016년 11월 16일에는 베르시의 한 소식통이 그들에게 약간 해로운 정보를 〈엑스프레스〉 측에다 경솔한 방식으로 누설하기도 했다. 그 와중에도 안주인인 브리지트는 초대한 손님들을 위해 하루저녁에 두 번씩 저녁식사를 준비하고 있었다. 그런 식으로 남편의 인맥을 넓히는 일에 계속 박차를 가하고 있었다.

마크롱이 장관직을 사임하기 두 달 전, 한 주간지가 이런 내용의 기사를 냈다. 마크롱의 집에서 정부 인사 다섯 명을 초대하면서 지출했던 비용의 4분의 3은 마크롱 부부 측에서 따로 지출했어야 할 금액이라는 것이다.

마침내 요란한 전쟁의 서막이 열렸다. 마크롱 부부는 머리 꼭대기까지 짜증이 치솟았다. 친한 사람들과 어울리며 교제를 했을 뿐인데, 사람들의 감시 대상에 놓이는 위험에 처했으니 당연한 일이었다. 하지만 권력을 가진 사람들을 관찰하고 그 맹수들에게 접근하고자 하는 마음과, 권력가들의 꾸며진 겉모습 뒤에 숨겨진 비밀을 파헤치고자 하는 호기심은 언제나 인간의 마음을 사로잡는 법이었다.

그렇게 해서 소문의 진원지로 보이는 안 그라부앙이 우스꽝스럽게 튀어나가서 자신의 잘못을 시인할 것인지, 아니면 브리지트의 '현금'에 대한 소문을 인정할 것인지, 선택지는 두 가지였다. 마뉘엘 발스의 거칠기 짝이 없는 유머와 발스보다 좀 더 모범생에 가까운 마크롱의 유머 중에 하나를 고르라는 상황과 비슷했다. 하지만 세인의 입방아에 오르내리던 두 부부는 그중에 어떤 쪽도 선택하지 않았다. 그 소동에 대해 방송인 스테판 베른은 이런 말을 던졌다. "저는 아첨꾼은 아닙니다. 하지만 좀 더 나은 쪽이 이길 수 있길 바랍니다. 다른 사람들이 엘리제궁에 계속 그런 식으로 접근한다면, 저는 계속해서 엘리제궁에 있는 사람들을 지켜볼 것입니다!"

하지만 2015년 여름, 의도하지 않은 실수가 마크롱 부부의 손에 승기를 들려주게 되었다. 두 사람이 프랑스 서부의 레섬에 갔다가 배우인 파브리스 루키니의 집에 가방을 두고 온 것이다. 그 일은 확실히 노이즈 마케팅의 소재가 될 만했다. 그러나 직설적인 성격의 루키니는 유럽 1채널 같은 방송사 스튜디오 무대에 앉아서 여름날의 개인적인 추억담을 공개하고 싶지 않았다. 말하는 것을 너무나 좋아하는 이 배우는 돈 때문에 얽힌 복잡한 관계 때문에 언론에서 질타를 받은 경험도 있었기 때문에 아쉽긴 해도 그 재미있는 일화를 대중들 앞에 꺼내지 않기로 마음먹은 것이다. 또한 자기 집에 묵었던 날들에 대한 비용을 그 부부에게서 전혀 받지 않았으며, 자기 집을 빌리는 것이 에어비앤비Airbnb 사이트를 통해 숙박하는 것보다 훨씬 더 저렴하다고 단언하기까지 했다. 그 말을 전해 들은 마크롱 부부는 손뼉을 치며 웃었다고 한다.

작년 11월 말에는 이런 일도 있었다. 가수인 아리엘 동발이 콘서트 투어를 다니고 있을 무렵이었다. 그녀는 RTL 채널의 인기 프로그램인 〈그로스 테트〉에 출연해 마크롱 부부와 베르시의 식당에서 최고급 코스 요리로 식사를 했던 경험담을 들려주었다. "저희는 파리의 불빛이 반짝거리는 풍경을 바라보고 있었죠. 마치 물고기 떼가 지나가서 출렁거리는 수족관 물처럼 센강의 물결이 출렁거리고 있었어요." 여가수는 이런 말도 했다. "정말 즐거운 시간이었답니다. 그들은 집중력이 대단했고 엄청나게 친절했어요! 서로를 정말 사랑하는 듯한 분위기가 풍겼고, 그런 점이 저에게 큰 호감을 주었죠."

이와 같이 정계 바깥에서 활동하는 사람들과의 교류는 눈코 뜰 새 없이 바쁜 마크롱 부부에게는 숨통이 트이게 하는 탈출구와도 같았다.

언젠가 마크롱 장관은 몽트레유에 있는 우체국에 방문하여 하루를 묵은 적이 있었다. 다음 날 아침이 되자 자신이 읽어야 할 온갖 보고서들이 머리맡에 산더미처럼 쌓여 있었다. 그런데 이미 오래전에 예정되어 취소도 할 수 없는 출장이 오후 시간에 잡혀 있었다. 마크롱에게 언제나 시간은 턱없이 부족했다. 그는 티론가르데 지역에 있는 왕립 사관학교 건물인 '페르쉬 뒤 콜레주'의 개관식에도 참석하기로 약속을 해놓은 상태였다. 거대한 정원과 박물관이 딸린 그 문화유산은 마크롱의 친구인 스테판 베른이 몇 년 전에 구입한 곳이었다. 이제까지 열거한 그 모든 할 일들을 끝낸 마크롱은 그 후에도 유로 2016 축구 경기를 보기 위해 다시 파리로 돌아가야 했다. 이러한 일들은 흔하게 일어났다.

의사소통 전문가인 필립 모로쉐보레는 마크롱과 대화를 나누고 나서 이런 조언을 했다. "대통령 후보자가 되기 위해서는 무슨 일이 있어도 파리의 명사들 목록에 올라가야 해요. 특히 엘리트 언론인들 중에서 능력이 좋은 중계자를 골라서 도움을 요청하면 좋겠죠." 그렇게 해서 이번에는 언론사의 유명인들과 만나서 저녁식사를 하게 되었다.

마크롱 부부가 정계 바깥에서 경험한 것들은 대단한 행운으로 작용했다. 그로 인해 파리 시내에서 맛 좋기로 유명한 음식점에서 저녁을 먹으며 대화를 나눌 때 끊임없이 화제를 만들어내는 입담 좋은 사람들과의 연결 고리를 만들 수 있었기 때문이다. 그리고 그 만남들을 통해 사회적 관심사를 새로운 방식으로 살필 수 있게 되었다. 게다가 모든 사람들의 머릿속에 마크롱 부부의 이미지를 '늘 함께 다니는 커플'로 각인시킬 수 있었다.

제8장

잠시도 떨어져 있을 수 없어。
늘 함께 활동하는 동반자

2016년 11월 16일 오전 11시 8분. 에마뉘엘 마크롱은 친구인 파트릭 툴메가 대표로 있는 직업 훈련원에서 출사표를 던졌다. 몰려든 기자들로 북새통이 벌어진 가운데 드디어 대통령 자리를 향한 불꽃이 심지에서 타오르기 시작한 것이다.

마크롱은 당당하게 대통령 출마를 선언하겠다는 목표를 세웠다. 아주 중요한 연설을 여러 번 해야 하는 상황인 만큼 연설문에 쓰인 각각의 단어와 문장, 어조를 열심히 반복해서 연습했다. 물론 그의 배우자가 옆에서 큰 도움을 주었다. 브리지트는 남편의 목소리가 어느 부분에서 끊기고, 어느 부분에서 거슬리게 들리는지 파악하는 일에 일가견이 있었다. 오로지 청중들의 마음을 사로잡는 일만이 부부의 목표였다.

마크롱 부부가 파리 15구에 있는 선거 사무실에 들어간 지 몇 시간이 흘렀다. 브리지트는 남편을 편안하게 대하면서 그가 좀 더 자유롭게 발언할 수 있도록 도왔다. 대통령 후보 마크롱은 '지방 일간지' 파리 특파원들을 불러들였다. 그는 발표를 시작하자마자 금방 긴장이 풀렸고 평소의 활기찬 모습으로 돌아왔다. 내일이 오면 마크롱이 오늘 외쳤던 말들의 당당한 울림이 프랑스 전역의 신문 기사에 실려 있을 것이었다.

매년 대통령 선거가 치러질 때마다 프랑스 국민들은 여타의 언론 매체보다 '지방 일간지'의 보도를 중시하는 경향을 보였다. 전국적인 규모의 신문들보다 세 배나 더 많은 판매 부수를 자랑하는 걸 보면 알 수 있었다. 결국 미래에 유권자가 될 사람들의 대다수가 '지방 일간지'를 본다는 의미였다. 마크롱도 그 사실을 잘 알고 있었기에 자신의 선거 운동 방향을 제대로 설명하기 위해 많은 시간을 투자했다.

그의 연설 능력이 빛을 발하며 궤도에 올랐다. 그는 아침 식사를 하자마자 상원의원인 친구들이 보는 앞에서 연설 연습까지 치렀던 터였다. 드디어 각각의 지방 신문사들을 대표해서 참석한 파리 특파원들 앞에 섰을 때 마크롱은 그 떨리는 순간의 흥분을 충분히 만끽하고 있었다.

그리고 브리지트는 자기의 동반자만큼이나 당당한 태도

로 기자들과 의견을 주고받는 일을 끝냈다. 그 전직 교사는
자기의 단호한 태도에 당황하고 있는 기자단 앞에서 보란
듯이 자기의 손목시계를 두드렸다. 그다음 일정을 진행해야
할 시간이 왔다는 뜻이었다. 이제 기자 회견 행사를 이끌고
있는 사람은 마크롱이 아니었다. 행사를 좌지우지하는 것은
시간과 브리지트였다.

마크롱은 언론과의 인터뷰 시간을 단축시켰다. 휴식 시간
도 끝이 났다.

기자 회견장에서 드러난 그의 진면목은 다른 누구도 대체
할 수 없는 뚜렷한 존재감이었다. 에마뉘엘 마크롱은 기자
들의 수많은 카메라 앞에서 강한 펀치를 확실히 날렸다.

"그녀는 제 동반자로서 있어줍니다. 언제나 제게 새로운
활기를 불어넣어 주는 동반자로서요. 그 점이 중요한 사실
입니다." 마크롱은 말을 약간 멈추었다가 다음과 같이 구체
적인 이야기를 들려주었다. "브리지트의 의견이 제게는 무
척 중요합니다. 그녀는 지금까지 살아오면서 저보다 훨씬
더 많은 경험을 쌓았거든요. 저희는 둘 다 마음이 끌리지 않
는 일에는 뛰어들지 않습니다!" 마지막 말은 마크롱 부부의
행로를 빈정거리는 사람들을 향해 하는 말이었다. 브리지트
마크롱도 만족스러운 기색으로 그의 말에 동의했다. "그의
말이 맞아요. 어쨌든 저는 팬클럽까지 갖고 있는 대통령 후
보의 부인이니까요."

이제 정식으로 기자 회견까지 치렀으니 모든 일은 공식적으로 확정되었다. 정부의 고위직 관료들도 독특한 커플인 '마크롱 부부'에 대해 주시하지 않을 수 없게 되었다. 게다가 마크롱 부인은 일부러 평판이 좋은 기자들에게 연락해서 남편을 인터뷰하러 오라고 초대하기까지 했던 엄청난 적극성을 소유한 사람이었다.

〈타임스〉의 뛰어난 주필인 아담 사주는 그녀의 초청으로 인터뷰를 하러 갔을 때, 자기가 맡게 된 일의 종류가 뒤섞여 있는 것을 보고 어리둥절했다. 마크롱은 정치적인 힘이 작용하는 공간에 부인을 세워두고는 그녀가 보는 앞에서 아주 조용히 설명을 이어가고 있었다. 마크롱은 아담 사주에게 말했다. "장관이 되면 공적인 생활이 사적인 생활을 삼켜버리게 되죠. 그러니 제 아내도 제가 하는 일을 이해할 수 있어야 하고 제 이야기에 귀를 기울여야 하며, 때때로 자기 의견도 들려주어야 해요." 또한 그는 이런 말로 자기 논리를 구체화시켰다. "하지만 아내에게는 공식적인 지위가 주어져 있지 않아요. 내각의 핵심적인 자리에 있는 공직자들이 그런 일을 했다가는 아마도 생활이 흐트러지고 잘못된 길로 들어서게 될 겁니다." 사람들보고 웃으라고 한 말인지는 모르겠지만, 그 말을 들은 보좌관들은 동의의 뜻으로 고개를 끄덕이거나 아니면 그저 펜을 자기의 입술에 댄 채 지켜보고 있었다. 그런 모습들은 예전에 세실리아 사르코지의 기자 회견 때 이후로 처음 보는 낯선 풍경이었다.

에마뉘엘 마크롱은 언제나 대화에 활기를 불어넣는 비상한 능력을 지니고 있었다. 굉장히 느긋한 태도를 취하고 나서 좀 엉뚱하게 느껴지는 선택지를 제시하곤 했다. 동시에 자기의 관점을 상대방에게 넌지시 알리고, 다른 사람들의 머릿속에 자기의 주장을 자리 잡게 하는 그 신기한 기술을 가지고 있었다. 그는 일종의 고집스러운 민첩함을 지닌 사람이었다.

마크롱은 앙리 4세 학교에서 입시를 준비하던 시절에 이미 다른 사람의 눈을 현혹시키는 재주가 있다는 것을 인정받은 경험이 있었다. 그가 뛰어난 평가를 받지 못했던 유일한 과목인 수학 과목에서 특히 그랬다. 마크롱은 대담하게도 교수에게 자기가 문제의 정답을 찾지는 못했지만 다른 방식의 풀이가 확실히 존재한다고 설명하는 배짱을 보인 적도 있었다.

2015년 가을에 마크롱은 개인적인 해결책 하나를 내놓았다. 언제나 그랬듯 사람을 당황시키는 그 천성을 발휘해서, 자기의 부인에게 간부 직원 자리를 주겠다고 공개적으로 선언한 것이다. 또 브리지트는 과거부터 현재까지 계속 마크롱과 함께 활동을 이어가는 이유에 대한 질문을 받자 평소의 말투로 이렇게 자신을 변호했다. "우리는 늘 함께 있어야 해요. 그렇게 지내는 게 서로에게 활력을 주지요." 문자 그대로 그녀는 마크롱의 '동반자'이기 때문에 그렇게 늘 함께 활동을 한다는 것이다. 오로지 그 이유가 전부였다.

'마크롱의 추종자' 그룹에서 흘러나오는 이야기를 들어보면 그 부부는 언쟁이라고 이름 붙일 만한 싸움조차 하지 않는다고 한다. "그건 기자들이 지어낸 거대한 망상이죠." 이렇게 반박하는 사람도 있었다. 마크롱의 모든 업무와 일과에 끼어드는 그의 부인에 대해서 날카로운 비판의 날을 세우는 측근들도 물론 있었다. 아마도 그런 의견들은 엘리제궁에 입성해서 정치적인 행보를 쌓아나갔던 올랑드 대통령의 옛 연인인 발레리 트리에르바일레르의 그릇된 전철을 밟을지도 모른다는 우려 때문일 것이다. 하지만 여성 국회의원인 코린 에렐은 이렇게 확신했다. "브리지트는 단지 자기의 역할을 하고 있는 것뿐이에요. 그녀의 존재감과 경력은 정말 어마어마하게 풍성하죠."

　사실 과거에는 브리지트가 마크롱의 직장생활에 그렇게 체계적으로 관여하지 않았다. 그가 로스차일드 투자 은행에 근무했을 때 알고 지냈던 직장 동료들 중 한 명은 아마 은행가들끼리 마련했던 저녁식사에서 한 번쯤 스쳐지나갔을지도 모르겠지만, 정식으로 브리지트를 만난 기억이 없다고 말했다. 어쩌면 그 당시에 마크롱은 은행 업무를 보기 위해 경제학 공부에 열을 올리면서 그 난해한 연구에 지쳐서 그녀에게 거리를 두었을지도 모른다. 브리지트는 이렇게 회상했다. "마크롱에게도 그 시기는 편안한 시간이 아니었어요. 광적으로 공부에 매달려야 했으니까요. 사업상의 중요한 계약을 앞두고 있을 때는 다른 것들이 눈에 들어오지 않는 법이죠." 그러나 두 사람은 엘리제궁에 입성한 이후 모든 사회생활을 단념해야 했다. "저희는 저녁식사 모임을 준비하지 않을 때도 항상 둘이 함께 있는 모습을 사람들에게 보여줬어요. 사람들 앞에 모습을 드러내기 위해 늘 적절한 조치를 취했죠."

마크롱이 정부 내각 조직에 몸을 담그게 되면서 그녀의 삶에도 변화가 찾아왔다. 그녀는 이렇게 말했다. "처음에는 베르시에 거주하지도 않았답니다. 마크롱이 하룻밤에 고작 서너 시간만 자면서 격무에 시달리고 있었기 때문에 저는 곤히 자고 있는 남편을 깨우러 가지도 않았어요. 덕분에 남편의 일이 더 늦게 끝나서 15구의 그 집으로 귀가하는 시간은 더 늦어졌지만요."

브리지트는 결국 교직을 그만두고 베르시에 가서 살아야 겠다는 결심을 하게 되었다. 그것이 2015년의 일이었다. 둘의 끈끈한 관계에서 생겨난 그 결정은 마크롱을 조금도 놀라게 만들지 않았다. 그녀는 웃으며 이렇게 말했다. "함께 늙어가는 부부는 아주 오래 숙성된 와인 같은 거예요!"

이처럼 마크롱 부부는 그들이 처음 만났을 때 이후로 둘이 함께 있는 시간을 언제나 가장 소중하게 여겼다. 라몽지나 비아리츠, 아니면 아주 먼 곳까지 가서 보냈던 그들의 여름휴가는 언제나 서로의 애정을 확인하는 시간이 되었다. 마크롱이 파리정치대학에 다녔던 시절에도 그의 친구들은 마크롱이 자기의 연인과 함께 시간을 보내기 위해 주말마다 사라져버리는 것을 알고 있었다.

브리지트는 이 말을 반복했다. "다른 사람들은 가끔 이 말을 이해하지 못하더군요. 우리는 계속 함께 있어야 하는 사람들이라는 이야기요." 그래서 그녀는 자신의 직업을 포기하고 베르시에서 남편과 함께 지내기로 결정했다. 그리고 마크롱 장관의 일정에 나와 있는 자잘한 회의에 가끔 참석하기도 했다. 마크롱과 협력해서 일을 하던 동료들은 이렇게 말했다. 마크롱 부부가 함께 있을 때면 자기는 단지 업무를 구상하는 일만 해도 일이 해결되었다고. 나머지는 브리지트가 잘 처리해주었기 때문이다. 내각의 한 관료는 이런 고백도 했다. "그렇게 하는 게 대단히 어려운 일은 아니었어요. 브리지트는 아침마다 사무실에 나와서 직원들에게 한마디씩 인사를 건넸죠. 그녀에게서는 따뜻한 모성애가 느껴졌어요. 동료들의 건강 상태까지 확인하고 신경을 써줄 정도였으니까요."

꿈 많은 소녀였던 그녀는 인적 자원을 관리하는 직업을 거쳐, 이제 프랑스에서 가장 막강한 권력을 가진 사람의 배우자가 되었다. 그녀를 잘 아는 친구들은 이렇게 믿고 있다. "브리지트가 교육자라는 직업을 내려놓은 것은 거의 자기희생에 가깝다고 할 수 있죠." 브리지트 역시 그 말에 동의한다. "학생들을 더 이상 가르칠 수 없다는 사실이 제게 큰 상실감을 주었어요. 제 자리는 언제나 교실 안에 있다고 생각하며 살았거든요." 그럼에도 불구하고 브리지트의 지인들은 그녀가 사직을 결정하는 데는 그리 오랜 시간이 걸리지 않았을 것이라고 확신한다. 그녀가 너무 유명해져서 학생들과의 관계가 좀 불편해진 것도 사직을 결심한 이유 중에 하나일 것이다. 교직에서 은퇴한 지 몇 년의 세월이 흘렀지만 그녀 스스로 결정했던 그 희생은 극복할 수 없는 후회로 남지 않았다. 왜냐하면 브리지트는 자기의 천직을 또 다른 소중한 대상인 사랑으로 바꿨을 뿐이기 때문이다.

국가의 공무는 너무나 복합적인 것들이어서 모든 일에 자기의 의견을 반영해야 하는 경우가 많았다. 하지만 브리지트의 고백에 따르면 그녀는 자기가 하나의 당파에 소속되어 있다는 생각을 하지 않는다고 했다. 아마도 사상과 언어의 자유에 대해 굉장한 애착을 갖고 있는 그녀의 성향 때문일 것이다. 하지만 역설적인 점은 그런 그녀가 지금은 권력의 장악을 목표로 그것을 달성하기 위한 전략을 짜는 일에 착수하고 있다는 사실이다.

남편인 마크롱이 베르시에서 권력을 확장하고 있던 시절부터 그녀는 중대한 인터뷰를 준비하면서 어떤 매체를 통해 진행할 것인지 고심하고 있었다. 내각에 있는 한 관료의 이야기에 따르면 마크롱 부부와 관계있는 개인적인 대담들은 그 부부가 직접 기자들과 교섭을 진행한다고 했다. 하지만 나머지 대담들은 그렇지 않았다. 세실리아 사르코지가 그랬던 것처럼 브리지트 역시 남편의 셔츠를 골라주곤 했다. 셔츠는 보통 하늘색으로 선택할 때가 많았고, 짙은 청색의 넥타이로 장식을 해주는 것도 잊지 않았다. 그녀는 모든 일에 신경을 쓰고 있었고, 아침마다 남편의 일정을 유심히 살펴보고 있었다.

그렇게 바쁜 시간을 보내고 있는 와중에도 열정 넘치는 교육자 출신의 브리지트는 자신의 옛 직업에 대한 끈을 놓지 않았다. 그녀는 프랑스 교육부가 검토하고 있던 교육 개혁에 대해 아주 분명한 의견을 갖고 있었다. 교육부 장관이었던 나자트 발로벨카셈이 추진했던 중고등학교 학제의 개혁은 브리지트의 마음을 거의 사로잡지 못했다. 많은 논란을 불러일으킨 'EPI'여러 학문과 관련된 실용적인 교육제도의 효용성에 대해 의문이 들었기 때문이다. 브리지트는 쓸모없어 보이는 수업들을 없애고 국어와 수학 과정을 새롭게 개편했으면 좋겠다고 생각했다. 그리고 명망 높은 교사들이 열악한 교육 환경을 가진 지역에 가서 일주일에 몇 시간씩 수업을 진행하는 봉사활동을 했으면 좋겠다는 소망을 가졌다. 그렇게 중점적인 교육이 필요한 곳을 우선적으로 관리하는 인적 조직망을 '젭ZEP'이라고 불렀다.

브리지트는 이렇게 말했다. "저는 교직 생활의 절반은 명문 프랭클린 학교에서 보냈고 나머지 절반은 그보다 교육 수준이 떨어지는 학교에서 보냈죠. 저는 그 두 학교에서의 생활이 똑같이 즐거웠습니다. 그래도 저는 경험이 많은 훌륭한 교사들을 낙후된 지역으로 보내야만 한다고 생각해요.

왜냐하면 제일 본질적인 문제는 교육자 집단의 안정성이니까요. 교육자 집단이 안정되어야 교육학적 측면의 계획들을 잘 발전시킬 수 있습니다."

브리지트는 이런 확신도 갖고 있었다. "저는 언젠가 다시 사람들을 가르칠 겁니다." 바쁜 그 시기에 그녀는 어떻게 그런 미래를 꿈꿀 수 있었을까? 그런 소망을 갖고 있다는 것이 무슨 의미일까? 그것은 단순히 천진난만한 예감에서 비롯된 것일까? 아니면 자유를 향한 원초적인 욕망일까? 그녀에게도 직업이 있다는 것을 사람들에게 상기시키기 위한 욕심일까? 그것도 아니라면 엘리제궁에 입성할 가능성에 대해 의심의 뜻을 비친 것일까? 그 이유가 무엇이었든지 간에 브리지트가 위험을 감수할 줄 아는 대범한 사람이었다는 점은 분명한 사실이다.

어쨌든 브리지트는 장관의 부인으로서 해야 할 일들이 이미 너무 복잡해졌기 때문에 교직 생활을 더 이어갈 수 없는 형편이 되었다. 그녀도 남편의 직장생활에 부과된 생활리듬에 맞춰서 살아야 했다. 마크롱의 문제는 매일 저녁 그녀의 기분에 영향을 주었고, 부부 사이의 대화가 밤늦게까지 이어지는 날들도 많아졌다.

2015년까지도 교직에 있었던 브리지트는 학생들 앞에 모습을 드러내는 빈도가 점점 더 줄어들고 있었다. 자기의 천직인 교육에 열성적으로 매달렸던 그녀는 더 이상 그 일에만 몸과 마음을 바쳐서 시간을 할애할 수 없었다. 브리지트가 재직했던 프랭클린 학교에 다녔고 2학년 때 그녀의 수업을 들었던 크리스토프 르사주는 그녀에 대해 이렇게 증언했다. "그 선생님은 학교에서 유명한 스타 교사들 중 한 명이었죠. 모든 학생들을 자기 배에 실을 수 있는 능력 좋은 뱃사공 같았습니다. 심지어는 학기 초에 문학에 대해 전혀 관심을 보이지 않았던 학생들까지도 그 배에 태우셨죠. 그리고 연극을 상연하는 극장에 학생들을 종종 데리고 갔어요. 또 부모라는 존재를 통해 제자들의 학습이 상승 작용을 일으킬 수 있다는 것을 잘 알고 계셨기 때문에 학생들에게 자기 부모님의 직업에 대해 이야기해보라는 말씀을 하시곤 하셨죠."

그토록 열성적이었던 교사 브리지트 마크롱이 이제 엘리제궁에 있는 남편을 도와 보좌관의 업무에까지 자기 활동 범위를 넓히게 된 것이다. 그것은 아주 자연스러운 흐름이었다. 언젠가는 브리지트가 남편의 일을 도와주러 간 사이에 마크롱이 그녀의 학생들과 잠시 시간을 보낸 적도 있었다. 볼일을 마치고 온 그녀가 제자들에게 이렇게 물었다. "너희들이 읽을 만한 책으로 그가 어떤 책들을 추천해주었니?" 남편 마크롱은 작품을 어렵게 쓰는 작가들을 싫어하기 때문에, 자기의 궁금증을 못 이기고 학생들에게 그런 질문부터 던져 본 것이었다. 브리지트는 현대 작가인 레일라 슬리마니의《부드러운 샹송》같은 작품을 즐겨 읽는 반면에 마크롱은 옛 시인인 이브 본푸아나 소설가인 셀린의 작품들을 좋아했다.

브리지트는 갑작스럽게 퇴직을 해서 자유의 몸이 되었다. 하지만 사람들의 주목을 받게 된 상태에서 후퇴를 한다는 것은 그녀에게 있어 말도 안 되는 일이었다. 마크롱 부부는 20년 동안 하나의 정열로 똘똘 뭉쳐진 채 살아왔기 때문에, 브리지트는 언제나 바쁘게 달려가는 그 남자를 항상 뒤따르는 습관을 지니고 있었다. 진로를 순식간에 변경하는 예측 불가능한 면들은 그들의 관계에 점철되어 있었다. 두 사람의 인생에서 한 시대가 열릴 때마다 새로운 삶이 그들 앞에 펼쳐졌다. 아마 불안감도 계속 그들을 뒤따랐을 것이다. 새로운 변화들은 참으로 미세한 것들이었지만 그것을 잃는다면 명백한 상실감을 줄 만한 것들이기도 했다.

그들의 인생에서 또 한 번 큰 자취를 남길 만한 대통령 출마 선언 이후, 브리지트는 투케에 사는 한 지인 앞에서 한숨을 쉬며 말했다. "힘든 상황에 처해도 잘 견딜 수 있는 사람만 계속 살아남겠죠." 어쨌든 그녀는 신기한 모험들이 계속 펼쳐지는 길을 잘 선택한 셈이다.

권력에 눈이 먼 남자들과 여자들이 자기 주변에서 하나의 광장을 만드는 모습을 마크롱도 목격하기 시작했다. 하지만 마크롱 부부는 그런 모습에 개의치 않았다. 브리지트는 예언자 피테우스처럼 앞날을 내다보는 사람이었으니 말이다. 그녀는 진실들을 통해 상대에게 타격을 가할 수 있는 능력을 지닌 유일한 사람이었다. 브리지트는 학생들 앞에서 보여주던 모습처럼 남편을 대할 때도 아주 직설적이고 명쾌한 태도를 취했다. 그녀는 작가인 필립 베송과 함께 있을 때 이런 농담을 자주 했다. "마크롱은 모든 사정을 꿰뚫어보는 아주 성가신 배우자와 결혼한 거예요." 그녀는 프로방스 지방 출장에서 다녀온 마크롱에게 "이번에 했던 강연은 좀 지루하게 느껴지더군요"라며 솔직한 말을 던진 적도 있었다.

2016년 여름에 마크롱 부부는 잠시 휴식의 시간을 갖기 위해 비아리츠에 간 적이 있었다. 그때 브리지트는 훗날 남편이 자신의 주장을 담아서 출판하게 될 책의 원고를 손에 들고 몇 대목을 반복해서 읽고 있었다. "당신의 책이 이렇게 내 손에 들어왔군요." 말과 글을 너무나 사랑하는 브리지트는 그 원고를 읽다가도 때때로 마음을 끄는 부분이 나오면 종이 위에 자기 손을 가만히 올려놓곤 했다. 또한 그렇게 했다는 것을 마크롱에게 숨기지 않았다. 2016년 여름이 되자마자 그녀는 자기의 지인에게 이런 문자 메시지를 보냈다. "한동안 너를 볼 수 없을 것 같아. 에마뉘엘의 책 검토를 마쳐야 하거든." 브리지트는 마크롱이 쓴 본래의 원고를 거의 건드리지 않았다. 몇 주 후에 마크롱의 첫 저서인 《혁명》이 출판되었다. 금방 베스트셀러가 된 이 책은 곧이어 신랄한 비판도 받게 되었다. 너무나 전형적인 틀을 채택했고 정확성이 약간 떨어지는 가벼운 문체를 썼다는 게 그 이유였다.

현대 소설을 잘 읽지 않는 마크롱은 아내에게 자기가 쓴 글에 대해서 어떤 인상을 받았는지 소감을 말해달라고 종종 부탁했다. 브리지트의 기억력은 타의 추종을 불허했기 때문에 남편에게 수많은 작가들의 말을 인용해주면서 마크롱의 글이 더 풍성해질 수 있도록 큰 도움을 주었다. 마크롱 부부는 작가의 아름다운 문장들을 사랑하는 공통된 취향을 갖고 있었다. 교편을 잡고 있었을 때 그녀는 좋아하는 작가들의 금언을 자기의 교실 벽에다 붙여놓는 습관도 갖고 있었다. 물론 교실 벽의 사방이 작은 종이들로 뒤덮인 풍경을 보고 자지러지게 놀랐던 동료 교사들과 교장에게는 미안한 일이었지만 말이다.

브리지트는 베르시에 갔을 때 마크롱을 위한 일에만 전념했다. 마크롱이 자기 진영의 사람들을 모으고 있는 동안 그의 배우자는 '앙 마르슈!'의 집행 위원회에 합류한 당원들 앞에서 자신의 매력을 마음껏 발산하고 있었다. 상원 의회 부의장인 바리자 키아리가 이런 말을 했다. "브리지트는 정말 따뜻한 사람이에요. 상상도 못할 정도로 많은 사람들이 지나가도 누가 누구인지 한눈에 파악할 뿐 아니라 모든 사람들의 이름을 잘 기억하는 사람이죠."

'앙 마르슈!' 운동 본부가 성공적으로 새 단장을 하게 되면서 몇몇 지역에 사무실을 차리게 되었는데, 브리지트는 그때부터 그 사무실을 약속 장소로 활용했다. 그리고 많은 사람들과 만나서 상담을 진행했다.

자신을 정치인 로랑 파비우스의 아주 오래된 추종자라고

소개했던 바리자 키아리조차 그 커플에게 매료되고 말았다. 대기업 간의 중대한 거래를 담당했던 은행가 출신의 남자와 그의 부인이 만들어내는 멋진 이중주에 반한 것이다. 그녀는 이렇게 말했다. "그 부부는 자유와 진보 사이의 융합을 실제로 구현하는 사람들이었어요. 저는 그 부부가 사람들에게 문학을 전파하며 교양을 심어주는 인간적인 측면이 정말 마음에 들었답니다."

여성 상원의원인 바리자는 전직 교사인 브리지트가 스스로 평가하거나 감정한 것들을 남편과 함께 의논하고 공유하는 모습을 지켜보는 게 무척 즐거웠다. 그리고 마크롱이 교외에 살고 있는 아이들의 극도로 빈약한 어휘 수준에 대해 자기 의견을 밝히면 그의 부인은 그 견해에서 제일 중요한 점을 꼭 집어 강조하곤 했는데, 그런 모습도 감동이었다. 그런 낙후된 지역에서 점점 더 늘어나는 폭력의 원천이 바로 문화적인 빈곤함이라고 할 수 있는데, 그 열악한 환경으로 인해 그곳의 청소년들은 자기의 미래를 포기하려는 감정을 더 키우게 된다는 것이다.

바리자는 여전히 즐거운 표정으로 이야기를 이어나갔다. "파리에 대규모 테러가 터졌을 때 마뉘엘 발스는 '상대를 이해한다고 말하는 것은 이미 상대의 행동을 정당화해주겠다는 뜻이다!'라고 외쳤죠. 하지만 마크롱은 발스의 생각과 반대로 테러가 우리의 후손들과 관련이 있는 미래를 향한 문제라고 주장했어요. 우리가 악마 같은 민족을 우리나라에 들여온 것이 아니므로 악의 근원부터 찾아서 그것을 뿌리 뽑아야 한다는 말이었어요."

브리지트는 자기의 마음을 끄는 주제에 관해 의견을 교환하고자 마크롱에게 달려갈 때를 제외하고는 항상 '앙 마르슈!' 정치 위원회에 가서 도움을 주었다.

아르데슈 지역의 의원인 파스칼 테라스는 다음과 같은 말을 강조했다. "브리지트는 뛰어난 전문가입니다. 그녀는 자기가 알고 있는 것들을 정말 잘 지키고 있는 사람이죠. 예를 들면 저는 그녀가 엘 콤리에 의해 마련된 법안에 반발했다는 소리를 들은 적이 없어요." 마크롱이 본래 굉장히 신중한 사람인 것처럼 브리지트도 조심스러운 방식으로 활동에 참여할 때가 많았다. 과거에 농림부 장관을 했던 프랑수아 파트리아는 마크롱의 그 신중함에 대해 이런 말을 했다. "마크롱이 당신에게 어떤 말을 전하고 싶어 하지만 실제로는 말하지 않는 것이 있잖아요? 그런데 바로 그게 마크롱 생각의 핵심이랍니다!"

프랑수아 파트리아는 과거에 심각한 교통사고의 피해자가 된 적이 있었다. 고속도로에서 역주행으로 달려오던 자동차에 치여서 큰 부상을 당한 것이다. 그때 브리지트가 보여준 진실한 배려에 파트리아는 큰 감동을 했다고 한다. "브리지트는 제 소식을 듣기 위해 여러 번 저에게 연락을 해주었어요. 그리고 마크롱의 선거 운동이 추진력을 받아서 잘 돌아가고 있다는 소식도 제게 알려주었죠. 그녀는 '앙 마르슈!' 당원들이 제게도 방문할 거라고 확신했는데 그들은 정말로 제 병실에 찾아와주었어요. 일정이 아주 빠듯하게 돌아가던 바쁜 시기였는데도 말이죠."

브리지트 마크롱은 항상 모든 일을 잘 살피는 사람이다. 마크롱의 자문위원 한 명은 이런 고백을 했다. "브리지트의 주변 사람이 심한 괴롭힘을 당했던 적이 있었는데 그녀는 그때 한숨도 못 잤답니다." 그녀는 가깝게 지내던 당원들이 '앙 마르슈!' 신당의 전략을 따르는 문제로 서로 헐뜯고 충돌했을 때, 그 사이에서 완충적인 역할을 하며 다툼을 해결하기도 했다. 이렇게 브리지트는 마크롱 선장이 모든 어려움을 극복하면서 뱃머리를 계속 잡을 수 있도록 도와주는 사람이다.

마크롱 역시 대통령 후보라는 기차에 몸을 담근 이후로 한 번도 그 길에서 탈선한 적이 없었다. 하지만 그 당시의 마크롱은 엘 콤리가 제안한 법안이 승인되었을 때 하루빨리 사임을 해서 정부의 그늘에서 벗어나는 것이 더 절박했다. 마크롱이 그렇게도 다시 가까워지기를 원했던 제라르 콜롱이 마크롱에게 내각을 떠나지 말라고 간청을 해도 소용없었다. 또한 나이 지긋한 어른인 앙리 에르망이 매일매일 전화를 걸어서 설득을 해도 마크롱의 뜻을 굽힐 수는 없었다. 그의 배우자는 이렇게 확신했다. "그는 스펀지 같은 사람이에요. 모든 사람들의 말에 귀를 기울이죠. 하지만 다른 사람의 말에 쉽게 영향을 받는 사람도 아니랍니다. 어느 누구도 자

기 마음대로 에마뉘엘을 휘두를 수 없어요." 마크롱을 좌지
우지할 수 있는 유일한 존재는 그의 아내일 것이다. 이따금
마크롱의 생각을 바꿀 수 있도록 하는 사람이 브리지트이기
때문이다.

마크롱 부부는 평일 저녁이면 자신들이 좋아하는 식당에
서 편안한 모습으로 두서없이 한담을 나누는 모습을 보이곤
했다. 언론인 스테판 베른은 다음과 같이 확신했다. "저는 정
치인의 부인들을 많이 알고 있어요. 어떤 여성은 할 말이 별
로 없는지 침묵만 지키고 있죠. 남편에게 억지로 끌려 다니
는 불쌍한 사람들이에요. 하지만 브리지트로 말할 것 같으면
그녀는 실권도 없이 자리만 지키고 있는 허수아비 같은 여성
이 전혀 아니에요." 더욱이 그녀는 자기의 남편이 정치적인
사상과 새로운 의견을 구상하는 일에 도전할 수 있도록 남편
을 이끌어주는 임무까지 맡고 있는 배우자인 것이다.

언젠가 이 일심동체의 부부에게서 저녁식사 초대를 받았
던 경험이 있는 알랭 핑켈크로트도 역시 브리지트의 뛰어난
언변을 확인한 적이 있었다. "우리는 대학에서 베일 쓰는 문
제를 화제로 삼으며 '정교政敎 분리의 원칙'에 대해서 대화
를 나누고 있었죠. 브리지트는 그 원칙에 대한 더 엄격한 개
념을 강력히 옹호하는 태도를 취하며 하고 싶은 말이 어찌
나 많은지 계속 이야기를 쏟아내더군요."

그러나 '교사의 그 연설'은 식사 자리에 모인 손님들에게
깊은 인상을 남기지는 못했다. 그녀의 남편 마크롱이 자유

롭게 열려 있는 학교의 선택권에 대해 이야기했기 때문이다. 브리지트의 주장은 특히 그녀와 반대되는 생각을 갖고 있는 마뉘엘 발스의 비판을 받았다. 그녀가 볼 때 대학 안에서까지 여자들이 베일을 써야 하는 규정은 부차적인 일이거나 전혀 중요하지 않은 문제였다. 브리지트는 돌려 말하지 않고 직접적인 표현을 썼다. 그 페미니스트는 대통령 후보자 마크롱이 선거 운동에서 주장했던 남녀의 '현실적인' 평등에 대해 확실히 불만이 많은 것처럼 보였다. 브리지트는 한 여성이 조건적으로 주어진 어느 시간에 자기 머리를 복면으로 가려야 한다는 규칙을 상상조차 할 수 없었던 것이다. 그 주제에 대한 논쟁으로 인해 하나의 정치적인 입장도 고정되었다. 즉, 마크롱의 이미지가 결정된 것이다. 사실 마크롱은 개인적으로 그 주제에 대해 아주 참신한 견해를 갖고 있었다. 베일을 쓰지 않았다는 이유로 그 젊은 여학생들을 대학에서 내쫓는 일이 어떻게 가능한 것인가? 조금 더 목소리를 높이자면 그 여학생들을 집에 가두어 놓을 이유는 무엇인가?

브리지트는 프랑스 2채널에서 방송한 현장 보도를 보고 충격을 받은 적이 있었다. 파리의 특정 구역에 있는 어느 카페에서 여성 손님들을 환영하지 않는 모습을 포착한 화면이었다. 그녀는 우물쭈물 망설이지 않고 이런 말을 던졌다. 그녀가 그런 식의 거부를 당했다면 그 가게는 즉시 문을 닫았을 것이라는 이야기였다. 마크롱 부부의 친구인 마크 페라치는 브리지트에 대해 이런 결론을 내렸다. "브리지트는 자신의 목소리를 내는 자유를 결코 포기하지 않는 여자입니다." 존경할 만큼 뛰어난 언어 구사력을 지닌 그녀는 때때로 과도하게 솔직한 표현을 사용해서 대통령 후보자와의 의사소통을 위태롭게 만들 때도 있었다.

"함께 저녁식사를 할 때면, 에마뉘엘은 브리지트의 이야기를 한 번도 끊는 법이 없더군요. 그리고 금기시되는 이야기를 스스럼없이 더 잘 꺼내는 쪽은 에마뉘엘이 아니라 그녀였어요. 결국 두 사람 중에서 더 젊은 사고방식을 가진 사람은 그녀인 거죠." 필립 배송이 이렇게 증언했다. 우리는 그녀에게 남편과 그렇게 활력이 넘치는 대화를 나눌 수 있는 비결이 무엇인지 물어보았다. 그녀는 사상가 몽테뉴가 남긴 말을 자기 방식으로 풀어서 들려주었다. "타인의 머릿속에 있는 생각과 대항하며 자기 머릿속에 있는 생각을 항상 잘 다듬어주어야 해요." 그녀는 또한 이렇게 덧붙였다. "에마뉘엘과 저는 머릿속의 생각들을 많이 다듬는 편이에요." 그녀는 '다듬다'라는 동사의 다른 의미불어의 'limer'에는 '다듬다'라는 의미 외에도 '장시간 동안 성교하다'라는 성적인 의미가 있음를 없애려는 듯이 크게 웃음을 터뜨렸다. 대통령 후보의 아내는 그런 식으로 단어에 함축된 뜻을 이용해 농담하는 것을 즐겼다.

언젠가 TMC 방송사의 〈매일 소식〉이라는 프로그램을 담당하고 있는 기자가 브리지트 마크롱과의 미팅을 마치고 나서 그녀에게 질문을 던졌다. 그녀의 배우자인 마크롱이 현재 좋은 활동을 보여주고 있다고 생각하는지를 물은 것이다. 그녀는 눈을 반짝이며 바로 대답했다. 약간 노골적인 단어를 쓰면서 말이다. "그는 정치적인 면에 있어서는 좋은 사람이 못 된다고 할 수도 있죠. 자기의 틀에 너무 깊이 갇혀 있는 사람이거든요. 그 분야만 빼고 마크롱이 잘 처신하지 못하는 영역을 전 하나도 보지 못했어요."

마크롱 부부와 정기적으로 교류를 하고 있는 배우인 피에르 아르디티는 즐거운 표정으로 이렇게 이야기했다. "고집스러운 면이 있는 브리지트는 돈 몇 푼을 위해 권위에 맹목적으로 따르는 사람이 아니에요. 보통 사람들은 누군가 자기를 떠받쳐주기를 원하지만 그녀는 자기 스스로 누군가를 지탱해주는 사람이죠. 다른 사람과의 관계에서 자기의 우위를 지키는 일을 단념하는 사람은 그녀밖에 없을 겁니다."

'앙 마르슈!' 신당의 대통령 후보자는 비판적이면서도 너그러운 시선을 필요로 하는 사람이다. 오랫동안 교편을 잡았던 브리지트는 평범하지 않은 능력을 갖고 있고, 교사들보다 더 뛰어났던 특별한 학생을 일찌감치 알아보았다. 그녀는 그 무렵의 일을 아직도 생생히 기억했다. 피에르 위렐이 찍은 다큐멘터리를 보면 두 사람의 암묵적인 협력 관계를 확인할 수 있는 장면이 보인다. 2016년 7월에 열린 '앙 마르슈!' 신당의 첫 번째 대규모 집회를 위한 예행연습에서도 마크롱 부부의 그런 모습을 발견할 수 있다.

브리지트는 무대 뒤에서 이런저런 몸짓을 취하며 자신의 동반자가 하는 연설 연습을 지도해주고 있었다. "여보, 그 부분은 너무 길게 늘어지고 있어요. 쉬어 갈 지점을 만들어야죠. 그렇게 공격적으로 몰아붙이지 말아요. 오래 버틸 수 있는 기력을 남겨둬야죠. 그 부분에서는 목소리를 좀 더 높여 보는 게 어떨까요? 목소리가 계속 가라앉고 있잖아요." 하지만 마크롱은 때때로 부인의 조언을 딱 잘라 거절하기도 했다. "그런 발언은 교수의 따분한 강의 내용 같은데?" 정치적인 무대의 뒤편에서 벌어지는 그 광경은 무척 놀라웠다. 마크롱 장관은 흥분을 감추지 않고 이렇게 말했다. "제 아내는 어마어마한 능력을 가진 여자랍니다. 그 무대 뒤에 설 때 말이에요."

정치인들과 가깝게 지내는 한 사진작가는 이런 말을 하며 마크롱 부부를 놀렸다. "저는 마크롱이 자기 부인과 함께 있는 모습을 볼 때면, 학교에서 선생님께 야단을 맞고 있는 어린 학생의 모습을 보고 있는 것 같았어요. 마크롱은 그녀와 있을 때 정말이지 다른 사람이 되는 것 같아요."

사실 브리지트는 마크롱의 활동 영역에 함께 있을 때에도 언론사 카메라의 촬영 범위 바깥에 물러나 있을 때가 많다. 그대신 그녀는 인터뷰를 하고 있는 마크롱에게 적당한 표현을 전달해주기 위해서 기자들 옆에 서서 지속적인 도움을 제공해준다. 기자들이 너무 많이 몰려와서 남편과의 거리가 멀어지는 날에는 전달할 사항을 큰 종이에 적어서 마크롱에게 보여주기도 한다. 그녀는 주변 사람들에게 남편에 대해 이런 이야기를 한다. "그이는 항상 엄청나게 열성적으로 일하는 사람이에요. 저는 그렇게 일에 전념하는 사람을 본 적이 없어요. 아주 철저한 사람이죠."

그런데 언젠가 일정이 오선지 선처럼 규칙적으로 정해져 있는 출장에서 대통령 후보자의 일정이 궤도에서 이탈되는 일이 벌어졌다.

2017년 1월 어느 날, 릴 지방에 있는 돔브로프스키 유치원에 방문했을 때였다. 에마뉘엘 마크롱은 아주 집중력 있는 자세로 유치원의 아이들과 오랫동안 대화를 나누었다. 그 아이들은 평균적인 지적 수준을 가진 다섯 살에서 여섯 살 가량의 유아들이었다. 브리지트를 통해 얻게 된 손자들과 비슷한 또래의 아이들이었던 것이다. 마크롱은 한 여자아이와 즐겁게 농담을 주고받으며 시간을 보내고 있었는데, 그 자그만 소녀는 전에 겪었던 일을 이야기하면서 "제가 어렸을 때 일어난 일이에요"라는 말로 마크롱에게 큰 웃음을 주었다. 그때 마크롱을 수행하는 직원들이 그에게 신호를 보냈다. 그 유치원을 운영하고 있는 협회의 회원이자 유치원의 교사이기도 한 직원과 만나야 할 시간이 된 것이다. 그런데 브리지트 마크롱이 직원들에게 이렇게 말했다. "여기 와서 에마뉘엘을 좀 보세요!" 그녀는 자기 남편이 어떤 책에 눈길을 던지며 관심을 보이고 있는 모습을 똑똑히 목격한 것이다. 그 책은 돔브로프스키 유치원을 운영하는 아르테모 협회에서 낸 그림책이었다. 그 책은 아주 어린 유아들이 삽화를 그렸는데 본문을 아직 채우지 못해서 빈칸으로 남겨져 있었다.

그렇게 해서 아르테모 협회의 주임인 베아트리스 카토가 마크롱에게 그 책의 사본 한 부를 선물해주었다. 그녀는 마크롱에게 이렇게 말했다. "제 손녀가 열한 살이랍니다. 그림을 아주 잘 그리는 아이죠. 그 애가 이 책에 삽화를 그려 넣은 다음에 창의성 넘치는 마크롱 씨가 그 책을 완성해주시면 어떨까요?" 마크롱은 꼭 그렇게 하겠다는 약속을 했다. 그 주임은 마크롱 부부의 매력에 빠져서 나지막한 목소리로 이런 말을 남겼다. "저는 본래 정치에는 별로 관심이 없는 사람입니다. 하지만 마크롱은 다른 정치인들과는 반대로 세상과 단절되어 있는 것처럼 보이지 않더군요." 그녀는 대통령 후보자의 아내에게 자기 집의 주소를 건네주며, 언젠가 마크롱이 그림책을 완성시켜서 자기가 사본을 받아보기를 바란다고 이야기했다. 브리지트는 이렇게 대답했다. "일단 선거 운동이 끝나면 꼭 그렇게 할게요!"

어쨌든 이 일로 대통령 후보자의 일정이 지연되어 일대 혼란이 있었다.

이 멋진 2인조는 때때로 사람들의 놀림거리가 될 만큼 커플로서의 기능을 잘 수행하는 사람들이다. 샹송 가수인 린 르노는 이런 말을 한 적이 있다. "만난 지 너무 오랜 세월이 지나서 이제 더 이상 서로를 받아들이지 않는 커플들을 저는 많이 봤어요. 하지만 마크롱 부부는 정말 끈끈한 관계를 맺고 있어요. 사랑을 넘어 선 특별한 감정을 서로에게 갖고 있는 것 같아요. 그녀는 그의 기둥이고, 그의 기둥도 그녀죠. 저는 고전 영화 〈룰루〉에서나 그런 강렬한 사랑을 본 적이 있답니다."

마크롱은 최근에 알게 된 연예계 지인들과 점심식사를 할 때에도 그녀의 이름을 적어도 두 번 이상 이야기하는 사람이다. 물론 브리지트가 참석하지 않은 식사 자리에서 말이다. 이 부부는 말 그대로 서로를 향한 포근한 애정 없이는 하루도 살 수 없는 연인들이다. 그들의 한 친구는 사랑이 절대로 식지 않는 그 단짝 커플에 대해 확신에 찬 어조로 이런 말을 했다. "마크롱은 항상 아주 열렬하게 브리지트를 갈망하는 사람이에요. 그의 내면에는 항상 그녀라는 존재가 머물고 있죠."

그 활기찬 남자의 아내는 가끔 성가신 일을 당할 때가 있다. 브리지트가 마크롱보다 나이가 훨씬 더 많다고 떠드는 기사들을 시도 때도 없이 그녀에게 상기시켜 주는 사람들 때문이다. 그녀는 한숨을 쉬며 이렇게 말했다. "그 이야기 말고도 기사로 쓸 만한 것들이 많을 텐데 말이에요. 하지만 그 문제에 대해서는 각오하고 있습니다. 아마 기자들은 우리의 나이 이야기가 아닌 다른 이야기는 결코 쓰지 않을 것이라고 예상하고 있거든요." 그녀는 이렇게 자주 빈정거리는 말을 하거나 자조 섞인 미소를 지음으로써 언론에서 흘러나오는 독설에 대응하고 있었다.

언론인 스테판 베른도 이미 마크롱 커플의 나이 차이로 인한 여러 소문들을 들은 바가 있어서 이렇게 재치 있는 말을 했다. "어서 빨리 도망쳐야 해요. 몇 년이 지나면 제 나이가 많아져서 어떤 얼굴로 변해 있을지 저도 모르거든요!"

브리지트의 외모도 언론과의 전쟁에 불을 붙였다. 나이에 맞지 않게 빛이 나는 금발의 긴 머리, 미니스커트로 항상 돋보이게 만드는 호리호리한 몸매의 실루엣, 영화배우들처럼 딱 붙는 티셔츠와 가죽 스키니 진 등이 논란을 더 부추기는 것이다. 투케에 사는 한 지인은 그녀가 먼저 마크롱 앞에서 매력을 드러냈다는 것을 확신하며 이렇게 말했다. "그녀에게는 몇 가지 비결이 있었던 거예요."

브리지트는 여자들이 마크롱에 대해 소박한 태도로 존경의 인사를 건넬 때 기뻐하는 표정을 숨기지 않는다. 파리가 아닌 지방에 있을 때나 클레 거리의 시장에 갔을 때도 그랬고, 마크롱 부부가 베르시를 떠나 정착하게 된 현 거주지인 파리 7구의 아주 세련되고 활기 넘치는 동네에서도 마찬가지였다.

"우리의 보물 같은 남자를 당신이 빼앗은 것만 같아요!", "당신을 배우자로 선택한 것을 보면 그는 분명 좋은 사람임에 틀림없어요." 여자들의 이런 찬사 아닌 찬사를 들은 브리지트는 만족스러운 표정으로 이렇게 대답해주곤 한다. "맞아요. 저도 당신 말에 완전히 동감해요."

브리지트는 자신의 배우자가 보통 사람들처럼 생각하고 행동하는 사람이 아니라는 점을 자랑스럽게 여기며 그렇게 의기양양한 태도를 보이는 것이다. 브리지트의 믿음 그대로, 마크롱은 그 나이 또래의 남성들이 엄청나게 아름답고 젊은 여자를 만날 때 드러내는 속물적인 반응을 보이지 않는다. 브리지트는 그 화제에 대한 언급을 마무리하며 마지막에 이런 말을 했다. "저희 부부는 그런 면에서도 똑같답니다."

그 부부는 너무나 바람직한 면을 많이 갖고 있어서 못된 기질을 가진 풍자 작가도 자기가 쓸 말을 쉽게 찾지 못할 것이다. 사실 그 특별한 커플을 비꼬고 싶은 강렬한 유혹에 어떻게 저항할 수 있겠는가? 문자 그대로 너무나 독특하고 너무나 나이 차이가 많이 나는 커플을 말이다. 그럼에도 불구하고 지치지 않고 재미를 추구하는 사람들 앞에는 결코 고갈되지 않는 생명의 양식은 늘 준비되어 있는 법이다.

예를 들어 영화배우인 로랑 게라는 마크롱 부부와 사적으로 인사를 나누었던 사람인데도 불구하고 프랑스인들이 제일 많이 보는 방송 프로그램에 출연했을 때 대중들이 제일 열광적으로 조롱하고 있는 인물로 마크롱 부부를 꼽았다. 2017년 1월 초의 일이었다. 로랑 게라는 옛 총리인 마뉘엘 발스 앞에서 발스의 경쟁자를 마음껏 비웃었다. 발스는 만족스러운 표정으로 웃고 있었다. 로랑은 마크롱을 혀 짧은 소리를 내는 어린 아이로 설정했다. 그 어린 아이가 여론 조사에서 큰 지지를 받은 일로 몹시 자랑스러워하는 모습을 흉내 냈고, 그 성과를 자축하기 위해 자기 할머니가 앉아 있는 의자를 잡고 계속 즐거워하는 모습도 흉내 냈다. 그런데 스튜디오의 계단에 걸쳐 있던 그 안마 의자는 오후 시간대에 나가는 광고를 통해 많은 시청자들이 구경했던 소품으로, 광고 속에서 퇴직자들을 위한 상품으로 설정된 의자였다.

브리지트 마크롱에 대해서는 그녀를 아주 나이 많은 할머니로 설정해서 흉내를 냈다. 기력이 별로 없어서 곧 쓰러질 것만 같은 원로 배우인 잔 모로의 콧소리 섞인 목소리를 흉내 내며, 자기의 전기 마사지 침대를 망가뜨린 어린 마크롱에게 으르렁거리는 모습으로 묘사한 것이다. 그러나 브리지트 역할로 등장한 그 할머니는 절대 군주가 되기를 꿈꾸는 장난꾸러기 손자에게 화를 내지 않고 있었다. 왜냐하면 그 악동에게서 플레이스테이션 게임기를 뺏기 위해 정신이 산만해졌기 때문이다.

그날 아침 RTL 방송사 스튜디오에 있던 모든 사람들은 그 짓궂은 풍자에 완전히 푹 빠진 것처럼 엄청난 폭소를 터뜨렸다. 특히 마뉘엘 발스는 자기가 이끌었던 '민중의 아름다운 동맹'에 소속된 정치인들이 결선 투표를 위해 한창 선거 운동을 하는 모습을 흉내 내자 아주 뿌듯해하며 크게 웃었다.

그보다 한 달 전에는 신랄하게 비꼬는 특기를 가진 방송인 제롬 코망데 역시 방송에서 점잔을 빼지 않고 마음껏 자기의 실력을 발휘했다. 자신이 진행을 맡고 있는 유럽 1채널의 프로그램에서 마크롱 부부를 신나게 풍자한 것이다. 그는 브리지트 마크롱이 가수 아만다 레아의 목소리를 갖고 있는 것처럼 설정하고는, 포트 드 베르사유 컨벤션 센터에서 열린 첫 행사의 성공적인 개최로 아직도 흥분을 가라앉히지 못하는 자기 아들에게 이성을 찾게 해주는 엄마의 모습으로 묘사하고 있었다. 열네 살로 설정된 그 청소년은 자기의 연설이 절정의 순간에 도달했던 15분간의 기억 때문에 아직도 진정되지 않은 상태였다. 그래서 엄마 브리지트는 아들 마크롱의 병이 도지는 것을 막기 위해 그를 방 안에 가둬놓았다. 하지만 몇 분이 지나자 그 아들은 '브리지트의 늘씬한 다리 서비스'조차 거부했다. 아직 스무 살이 안 된 시청자들은 알아보지도 못할 옛날 상품들이 튀어나오기도 했다. 마크롱 역할을 맡은 그 소년은 학교에 돌아가서 마침내 '미엘 팝스' 시리얼과 '네스큅' 음료를 삼키고 자기의 '키커스' 신발 쪽으로 몸을 숙여 신발 끈을 묶었다.

시치미를 뚝 뗀 채 진부한 성 차별적인 발상을 이용해 가볍게 시시덕거리는 그 불쾌한 촌극들은 그 이상의 이야기를 들려주지도 않았다. (그 촌극 내용에 따르면 50대와 60대의 여자들은 자기보다 더 젊은 남자들과 연애를 할 권리조차 없는 깃처럼 보인다. 그녀들과 비슷한 나이대의 남자들은 정반대로 젊은 여자들과의 연애를 자유롭게 즐기는데 말이다.) 또한 그 촌극을 만든 제작자는 어른과 그의 아이가 맺고 있는 관계를 건드렸다. 그리고 후견인과 후원을 받고 있는 약자의 관계도 건드렸다. 게다가 교사와 학생이라는 역할 설정을 함으로써 사람들이 위반 행위라고 생각할 수도 있는 그 금기에 대해 손가락질을 한 것이다.

마크롱 부부를 향한 조롱은 아주 경박한 방식을 이용했기 때문에 두 사람의 나이라는 유일한 문제를 넘어서 더 멀리 나가지도 못했다. 게다가 소문 퍼뜨리기를 즐기는 수다쟁이 여자들 말마따나 쿠거 족자기보다 나이가 어린 연하의 남자와 연애 혹은 결혼하는 연상의 여인, 혹은 연상녀-연하남 커플을 지칭하는 신조어이 한참 유행을 타고 있는 이 시대에 말이다. 라디오 방송 프로그램인 〈웃음과 샹송〉에서는 고약한 풍자극에 맞서고 있는 마크롱 부인의 인내심이 로베르 마르샹의 인내심과도 견줄 만하다는 말이 나와서 사람들이 폭소를 터뜨렸다. 로베르 마르샹은 105세의 나이로 자기의 최고 기록을 경신해서 화제가 되었던 사이클 선수이다.

다시 RTL 방송사 이야기로 돌아가 보자. 아주 오래된 인기 프로그램인 〈그로스 테트〉에서 초대 손님들이 노화와 노화의 단점에 대한 대화를 길게 늘어놓은 적이 있었다. 배우인 샹탈 라드수가 마이크를 잡고는 그때 막 초대 손님들의 칭찬을 받았던 마크롱 부부와 자신이 잘 아는 사이라고 발언했다. 그때 플로리앙 가장이 끼어들더니 그녀에게 그 부부에 대한 생각을 물었다. 그러고는 다음과 같이 공개적으로 조롱의 말을 던졌다. "마크롱이 그 선생님 앞에서 자기 목소리를 제대로 내기는 하나요?"

그렇게 희롱하는 모든 이야기들이 효과를 본 것은 아니었다. 마크롱 부부가 손을 꼭 잡은 채 사람들 앞에 더 당당히 나섰기 때문이다. 그렇지만 사람들은 그런 모습을 보고도 날라지지 않았다. 수많은 잡지들의 표지를 장식하며 환하게 웃고 있는 그 커플의 사진 뒤로는 대중들의 마음을 사로잡으려는 분명한 전략이 숨어 있다고 믿었기 때문이다. 마치 케네디 가의 부부 사진을 표지에 넣어서 즉각적인 관심을 얻으려는 것 같은 속셈이라고 짐작한 것이다. 여론조사 업체인 '해리스 인터랙티브'에서 정치와 여론 부서의 부장인 장다니엘 레비는 그런 현상에 대해 이렇게 해석했다. "사실 정계에 있는 사람이 그렇게 한 쌍의 커플로 등장하는 모습을 보여주면 나중에 성공적인 결과를 얻을 때가 많긴 해요." 그는 이어서 이렇게 말했다. "어쨌든 마크롱 부부가 늘 함께 활동을 하는 것은 그들이 서로에게 뿌리를 내리고 있고 서로 사랑하고 있으며, 결코 개인적으로 바람을 피워서 관계를 깨뜨리지 않을 것이라는 사실을 증명하고 있어요. 이 사실은 특히 선거 운동 초반에 혼자 활동했던 마크롱의 상황을 회상해보면 굉장히 흥미로운 점이죠. 지금 이렇게 많이 모여 있는 정치적인 측근들이 그 당시에는 거의 없었고, 각종 시민 사회 단체의 회원들로부터 전폭적인 지지를 받으며 혜택을 받게 된 것도 최근에 들어서였으니까요." 정치학자이기도 한 레비는 정치인의 이미지라는 측면에 있어 큰 타격을 준 한 사건도 환기했다. 바로 프랑수아 올랑드 대통령이 여름휴가를 즐기는 모습이 담긴 작위적인 사진들을 기사에 실었던 일화를 말하는 것이다. 그것도 혼자 해변에 앉아 있는 모습을 말이다. 게다가 그는 자외선 크림도 혼자 바르고 있었기에 더 조롱거리가 되었다.

하지만 마크롱의 그 비정상적인 사랑 이야기는 단번에 사람들 마음에 충격을 주며 그들을 사로잡았다.

사실 2년 6개월 전만 해도 아직 대중들에게 알려져 있지 않았던 마크롱에게는 언론 매체로의 잠입을 즉시 서두르는 일이 시급했다. 즉, 사람들의 마음을 끌 수 있고 즉각적인 효과를 낼 수 있는 흥미로운 이야기를 만드는 전략이 필요했던 것이다. 정치부 편집자인 브루노 주디가 방송에서 해석했듯이 마크롱은 자기의 이름을 널리 알리고 국민의 호평을 얻고자 하는 계획을 잘 실현시켜 줄 수 있는 매체로 〈파리마치〉 주간지가 적당할 것이라고 판단했다.

마음이 급했던 그 30대의 실용주의자 마크롱은 자신의 존재를 사람들에게 분명히 각인시키려는 계획을 세우고 자신의 선택에 대한 확신을 가졌다. 그는 이렇게 설명했다. "저는 많은 국민들이 시청하는 프랑스 2채널의 〈앙케이트 정보〉 프로그램을 보지 않거나 신문을 읽지 않는 프랑스인들에게도 제 이름을 알려야겠다고 생각했어요." 그래서 그는 2016년 말에 프랑스 2채널의 방송팀을 따라서 뉴욕까지 다녀왔던 것이다. "맞아요. 저는 프랑스에서 제일 큰 민영 텔레비전 채널인 TF1에도 나갔습니다. 황금 시간대인 밤 8시 방송에 지속적으로 출연했죠." 그가 여러 번 강조했다. 하지만 마크롱의 그 활발한 방송 출연으로 인해 사회당의 중진들이나 독설가들의 심기가 불편해졌던 것은 아니다.

마크롱의 지지자인 방송 제작자 사브리나 루바쉬는 그를 옹호하며 이렇게 말했다. "아주 간단히 말해서 마크롱은 이 시대를 대변하는 젊은이라고 할 수 있어요. 그는 사회적인 관계망 속에서 자신의 이미지를 성장시켰죠. 윗세대 정치인들이 가진 이미지와 전혀 다른 이미지를 만든 참신한 인물이에요. 그는 대중들이 자신의 이야기에 귀를 기울이게 만들기 위해서 '이미지'라는 것이 필수적인 도구라는 것을 깨달았던 거예요. 마크롱의 이야기를 들어보면 사람들로부터 나르시시스트라는 말을 들어도 상관없다고 생각하는 것 같았어요. 하지만 자기도취에 빠진 사람이라면 한 여성과 20년 동안이나 함께 시간을 보낼 수 있을까요?"

그는 열정적인 기질과 강인한 의지력을 통해 자기가 꿈꾸던 집단에 들어가서 그 안에서 정착까지 할 수 있었다. 그가 아직 장관으로 재직하고 있던 가을부터 네 달이 지나 겨울이 되었을 때 마크롱은 30%의 지지율을 얻었다. 대단한 성과였다! 그런 기록에 대해 장다니엘 레비는 이렇게 강조했다. "마크롱처럼 재정경제부 장관이었던 미셸 사팽은 오늘날 대중들에게 예전만큼 잘 알려져 있지 않죠."

그때부터 마크롱 부부는 여론에 확실한 인지도를 새기게 되었다. 한 사람도 아니고 두 사람이 함께 말이다. 마크롱은 2017년 1월 14일에 릴 지방의 '제니트 공연장'에서 대통령 선거 유세를 위한 연설을 했다. 그때 모인 인원은 무려 5,000여 명이었고 앉을 자리가 없어서 공연장 외부에 나가서 연설을 지켜봤던 인원은 500여 명 이상이었다. 그곳에 있던 한 택시 운전사는 이렇게 빈정거렸다. "마크롱이 오늘 아침에 엘름의 서민적인 동네에 있는 학교에 방문한 것 같더군요. 교사인 마크롱 부인이 그 동네에 가보라고 바람을 넣은 게 분명해요. 왜냐면 그는 그런 세계에 대해 모르는 사람이거든요. 그저 재무 감독관 출신일 뿐이죠. 파리에서 열린 대규모 집회에 나타난 그의 모습을 보셨겠죠? 그는 어떻게 외쳐야 하는지도 모르더군요. 그가 이끄는 집단에서는 그런 행동을 하지 않기로 한 것일까요? '우리는 절대로 외치지 않습니다!' 하고요."

정치가들의 부인들 중에 브리지트 마크롱처럼 많은 사람들이 바로 알아보는 인물도 드물 것이다. 파리의 거리에서는 그녀를 알아보는 사람이 너무 많아서 브리지트는 이제 짧은 거리를 이동할 때 늘 타곤 하던 전철을 이용하지 않는다. 그리고 유명한 스타들이 자신의 얼굴을 숨기기 위해 그렇게 하듯 모자와 선글라스를 쓴다. 일상적인 모습이 사진으로 찍혀서 비난의 대상이 되는 것을 피하고 싶기 때문이다.

2017년 1월 릴에서 열린 집회가 성공적으로 마무리되었을 때 군중들은 마크롱을 둘러쌌다. 가는 곳마다 열광적인 반응을 일으키며 일주를 마친 시점이니만큼 그의 인기는 대단했다. 그래서 그는 대기실로 서둘러 탈출을 해야 했다. 그러나 브리지트는 자기에게 셀프 카메라 모드로 사진을 찍자고 부탁하는 많은 사람들의 요청을 들어주기 위해 조금도 언짢은 기색 없이 사진을 찍고 있었다. 그 수많은 군중 속에서 자기의 옛 제자들을 알아본 브리지트는 그 아이들과 포옹하며 시간을 보내기도 했다. "너 여기서 대체 뭘 하는 거야? 교실에서는 아주 얌전했던 학생이었잖아!" 어떤 부인은 그녀에게 마크롱의 저서를 내밀며 그 책에 사인을 해달라고 부탁했다. "제가 쓴 책도 아닌데 여기에 사인을 해달라고 하시니 좀 난처하군요." 하지만 브리지트는 즐거운 표정으로 그 부담스러운 부탁을 들어주었다.

사실 몇 분 전에 마크롱은 무대 위에서 공개적으로 자기 부인에게 사려 깊은 감사의 인사를 전했다. 물론 그가 어릴 때부터 좋아한 외할머니를 향해서도 감사의 표시를 했다. "브리지트! 나와 당신 사이에는 거의 한 세대에 가까운 시간이 자리 잡고 있어서 내가 당신 곁에 있게 될 것이라고 예측할 수 있는 운명의 길이 하나도 보이지 않았죠. 그러나 우리 앞에는 당신을 사랑하는 사람들과 그 수많은 만남들이 있었어요. 사회에서 인간을 해방시켜 주는 초석이 되는 그곳 바로 학교가 우리에게 있었던 겁니다."

마크롱에게 늘 세심한 보살핌의 손길을 주는 그 배우자의 존재는 중요했다. 그것도 아주 많이 중요했다. 그는 선거 유세를 했던 공연장 안의 대기실에서 잠시 머물다가 그곳을 나오며 누군가를 찾고 있었다. 대통령 후보자는 마주치는 모든 사람들에게 말을 걸었다. "브리지트 봤나요? 그녀가 어디에 있죠?" 마크롱은 매우 상기된 표정으로 평범한 시민들에게도 그렇게 묻고, 자신에게 축하 인사를 하려고 온 친구들에게도 같은 질문을 던졌다.

선거 운동 초기에 브리지트 마크롱은 언론사의 인터뷰에 응하지 않았다. "프랑스에서 가장 사진이 많이 찍힌 사람일 텐데, 그녀의 직분은 아마 껍데기뿐인가 보네요." 2월에 에마뉘엘 마크롱이 프랑스 엥테르 방송사에 초대된 날 샬린 바노나케르는 자기가 진행하는 프로그램에 나와서 이렇게 비꼬았다. 마침 그 당시에 프랑수아 피용의 아내인 페넬로페 피용의 스캔들이 터지면서 국민들이 분노하고 있던 참이라 그런 뼈 있는 농담을 던진 것이다.

옛 재정경제부 장관인 마크롱을 보좌하는 사람들 중 한 명이 1월 말에 이렇게 짧게 고백했다. "현재로서는 저희 당원들은 브리지트에게서 멀리 떨어져 있지 않습니다." '멀리 있지 않다'는 표현이 그녀에 대한 모든 것을 말해주고 있다. 그녀는 대통령 후보의 매력을 더 잘 드러내주는 성공의 열쇠가 되기도 하고, 해로운 적에게는 타격을 입히는 존재인 것이다. 물론 언론을 통해 자신들을 당당하게 드러낸 용기와 더불어 격식에 얽매이지 않은 자유로웠던 발언들 덕분에 힘을 얻기도 했을 것이다. 그녀는 자기 남편이 화가 나서 흥분되어 있을 때 그가 하는 연설에 대해 경계심을 갖고 있다. 브리지트는 화를 내지 않고 항상 온화한 마음을 지니고 있는데 바로 그런 면이 사람들의 마음을 가장 강력하게 사로잡을 수 있는 유용한 수단이 되었다. 리옹에서 열린 선거 유세를 취재했던 〈파리 마치〉는 마크롱 부부의 자연스러운 모습을 찍은 사진들로 여섯 쪽이나 되는 지면을 가득 채운 후, '커플의 소식'이라는 표제로 기사를 만들고 2월 4일에 주간지를 판매했다.

정치학자인 장다니엘 레비는 이런 해석을 내놓았다. "부인을 무대 위로 끌어들이지는 말고, 사적인 삶을 약간 보여주면서 중앙이 아닌 가장자리에 머물게 하는 게 제일 좋은 전략일 겁니다." 마크롱은 힘차게 전진하는 과정에서 그런 전략을 자연스럽게 깨달았을 것이다.

제9장

자유로운 부부,
성공을 보장하는 부부

2016년 11월, 마크롱의 인생에서 가장 핵심적인 길잡이 역할을 해준 스승인 앙리 에르망의 장례식이 생쉴피스 광장에서 진행되고 있었다. 그는 여러 기업을 경영하며 부동산 분야와 언론계에까지 막강한 영향력을 행사했던 거물이었다. 마크롱은 그런 그의 소개로 전 총리 미셸 로카르를 만나기도 했다. 로카르는 마크롱처럼 프랑스만의 사회민주주의를 고안해야 한다는 생각을 가진 인물이었다. 이제 이 땅에서 사라지고 없는 90대의 사업가는 생전에 젊은 마크롱의 매력에 매료되었으며, 그의 명민함과 가능성을 단번에 알아차렸다.

고인의 친구들과 '앙 마르슈!'의 후원자들에게 바쳐진 장례 미사는 한 시간 반 동안 이어졌다. 마크롱 부부는 미사가 끝난 후에도 생쉴피스 교회 앞에서 비에 젖은 길의 포석을 밟으며 서성거렸다. 기자이자 작가인 에릭 포토리노와 정치인인 장마리 카바다는 뒷모습을 보이며 그 자리를 떠나고 있었다. 가을철 어느 금요일 오후의 쓸쓸한 풍경이었다.

앙리 에르망은 생전에 마크롱의 결혼식에서 마크롱의 친구인 마크 페라치와 함께 결혼식의 증인이 되어주기도 했다. 마크롱은 슬픔에 잠긴 채 사방에서 터지는 카메라 플래시에도 개의치 않고 장례식에 참석한 사람들과 고인에 대한 이야기를 나누었다. 그러나 브리지트 마크롱은 물밀 듯이 몰려온 취재진들과 마치 공모자라도 된 듯 익숙한 모습을 보였다. 그녀는 운전기사가 대기하고 있는 차로 도망가는 대신 카메라 앞에서 엷은 미소를 짓고 있었던 것이다. 그 앞을 지나던 학생들도 마크롱의 모습을 알아보고 스마트폰을 꺼내 사진을 찍기 시작했으나, 브리지트는 평소에 즐겨 입던 검은색 스키니 진을 입은 채 남편 곁을 떠나지 않았다. 그녀는 자신의 고유한 이미지를 드러내면서 마크롱의 손을 잡고 당당하게 걷기도 했다.

한 카메라맨은 장례식의 음울한 장면들을 포착하기 위해 서둘러 사진을 찍으며 약간 빈정거리는 말투로 이런 농담을 던졌다. "아무튼 브리지트는 즐기고 있는 것 같군요. 자기 사진이 신문에 나오는 걸 말이죠."

수많은 사진 사냥꾼들이 앞을 다투어 마크롱 부부의 자동차 주변으로 날쌔게 달려갔다. 언제나 바쁘게 살았던 마크롱에게 많은 도움을 베풀어주었던 한 유명인사의 장례식은 그렇게 마무리되고 있었다. 남겨진 것은 앙리 에르망을 묘지에 안장하는 수많은 스타들의 모습과 사진 세례를 받고 있는 자유로운 부부의 모습이 담긴 사진들이었다.

잼을 담은 병에 손을 집어넣었다가 병 입구에 손이 끼어도 당황하지 않는 아이는 그것을 지켜보는 어른을 놀라게 한다. 에마뉘엘 마크롱은 바로 그런 아이였다. 그는 올랑드 대통령의 측근들이 자신에게 부과했던 순수한 이미지를 최대한 활용하면서 사람들을 놀라게 했다.

2016년 어느 봄날, 마크롱은 가슴에 손을 얹고 마음속으로 맹세를 하고 있었다. 올랑드 대통령이 텔레비전 방송을 통해 자기 의견을 발표하기로 한 날, 마크롱 부부도 발언을 해달라고 부탁한 〈파리 마치〉의 요청을 반드시 거절하겠다는 맹세였다.

당시 지지율이 밑바닥까지 추락했던 올랑드 대통령은 다른 사람의 이야기는 아예 귀에 들어오지도 않는 것처럼 굴었다. 때문에 마크롱에 관한 소문들은 걷잡을 수 없이 늘어났고 언론계도 덩달아 들썩거렸다. 미약하고 불안정한 대통령의 목소리는 다른 뉴스거리를 통해 잘 감춰지고 있었고, 올랑드의 측근들은 그런 상황을 애써 모르는 체하고 있었다. 마뉘엘 발스 총리의 측근들도 태도는 마찬가지였다. 소문에 대한 해명을 하라는 독촉이 빗발치자 마크롱은 진행하고 있던 런던 출장의 일정을 축소시켰다. 그는 자신의 장난꾸러기 손자들이 자주 쓰는 말을 입에 올렸다. "제가 그런 게 아니에요." 마크롱은 자신의 명예를 회복하기 위해 애쓰고 있었다. 그러나 〈파리 마치〉의 기자가 만난 사람은 마크롱이 아니라 그의 부인이었다. 브리지트는 자신의 인터뷰가 어떠한 파장을 불러일으킬지 예상도 하지 못한 채 큰 신뢰감을 지닌 태도로 기자를 만났다.

브리지트는 오랜 세월 동안 기독교 신앙의 영향을 받으며 살아왔다. 그래서 자신이 교황에게 볼 키스 인사를 하는 사진이 신문에 실리는 것을 별로 대수롭지 않게 여겼다. 브리지트는 그 사진을 기자에게 건네주었다. 그녀는 그런 자유로운 기질을 이미 여기저기서 자주 보여준 사람이었다. 〈파리 마치〉의 기자는 브리지트의 지인들과도 좋은 관계를 유지하고 있다고 말하며 브리지트의 마음을 편하게 해주었다. 그녀는 기자에게 수많은 가족사진을 건네주었고 아주 내밀한 비밀 이야기도 털어놓고 말았다. 괴짜처럼 보이는 그 기자에게 강한 호기심을 느낀 브리지트는 자신의 남편에 관해 이렇게 단언했다. "에마뉘엘은 겉으로 보기에는 태평한 것처럼 보이지만 결심이 아주 분명하고 늘 확신에 차 있어요. 그는 일중독자이지만 동시에 말을 탄 기사 같기도 하죠. 보기 드문 지성미와 특별한 인간성을 갖춘, 마치 다른 행성에서 날아온 것 같은 특이한 인물이에요. 세상의 모든 지식이 그의 머릿속에 자리를 잡고 있다가 그게 필요할 때가 되면

툭 튀어나오는 것 같아요. 그는 또 훌륭한 철학자이고 연극 배우였다가 은행가가 되기도 했고요. 이제는 정치인이 되었죠. 아, 아직 자기 작품을 출판하지 않은 작가이기도 해요. 저는 그가 쓴 작품의 원고까지 가지고 있답니다."

브리지트는 남편이 관련된 나쁜 소문들을 잠재우기 위해 이 인터뷰를 결심하게 되었다고 밝혔다. 인터뷰 계획을 알리자 마크롱은 그저 조심하라는 충고만을 했다고 한다.

마크롱에 대한 찬사로 가득한 브리지트의 인터뷰가 신문에 실리고 말았다. 마크롱은 그 기사에 대한 자기의 입장을 이렇게 밝혔다. "제 아내는 아직 언론의 체계에 대해 잘 모르는 사람입니다. 더욱이 그녀는 그런 말들을 인터뷰에서 한 것을 많이 후회하고 있어요." 마크롱은 브리지트가 마지못해 자신의 입장을 양보하게 하는 것보다 차라리 자기의 발언들로 인해 벌어진 일에 서툰 방식으로나마 책임을 질 수 있도록 만들며 이렇게 덧붙였다. "게다가 우리가 함께 그 인터뷰를 했다는 소문은 허튼 소리죠." 사실 그 일은 책임감을 느낄 만한 일이기는 했지만 비난을 받을 만한 일은 아니었다. 적어도 그녀가 큰 잘못을 했다고 볼 만큼 설득력 있는 근거는 거의 없었다. 격식을 따지지 않는 당찬 남자는 나쁜 소문을 만들어내는 선동꾼들을 자기만의 방식으로 잘 다루는 비결을 알고 있었다. 그리고 자신이 가진 그 자유로운 분위기를 이용해서 명예를 회복하곤 했다.

브리지트의 인터뷰 때문에 언론계는 정치적인 이슈로 요

란스럽게 들썩였다. 브리지트는 혼란스러운 상황이 발생된 데에 한몫을 했다는 자책감을 여전히 씻어낼 수 없었다. 마크롱의 보좌관인 메조 보스는 브리지트가 그 소동 이후 수개월이 지나는 동안 힘든 시간을 보냈다고 밝혔다.

그런 일이 벌어지긴 했으나 2016년의 봄을 맞이한 에마뉘엘 마크롱은 큰 불안감을 느끼지 않았다. 인간을 먹어치우는 거대한 괴물 미노타우로스처럼 언론도 결국 먹잇감을 발견하면 재빨리 거기에 달려드는 습성을 가졌을 뿐이라는 것을 잘 알고 있었기 때문이다. 때문에 주저하지 않고 당당한 행동을 취하는 것은 주요한 태도였다. 마크롱 부부의 그런 점이 그들을 신용할 만하며 여러 분야에서 모범이 되는 사람이라는 인식을 심어주었다. 사람들의 마음속에 두 사람에 관한 의심이 자라나는 것처럼 느껴지면, 마크롱 부부는 바로 솔직하게 자신들의 모습을 드러내는 방식으로 대처했다.

런던 출장을 앞둔 부부는 기자들이 따라올 것을 예측하고 있었다. 마크롱은 이렇게 말했다. "가장 중요한 것은 우리 두 사람의 맹세입니다. 우리에게는 서로가 가장 중요하다는 뜻이죠. 그 점에 대해서라면 누가 질문하더라도 뜸들이지 않고 즉시 대답할 수 있습니다."

점점 더 유명해지던 마크롱 부부는 마치 와인을 한 모금 한 모금 음미하듯 자신들의 명성을 즐기고 있었다. 두 사람은 오랫동안 세간을 의식하며 자신들의 사랑을 조심스레 감추어야 했다. 이제 두 사람의 존재가 널리 알려지고 사람들 앞에 당당하게 나설 수 있게 되었으니 그 행복을 억누르기 어려웠을 것이다. 뿐만 아니라 그들의 이야기는 최고 통치자들의 기사가 실리는 유서 깊은 잡지의 1면을 차지하기도 했다. 마크롱 커플을 비정상적이라고 몰아갔던 권위적인 사람들에게 통쾌한 복수를 한 기분도 들었을 것이다. 그들의 기사가 실린 〈파리 마치〉가 발간되자, 다른 중산층 도시에서도 그랬던 것처럼 그들의 고향인 아미앵에서도 보수적인 시민들이 누구인지 금방 구별할 수 있게 되었다.

두 사람은 사실 2007년까지도 둘의 관계를 묻는 사람들의 질문에 자신들이 연인 사이라는 것을 공식적으로 드러낼 수 없었다. 그로 인해 받게 된 마음의 상처는 두 사람 모두에게 고통스러운 흔적을 남겨놓았다. 마크롱 부부가 자신들의 사랑을 온 세상에 밝히려는 강렬한 욕구를 지니게 된 것은 아마 그런 과거사 때문일 것이다. 그러나 브리지트를 자신과 함께 내세워 부각시키려는 마크롱의 의지는 그와 비슷한 지위를 가진 동류 집단 사람들의 심기를 불편하게 만들었다. 일단 대중들의 마음은 사로잡았다고 하더라도 말이다. 그래서 어떤 하원의원은 "정치는 자기도취적인 마음의 상처를 치료하는 수단이 되어서는 안 됩니다"라며 자신의 속마음을 내비쳤다. 대선은 결코 개인적이라고 할 수 없는 공동체적인 모험이었다. 그는 모험에 덤벼든 마크롱이 사생활에 집중하는 바람에 자칫 집단적인 행보를 소홀히 할까 걱정하는 듯했다.

게다가 2016년 여름에는 마크롱 부부의 자기 노출이 위험 수위에 도달했음을 알리는 경보가 울렸다. 사랑에 푹 빠진 듯한 마크롱 부부의 사진이 〈파리 마치〉 제2호에 실렸기 때문이다. 비아리츠 해변에서 수영복 차림으로 물놀이를 하던 마크롱 부부는 사진 속에서 놀란 듯한 표정을 짓고 있었다. 지면 중 가장 잘 보이는 자리는 브리지트의 사진이 차지하고 있었다. 그녀는 나이를 따지는 것이 진부한 일이라는 것을 보여주기라도 하려는 듯 화려한 꽃으로 장식된 수영복을 입고 있었다. 날씬한 몸매도 그녀를 더욱 젊어 보이게 했다. 마크롱은 사립 엘리트 학교의 학생들이 주로 입을 것 같은 물방울무늬의 수영 팬츠를 입고 있었다. 그는 마치 모래밭에서 친구들과 배구 시합을 즐기는 학생처럼 보였다.

기사의 안쪽 지면에는 다소 진부한 장면을 찍은 사진들이 실렸다. 사진의 무대는 마크롱의 친구가 소유한 휴양지 근처의 아파트였다. 그 아파트의 테라스에서 마크롱은 노트북 컴퓨터로 자신의 저서를 마무리 지으며 활짝 웃고 있었다. 브리지트는 마크롱의 어깨를 감싸 안고 애정이 넘치는 눈길로 그를 내려다보고 있었다. 편안한 모습의 마크롱은 기본적인 디자인의 폴로셔츠를 입고 있었고, 브리지트는 정성들여 화장한 얼굴을 당당하게 드러내고 있었다. 모두 부부의 자연스러운 일상을 우연히 포착했다고 주장하는 듯한 사진들이었다.

하지만 그 주장을 믿는 사람들은 없었다. 〈파리 마치〉에 실린 사진들은 지나치게 확대하여 뿌옇게 나오기 쉬운 일반적인 파파라치 사진들과 완전 상반된 것이었다. 오래전에 사르코지 부부가 해변에서 물장난을 하거나 그들이 마치 발랄한 청소년들처럼 헬멧도 쓰지 않고 한 스쿠터에 올라타서는 먼 곳으로 내달리는 모습을 몰래 찍은 사진들과는 아예 달랐다. 이렇게 어설픈 수법은 도리어 마크롱 부부를 '설정된 포즈나 취하는 가식적인 유명인'들이라고 인식하게 만들었다.

파파라치들은 사생활을 침해하는 무례한 행동이 유명인의 입을 열게 한다는 사실을 자랑스럽게 여기곤 했다. 또 그들은 자신들이 찍은 사진의 힘이 얼마나 강력한 것인가도 잘 알고 있었다. 편안한 차림으로 대화를 나누는 두 사람의 사진 한 장이 사진 속 인물의 이름을 영원히 남게 만들기도 했던 것이다.

평소 비공식적인 자리에서 농담을 자주 하던 프랑수아 올랑드 대통령은 〈파리 마치〉에 그 기사가 실린 이후, 저녁에 자기를 방문하는 손님들에게 브리지트 마크롱의 실질적인 영향력에 대해 점점 더 자주 물어보게 되었다. 그녀가 왠지 마음에 걸리고 자신을 자주 놀라게 만들기 때문이었을 것이다. 또한 총리였던 마뉘엘 발스는 〈익스프레스〉와의 인터뷰에서 그 기사를 언급하며 호통을 쳤다. "저는 마크롱 같은 행동을 하는 사람이 아닙니다. 그런 뻔뻔한 쇼에는 동참하지 않아요.”

마크롱의 적수들은 그가 장관직에서 사임할 준비를 하자
그를 공격할 새로운 방법을 찾아냈다. 브리지트의 모습이
눈에 띈 것은 필연적이었다. 정적들의 눈에는 그녀가 맥베
스 부인의 역할을 하고 있는 듯 보였을 것이다. 비극적인 사
건은 그녀에 의해 진행될 것이며 브리지트는 힘이 없는 남
편을 파멸로 이끌고 갈 것처럼 보였을 것이라는 말이다. 하
지만 브리지트는 적들의 그런 시선을 받아들일 수 없었다.
그녀는 친구인 필립 베송에게 “하지만 나는 음모를 꾸미는
책략가와는 정반대의 인물이야” 하고 말했다고 한다.

사실 브리지트는 신중함보다는 자유분방함이 더 어울리
는 사람이었다. 그녀는 남편을 찾아온 방문객들에게 자신의
심정을 솔직하게 토로하기도 했다. 심지어 그녀가 잘 알지
도 못하는 손님에게도 자신의 남편이 은행가였을 때는 생활
비를 아주 많이 벌어서 그 시절에는 세금을 대단히 많이 냈
다는 이야기를 했다. 그때부터 남편은 정치적인 야망 외에
다른 것은 꿈도 꾸지 않았다는 이야기를 들려주었던 것이
다. 그 이야기를 들은 손님은 브리지트가 첫 만남에서 너무
나도 직설적이고 대담한 단어들을 쏟아내어 충격을 받았다
고 전했다.

브리지트는 누군가에게 말을 하기 전에 심사숙고하거나
휴대폰으로 문자 메시지를 전송하기 전에 몇 번이고 내용을
읽어보고 검토하는 사람이 아니다. 그녀는 그저 ‘평범한’ 삶

에 속하는 일상생활을 영위하고 있을 뿐이다. 무엇이든 지나치게 솔직하게 말하는 성격 때문에 그녀는 사회생활을 하는 도중 종종 난감한 상황에 놓이기도 했다.

2016년 7월 초에 브리지트는 엑상프로방스에서 열린 경제인 학회 모임에 남편과 함께 초청을 받았다. 학계에서 큰 영향력을 갖고 있는 자유주의자 장에르베 로렌치가 회장을 맡고 있는 그 학회는 학구적이고 진지한 주제를 다루는 모임이었다. 모임에 참석한 마크롱은 이 테이블에서 저 테이블로 끌려 다니며 여러 손님들에게 큰 인기를 누렸다. 학회장에 모인 재계의 관계자들은 강한 카리스마를 가진 젊은 장관 마크롱에게 모두 매료된 듯했다. 그 자리에 함께 초대받았던 정치인 미셸 사팽은 그날 마크롱 부부가 대단히 점잖게 앉아 있었다고 회상했다.

마뉘엘 발스 부부의 지인도 그 모임에 참석했는데, 그녀는 그날 엑상프로방스에 왔던 마크롱 부부에 대해 조금 더 복잡한 기억을 간직하고 있었다. 그녀에게 특히 인상 깊었던 것은 마크롱 부인의 '멋진 재능'이었다. 원탁에 모인 사람들이 발언을 하고 있을 때 브리지트는 어떤 순간에도 말을 자르거나 끼어들지 않았다고 한다. 해변에 있을 때는 그토록 목소리를 높이며 활기찬 모습을 보이던 그녀가 경제학자들이 자기의 생각을 개진하는 동안에는 그 발언을 들으며 조용히 앉아 있었던 것이다. 그녀는 자신의 성격을 드러내며 "우리 부부에게는 내년 대선이 있어요"라고 단도직입적인 말을 던질 수도 있었을 것이다. 그러나 브리지트에게는 마크롱이 여전히 프랑수아 올랑드 대통령의 밑에서 장관으로 일하고 있다는 사실이 그리 중요하지 않았고, 따라서 많은 말을 할 필요성을 느끼지 못했을 것이다. 그 당시 대통령은 "그는 나에게 무엇을 빚졌는지 잘 알고 있을 겁니다"라고 발언하며 마크롱과 타협하지 않았다. 하지만 브리지트는 자기 남편을 초고속으로 승진시켰던 그 대통령을 여전히 믿고자 했다.

"브리지트는 남편을 전진시키는 사람이었어요. 그에게 바짝 붙어서 말이죠. 남편을 움직이는 악마의 엔진처럼 보였답니다!" 마뉘엘 발스의 지인은 액상프로방스에서의 일화를 이야기해준 후 이런 신랄한 단어를 사용해서 풍자를 했다.

그러나 마크롱은 자신을 밀어줄 다른 사람의 힘이 필요하지 않았다. 그는 재정경제부 장관으로 취임한 지 채 2년도 되기 전부터 대통령이 되고자 하는 야망을 드러낸 인물이었던 것이다. 마크롱은 과거에 니콜라 사르코지의 정치적 동료이자 자문 위원이었던 티에리 소세를 만나 조언을 구하기 시작했다. 티에리 소세는 이제 홍보 전문가로 활동하고 있었으나 예전에는 국회의원 선거에 출마했던 경험도 있었다. 마크롱은 그를 만나 자신이 엘리제궁의 주인이 될 수 있을지 그 가능성을 미리 헤아려보고자 했다. 마크롱에게 돌아온 것은 10% 정도의 지지율을 얻게 될 것이라는 예측이었다. 그 말을 들은 마크롱은 "역사에 이름을 남길 만한 수치는 아니군요"라고 다소 통속적인 대답을 했다. 대통령 선거에 나가겠다는 계획을 세운 마크롱은 그 대선이 박빙의 승부가 될 것이라는 것을 이미 확신하고 있었다. 티에리 소세는 마크롱의 이야기를 들으면서 그가 옛 정치인 에드가 포르의 정치적 사상들을 실현하고자 한다는 인상을 받았다. 소세는 첫 만남 이후로도 종종 마크롱을 만나 의견을 나누었다.

2016년 5월 8일이 되었다. 마크롱은 견고한 체제를 뚫고 나아가 불가능한 일들에 도전했던 잔 다르크를 떠올리고 있었다. 정치인 마크롱이 구현하고자 했던 표본이 바로 잔 다르크의 이미지였던 것이다. 그것은 필연적인 일이었다. 마크롱 역시 잔 다르크처럼 자신의 운명에 사로잡힌 인물이었기 때문이다. 마크롱은 자신의 연설을 "잔 다르크는 광적인 꿈의 소유자였고 사람들에게 명백한 감동을 준 사람입니다"라고 마무리 지으며 그 사실을 확실히 했다.

브리지트 역시 남편의 행복한 꿈을 믿기 시작했다. 그녀는 마크롱이 자기의 최종적인 야망에 대해서 전부 털어놓기 전부터 이미 연예계에 있는 측근들에게 자선 사업에 참여할 수 있는 방법에 관해 묻기도 했다. 그녀는 만약의 경우를 대비해 자신이 남편을 위해 할 수 있는 일을 모색할 필요가 있다고 확신했던 것이다.

브리지트는 대통령 선거를 세 달 남겨두고 이렇게 고백했다. "제가 가장 먼저 관심을 가지게 된 것은 장애인과 자폐증 환자입니다. 제가 학생을 가르치기 시작했던 무렵에는 그들을 위한 구체적인 원조의 사례들이 많지 않았어요. 그게 제 마음을 건드렸습니다. 그들의 부모들이 고통받거나 포기하고 주저앉는 모습이 가슴 아팠어요. 우리는 그들을 도와야 합니다."

그러나 브리지트는 자신에게 기대되는 퍼스트레이디로서의 역할을 미리 맡으려 하지는 않았다. 그녀는 자신이 하고 싶지 않은 일이 무엇인지 똑똑히 알고 있었기 때문이다. 그녀는 최고의 권력가 부부가 앉는 귀빈석을 본 적이 있었고, 올랑드와 동거했던 발레리 트리에르바일레르가 엘리제궁에서 자신 없는 모습을 보이는 것도 목격했다. 또한 불시에 사진이 찍히는 불쾌한 경험도 겪고 싶지 않았다.

그녀는 사르코지의 부인 칼라 브루니가 언론의 잇따른 추적으로부터 아주 잘 빠져나온 것이라는 생각을 가지고 있었다. 그녀는 브루니가 완벽하게 자신을 통제한 채 언론과의 소통을 최소한으로 줄였던 점을 높이 평가했다. 그런 식으로 언론을 통한 노출을 피했기 때문에 브루니의 외모가 항상 새롭고 세련되게 느껴졌다고 여긴 것이다. 브리지트는 두 사람의 남편이 잠재적인 경쟁 관계에 놓여 있기는 했으나, 브루니의 조언과 인맥을 얻기 위해 그녀와 친해지고자 애썼다. 두 사람이 정식으로 대면하기 전에도 브리지트는 목소리를 높여 과거의 퍼스트레이디를 칭찬했다. "그녀는 정말 잘 해냈어요. 많은 비난을 받기도 했지만 온갖 소문들의 한복판에서 아주 세련되게 빠져나갔죠. 정말 잘 대처한 거예요. 쉽지 않은 일이었는데 말이에요."

일단 마크롱이 정부의 관직에서 물러나자 야망에 사로잡힌 이 부부에게 제동을 걸 수 있는 것은 아무것도 없었다. 마크롱 부부는 잡지의 반질반질한 지면에 자기들의 모습이 어떤 모습으로 실려 있는지에 대해서까지 신경을 쓰게 되었다. 또 그들은 여론에 미치는 자기들의 영향력에 대해서도 너무나 분명히 의식하고 있었고, 한 사람 한 사람의 지지를 얻기 위해서는 신속하게 행동해야 한다는 사실도 훤히 알고 있었다. 두 사람은 다른 정치인들처럼 명성을 쌓아 자신들의 존재감을 대중에게 드러내야만 했다.

하지만 자신들의 일상을 무단으로 전재한 잡지가 엄청난 기세로 팔리자 두 사람도 화가 났다. 그것은 사생활이 과하게 노출된 공인들의 불쾌함을 전혀 배려하지 않은 처사였다. 최근에는 투케에 있는 자택의 정원에서 손자들이 뛰어놀고 있는 동안 드론 한 대가 마치 염탐하듯 정원의 상공을 날아다닌 적도 있었다. 브리지트의 딸 티팬 오지에르는 몰래 찍힌 가족사진이 처음으로 공개되었을 때는 법적인 절차를 밟아야겠다는 생각까지 들었다고 고백했다.

사실 마크롱 부부는 〈파리 마치〉 한 부가 판매될 때마다

30%에서 50% 이상 되는 선매권先買權을 취득했다. 그러니 그들이 법적 절차 등을 밟으며 인색하게 굴 필요는 없었다. 결국에는 그 사진들이 〈파리 마치〉와 마크롱 부부 모두에게 많은 이익을 가져다 준 셈이기 때문이다. 나중에는 마크롱 부부의 사진이 여덟 달 동안 세 번이나 〈파리 마치〉의 표지를 독점하기도 했다.

또한 마크롱의 저서 《혁명》에 대해 취재한 언론사는 벌써 네 군데나 되었다. 그러니 이보다 더 자아도취에 빠질 만한 일이 어디 있겠는가? 저자가 책에 관련하여 한마디 말이나 몇 줄의 소개를 하기도 전에 언론에서 먼저 주목을 했으니 말이다. 사실 언론은 책보다는 에마뉘엘 마크롱이라는 인물의 모습에 관심을 두었다. 사진의 네모난 틀을 꽉 채우는, 싱그러운 젊음으로 가득한 그의 미소가 책의 매력을 대변했다. 출판업계에 그런 선풍적인 인기를 몰고 온 사람은 옛 대통령인 발레리 지스카르 데스탱 이후 처음이었다.

마크롱은 첫 번째 저자 사인회에서 그곳에 모인 기자들에게 친절한 태도로 자기 입장을 밝혔다. "전 출판사의 업무에 대해서는 잘 모릅니다. 제 책과 관련된 모든 사항은 출판사 측에서 결정했죠."

그런 태도를 지켜본 주변의 정치인들은 쓴웃음을 지었고 비평계에서는 온갖 악담이 쏟아졌다. 마크롱과 가까운 의원 한 명은 사르코지도 그렇게 거만한 모습을 보이진 않았다고 비난했다. 그 의원은 마크롱의 책을 간행한 엑스오 출판사의 사장과 친분도 있었고, 그 회사에서 자신의 저서를 출간한 적도 있었다.

다른 사람들은 브리지트가 다니는 곳마다 미셸 마르샹, 일명 '미미'로 불리는 여자 사업가가 점점 더 자주 모습을 드러내는 것에 놀라며 의심을 품고 있었다. 그녀는 유명인들의 사진을 전문으로 찍는 대규모 사진 대리점인 '베스트 이미지'를 창립한 사람이었기 때문이다.

항상 자기 의견을 공개적으로 표명하는 성격인 사람이 늘 그렇듯, 가끔 이렇게 논란을 일으키곤 하는 사람이 다 그렇듯, 브리지트는 자기가 보호하고 있는 사람들을 소중히 아낀다는 장점을 갖고 있었다. 그들에게 항상 어머니 같은 따뜻한 손길을 내밀어주고 너그러운 시선으로 그들을 돌봐주는 것이다.

그런데 다른 성질을 지닌 것들이 한데 섞이면 가끔 탈이 나는 법이다. 마크롱이 부인과 함께 찍은 사진을 보고 거북함을 느낀 사람들도 분명 존재했다. 2016년 가을이 되었을 때 마크롱 부부가 자신들의 독특함과 개성을 너무 뚜렷하게 드러내자, 프랑스 전역에서 '앙 마르슈!' 운동을 전개하고 있던 당원들이 불안감을 느끼기 시작했다. 툴루즈 지역의 선거 운동을 담당하고 있던 한 책임자는 회원들이 마크롱의 그런 평판에 대해 짜증을 내는 모습도 목격했다. 또한 에로 지역의 책임자 역시 그 명백한 사실을 인정하게 되었다. 그 책임자가 이끄는 모임은 당원들 대부분이 정치 분야의 초보자였다. 그런 주제로 대화를 나눠본 경험이 없는 그 정치 운동가는 이렇게 말했다. "그때부터 많은 당원들이 의심을 표출하기 시작했어요. 마크롱이 지닌 독특한 성향에 대해서요. 일명 '스타 병' 말이에요. 당원들은 마크롱이 〈파리 마치〉에 자기 부인을 너무 많이 노출시킨다고 수군거렸어요. 그것 때문에 정치적인 면에서 해를 입을까 봐 걱정한 겁니다."

어떤 사람들은 마크롱에게서 자신이 기대한 것과 다른 면모를 발견하며 놀라고 있었다. 여타 정치인과는 다른 사람이기를 원한다고 말하며 그런 자신의 의견을 공개적으로 드러내던 인물이 결국은 정계의 '아버지들'과 아주 비슷한 모습을 보이고 있었기 때문이다. 그가 언론에 등장한 상투적인 광고를 만들기 위해 유명한 사진작가인 소아지그 드 라무아소니에르가 찍은 사진을 선택한 것도 그런 의도로 보였다. 사람들에게는 마크롱이 구세대의 정치인들과 마찬가지로 언론이라는 조직을 이용해 아주 낡아빠진 기교를 부리는 것처럼 느껴졌던 것이다. 무아소니에르는 남성 화장품 광고에서 흔히 쓰는 방식을 사용해서 흑백 인물 사진을 즐겨 찍었다. 2012년 대통령 선거 운동 당시에도 후보였던 프랑수아 바이루를 위해 프로필 사진을 찍은 적이 있었다.

'앙 마르슈!' 신당의 지역 책임자들 몇몇은 여전히 불안감을 느끼고 있었다. 피에르 위렐 감독이 제작한 마크롱 부부의 다큐멘터리와 〈파리 마치〉에서 연속으로 표지 모델이된 일은 여전히 대중들의 불신을 증폭시켰고 좋은 결과를얻지 못한 것처럼 보였다. 툴루즈 지역에서 마크롱의 선거운동을 돕고 있던 한 저명인사 역시 마크롱 부부가 논란이되는 일들을 과하게 벌이고 있다고 감정적으로 동요했다.

그러나 마크롱 부인이 아주 호감 가는 분위기를 풍긴다는점은 분명했고, 부부가 일제히 같은 목소리를 내며 표리부동하지 않은 모습을 보여주는 것은 확실한 사실이었다. 그러한 사실만으로 정계로 전향한 그 부부의 열정을 따라 함께 행동하기에 (현재로서는) 충분해 보였다. 매우 열성적으로 활동하는 '앙 마르슈!' 당원 중 한 사람은 이렇게 말했다. "하지만 저희들은 저희 당과 관련된 모든 사항에 대해 기록하고, 마크롱의 지지자들이 말하는 것들에 대해 다시 초점을 맞춰보라는 요청을 많이 받았어요. 그래서 제 마음대로그것들을 삭제하지 않고 모든 것들을 적고 있는 것입니다."

첫 번째 집회가 열렸던 포트 드 베르사유 컨벤션 센터에는 만 명 이상의 군중들이 떼를 지어 몰려들었다. 그 사람들중 백여 명 가량은 젊은이들이었는데 아주 오랫동안 투표를하지 않은 사람들이기도 했다. 그리고 그 젊은이들 중에는그 정치적인 술책의 세계에 어울릴 만한 신참 한 명도 포함되어 있었다. 브리지트의 막내인 티팬 오지에르가 멀리 파드칼레에서부터 카풀을 이용해 그 행사에 참여했던 것이다.

그 차 안에는 오랫동안 사르코지의 정치적인 노선을 지지해왔으며 전에는 프랑수아 올랑드의 지지자였다는 사회주의 활동가가 타고 있었고, 티팬처럼 정치적인 활동에 처음 발을 담근 지인도 타고 있었다. 에마뉘엘 마크롱은 행사가 진행되는 그 결정적인 시간에 반드시 군중들의 시선을 장악하기로 결심했고, 브리지트 없이 혼자 군중들을 헤치고 나가서 무대에 오르기로 결심했다. 그리고 군중들 사이에 있는 브리지트 앞에 갑자기 멈춰 서서 슬그머니 입맞춤을 할 계획을 세웠다. 꽤 괜찮은 계획인 것처럼 느껴졌다.

그날 브리지트는 집회의 초반부터 컨벤션 센터에 마련된 VIP 구역에서 막내딸 티팬과 나란히 자리를 잡고 앉아 있었다. 그녀는 자기의 늘씬한 몸매가 드러나는 루이비통의 하늘색 가죽 재킷을 입고 있었고 항상 즐겨 입는 검은색 가죽 바지도 입고 있었다. 노동법 전문 변호사인 티팬은 의붓아버지인 마크롱의 열렬한 지지자였다. 예전에 투케에 있는 공항의 음식점에서 '앙 마르슈!' 운동의 모임이 열렸을 때, 그 의붓딸은 〈북쪽지방의 목소리〉지와 〈투케의 메아리〉지에 아버지의 선거 운동에 대한 자기의 공식적인 생각을 발표하며 존재감을 드러내기도 했다. 아버지의 선거 운동에 대해 좀 더 알리기 위해서 그보다 더 좋은 방법이 어디에 있겠는가?

VIP 구역의 첫 줄에는 브리지트와 티팬, 그리고 '앙 마르슈!' 지지자들이 앉아 있었다. 그들뿐만 아니라 시장인 리옹 제라르 콜롱도 앉아 있었고, 피니스테르 주의 하원의원이자 과거에 '오브리 추종자'였던 리샤르 페랑도 앉아 있었다. 마크롱의 연설이 길게 이어지는 동안 집회에 모인 군중들은 작은 프랑스 삼색기와 유럽을 상징하는 깃발을 흔들며 연설을 듣고 있었다. 브리지트는 자기의 옛 제자가 선거 운동의 첫 행동을 개시하기 위해 무대 위에서 연설문을 낭독하는 모습을 유심히 지켜보고 있었다.

평소에 남편의 연설 연습을 도와주고 평가도 해주었던 브리지트는 결전의 날에 무대에서 연설을 하고 있는 남편의 몸짓을 하나하나 세심하게 관찰했다. 브리지트는 옆에 있는 자기 딸에게 그 연설문에 대한 설명을 들려주기도 했다. 그리고 연설이 끝난 후에는 평소에 늘 그랬듯이 마크롱을 둘러싸고 있는 군중들에게 다가가서 말을 걸고 소감을 물어보는 일도 잊지 않았다. 브리지트는 대규모 집회가 한참 열리고 있는 동안 계속 뒤에 물러나 있었다. 그녀가 그런 행동을 취한 데에는 한 간부 직원의 조언도 영향을 끼쳤다. 그 직원은 브리지트가 언론에 과하게 노출되는 일도 걱정했고, 그녀가 공식 석상에서 가끔 보여주었던 화려한 이미지에 대해 대중들이 거부감을 느끼게 될까 봐 불안했던 것이다. 사실 그런 이미지로 인해 사람들에게 손가락질을 많이 받았던 것도 사실이었다. 그리고 마크롱은 은행가였던 과거의 이력 때문에 손가락질을 받았다. 고등사범학교 입시 준비반 시절에 마크롱과 아주 가까운 친구였던 브리스는 이런 이야기를 했다. "제 생각을 말하자면요, 마크롱은 돈과 물질주의에 사로잡힌 사람이 아닙니다. 저는 마크롱이 그런 것들에 이끌려 행동을 개시하는 사람이라고 생각하지 않아요."

오랜 세월 동안 마크롱을 지지했던 프랑수아조셉 퓌리 역시 비슷한 이야기를 들려주었다. "돈은 마크롱을 움직이는 힘이 절대 아닙니다. 가장 많은 돈을 손에 넣을 수 있었을 시기에 로스차일드 은행을 떠났다는 점만 봐도 알 수 있죠!"

2016년 9월 마크롱이 장관직을 사임한 지 얼마 안 되었던 시기에는 마크롱의 정신적인 스승이자 엄청난 거부인 앙리 에르망도 그런 질문을 받았다. 그는 이렇게 대답했다. "에마뉘엘은 호화생활을 하는 사람이 아니에요. 오히려 그런 일로 도마에 오를까 봐 주의를 기울이는 사람이죠!"

2017년 2월 초에 마크롱은 프랑스 엥테르 채널이나 TF1 채널의 프로그램에 출연해서 자기가 쓴 책을 장사꾼처럼 흔들며 청취자들에게 그 책을 구입해달라고 권했다. 마크롱과 비슷한 위치에 있는 다른 정치인들과 전혀 다른 모습을 보여주었던 것이다. 그는 그때부터 오로지 저자의 권리로 얻을 수 있는 혜택만 누리며 살겠다고 단언했다. 과거에 로스차일드에서 그 높은 직위에까지 올라갔고, 나중에는 수백만 달러의 연봉을 받았던 이력을 가진 그가 말이다.

브리지트는 유명한 디자이너의 의상들을 아주 공개적으로 입고 다니는 편이다. 최근에 가장 각광받고 있는 디자이너인 니콜라 게스키에르는 유명한 패션쇼인 '메트 갈라'에서 브리지트에게 특별한 감사의 인사를 전하기도 했다. 자기의 내밀한 이야기를 언론에 거의 털어놓지 않는 디자이너가 패션의 거대한 세계에서 진심 어린 칭찬을 그녀에게 건넨 것이었다. 그는 잡지사 인터뷰에서 이런 이야기를 했다. "제가 디자인한 의상을 브리지트가 입고 있는 모습을 보면 정말 영광스러운 기분이 듭니다. 그녀는 정말 뚜렷한 취향을 가진 여성이거든요. 그녀의 스타일도 제 마음에 들고, 최신 유행을 따르는 그녀의 패션 감각도 제 마음에 들어요."

이런 일화들 말고도 선거 운동에 관해 마크롱에게 조언해 주는 몇몇 사람들이 품고 있는 걱정스러운 생각들과 수많은 고백들이 존재한다. 그 사람들의 생각을 한마디로 요약하면, 브리지트가 남편의 정치 활동에 빌붙어서 그에게 방해가 될 것이라는 이야기였다. 좀 더 난처한 일도 있었다. 브리지트가 입고 다니는 터무니없이 높은 가격의 의상들이 은행가 출신인 마크롱에 대한 비난에 불을 붙인 것이다. 과거에 로스차일드에 재직하며 연봉으로 수백만 달러를 벌었던 경력에 대한 비판은 계속 그를 따라다녔다.

2016년 여름이 되기도 전에 브리지트는 몇몇 사람들로부터 경고의 목소리를 들었다. 그녀가 과도한 치장으로 인해 발목을 잡힐 수도 있을 것이라는 경고였다. 그녀는 단 하루만 입을 의상으로 가격이 15,000유로에 달하는 비싼 옷들을 입었다. 주변 사람들이 브리지트에게 그런 문제에 대해 지적하자 그녀는 무척 당황했다. 그러고는 자기가 입었던 의상들은 협찬을 받고 빌린 옷들이라서 자기도 옷의 정확한 가격을 모른다고 간단하게 답변했다.

사실 2016년 초에 마크롱 부부는 세계에서 제일 유명한 명품 업체 '루이비통 모에 헤네시'의 대표인 베르나르 아르노의 집에 거의 매주 방문해서 저녁식사를 했다.

결국 대통령 선거를 몇 달 앞두고 대통령 후보자 마크롱의 아내는 이런 해명을 했다. "저는 매주 다양한 브랜드로부터 의상 협찬 제의를 받고 있습니다. 특별 패션쇼에서 입을 파티 의상으로는 프랑스 디자이너가 만든 옷을 입는 게 호감을 줄 것이라고 생각했을 뿐입니다." 만약 마크롱이 그녀의 옷차장에 대해 나무란다면 브리지트가 그렇게 호화로운 옷들을 입지 않을 것이라는 소문까지 들렸지만 그녀는 그 말을 흘려들었다.

과도한 조심성은 브리지트의 기질과 어울리지 않는 것이기에 그녀는 자신에게 몇 가지의 예외사항을 허용하고 있었다. 에마뉘엘 마크롱이 포트 드 베르사유 컨벤션 센터에서 인상적인 연설을 마무리하고 나왔을 때 그의 배우자는 경호원들의 호위를 받고 있었다. 그녀는 관중들 중에 자기에게 인사를 건네는 사람들에게 따뜻한 태도로 대답을 해주었다. 그러고는 높은 울타리로 외부인의 출입을 막아놓은 출구 쪽으로 향했다. 그런데 그녀는 곧 휠체어를 탄 장애인과 마주쳤다. 그래서 그에게 손을 내밀고는 오랫동안 대화를 나누며 그의 이야기를 들어주느라 시간을 끌었다. 그녀의 경호원도 그 사람을 그냥 내버려두었지만 경계심을 완전히 풀지는 않고 있었다.

집회가 진행되는 동안 흥분한 일부 선동꾼들은 삼엄한 경비 태세를 갖추기 위해 울타리를 높이 쌓아놓은 컨벤션 센터의 특별 구역 안으로 들어가는 호기를 부렸다. 그들은 영화 〈고마워요, 사장님〉에 나왔던 노래의 멜로디를 이용해서 '고마워요, 마크롱!'이라고 외치고 있었다. 〈고마워요, 사장님〉이라는 영화는 베르나르 아르노가 경영하는 명품 업체를 비판하는 내용을 담고 있고 비평계에서 찬사도 받은 영화였다. 그 선동꾼들은 냄새나는 오물을 투척한 후에 쫓겨났다. 하지만 마크롱 부부는 일부 군중들이 그렇게 욕설을 퍼붓는 일에 이미 익숙해져 있었다.

그날 마크롱 부부는 건장한 몸집을 가진 경호원이 자신들을 보호하려고 계속 이리저리 돌아다니며 망을 보는 행동에 거북해하지 않았다. 브리지트는 그날의 집회가 대성공을 거둔 것에 대한 기쁨을 맛보며, 일방적으로 자기를 불러 세우는 사람도 일부러 피하지 않았다. 그녀는 그때 우리와도 잠시 대화를 나눴다. 우리가 다음 인터뷰 날짜를 잡으려고 하자, 그녀는 입에 손가락을 대며 이런 말을 암시했다. "바로 날짜를 잡을 수는 없어요." 기분을 상하게 하는 태도는 결코 아니었다. 하지만 정치인들이 통상적으로 쓰는 기호 체계와는 확실히 거리가 먼 몸짓이었다. 브리지트가 바로 그런 유형의 사람이라고 구체화시켜 주는 기호임에는 틀림없었다.

그녀는 자신과 남편이 '스타 병'에 걸렸다며 비난하고 의심하는 목소리들을 어깨에 짊어지고 있었다. 그런 분위기를 진정시키기 위해서는 비판적인 여론이 수그러들기를 기다리는 수밖에 없었다.

조금 시간이 지났을 때 브리지트의 경호원이 한 사람을 막아섰다. 방송인 시릴 엘딘이었다. 그는 자기가 느낀 소감을 말해주기 위해 그녀에게 다가갔던 것이다. 브리지트는 그에게 울타리를 넘어서 오라는 손짓을 했다. 그녀는 TV 프로그램인 〈프티 주르날〉의 진행자이자 배우이며 문학적인 소양까지 갖춘 시릴 엘딘에게 큰 호감을 갖고 있었다. 그는 또 마크롱 부부가 여러 번 자리를 마련했던 연예계 유명인사들의 식사 모임에 초대받았던 손님 중 한 사람이었다.

언론사의 시선을 의식하며 침묵을 지키고 있어야 했던 브리지트는 그에게 카메라 앵글에 잡히지 않도록 조심하라는 말을 하며 이런 질문을 던졌다. "이봐요, 시릴. 당신은 교양 있는 분이니 아폴리네르의 시집 《알코올》에 실린 첫 번째 시의 첫 구절 정도는 외울 수 있겠죠?" 시릴은 즉각 대답했다. "마침내 너는 이 낡은 세계에 싫증이 났구나."

과거에 문학 교사였던 브리지트는 아폴리네르가 쓴 그 구절을 너무나 좋아해서 평소에도 즐겨 낭송했다. 그녀는 시릴이 정답을 말해준 것만으로 만족한 채 그 자리를 뜨려 했으나, 시릴은 평소에 그랬던 것처럼 갑자기 결정적인 발언을 던져서 상대를 꼼짝 못하게 만들었다. "지금 이 집회가 열리는 동안 경쟁자인 마뉘엘 발스는 에브리에 가서 세 사람과 손을 잡고 있는 중이랍니다." 시릴 엘딘이 외쳤다. 반항기가 있는 브리지트는 이렇게 대답했다. "발스는 우리 둘이 함께 있는 것을 보면 질투할 거예요!" 그것은 브리지트가 카메라 앞에서 드러낸 작은 도발이었다.

그런데 그로부터 사흘이 지난 후 발행된 〈카냐르 앙셰네〉에 마크롱의 선거 운동에서 선도적인 역할을 하고 있는 제라르 콜롱이 마크롱 부부를 통렬하게 비난하는 글을 실었다. 마크롱 부부가 오직 텔레비전에 나오는 이미지에만 매달리고 언론인들만 떠받든다는 주장이었다.

11월 말에 발행된 〈파리 마치〉에서도 마크롱의 이야기가 주요 기사로 실려 있었다. 그러자 평소에는 정치판에서 새로운 선동이 일어나는 것에 대해 관대한 반응을 보이던 사람들까지 들끓기 시작했다. 한 정치인이 언론을 과도하게 이용하는 것에 대한 논란은 시민들 사이에서도 즉각적인 반응을 일으켰고, 문화 예술계 인사들 사이에서도 격한 논쟁들을 벌어지게 했다. 그 논쟁들은 서로 양보하지 않고 쉽게 굽히거나 타협하지 않는 대학 사회 내의 심리적 긴장을 그대로 드러냈다. 동시에 대통령 후보자인 마크롱이 이용했던 방식인 자신을 통속적으로 과시하고자 하는 심리의 단면도 드러냈다. 모든 사람들, 아니 대부분의 사람들이 그런 성향을 지녔다는 것을 말이다.

아르노 몽트부르와 같은 마크롱의 경쟁자들은 비정상적인 현상에 반대의 뜻을 표하는 것만으로도 여유 있게 자기의 주가를 올리고 있었다. "에마뉘엘 마크롱은 미디어가 만들어낸 후보자라고 할 수 있죠. 잡지의 표지 모델을 무려 75번이나 했다는군요!"

좌파 진영에서 대통령 후보자를 내기 위한 경선 1차 투표 운동을 한참 진행하는 동안 언론사인 〈톱스〉에 내항해 돌격의 나팔을 불었던 사람은 마크롱의 동료인 오렐리 필리페티였다. 그녀는 자기의 상황을 한 번 더 검토한 후에 마크롱의 상황을 살펴보았다. 그러고는 지나치게 편향적인 좌파 언론사가 만들어낸 언론계의 그 새로운 스타 마크롱에 대해 비판하는 글을 개인 트위터에 올렸다.

"저는 처음에는 그런 일이 경솔한 실수일 것이라고 믿었습니다. 하지만 그게 아니었어요! 2016년 한 해에만 에마뉘엘 마크롱을 여섯 번이나 표지 모델로 내보낸 주간지가 있는데, 이번에는 또 〈톱스〉가 그 기록을 뛰어넘게 될까요?"

'앙 마르슈!' 신당의 후보자는 혼자서 또는 자신의 배우자와 함께 40여 종에 달하는 정기 간행물들의 표지 사진을 독차지했을 뿐이지만, 그 과도한 숫자가 마크롱으로 하여금 자기의 방침을 수정하게 만들었다. 마크롱은 프랑스 5채널의 〈당신 곁에 있는 C〉라는 프로그램으로부터 초대를 받아서 스튜디오에 나왔을 때 자기의 입장을 이렇게 변호했다. "저는 주간지의 표제를 독점하고 있는 사람이 절대 아닙니다."

마크롱은 겸손을 가장하지 않고 그저 솔직한 태도로 계속 말을 이었다. "언론계의 이런저런 관계자들이 주간지 1면에 제 사진과 기사를 싣는 데에는 뭔가 다른 의미가 있습니다. 주간지 판매 부수를 늘리고 싶다거나 대중들의 관심을 끌어 보려는 자기들만의 목적이 있는 것이죠." 실제로 〈파리 마치〉는 마크롱 부부에 대한 기사와 사진들을 실었을 때 역대 최고의 수익을 냈다.

하지만 얼마 후에 성가신 일이 다시 벌어졌다. 방송인 안 엘리자베스 르무안이 급소를 찌른 것이다. 그녀는 마크롱 이 쓰는 의사소통 전략이 낡고 오래된 것이라는 점과 자기 의 아내를 언론에 노출시키는 방식이 극도로 실용주의적이 라는 점을 지적했다. 그 소식을 접한 마크롱은 아주 짧게 신 경질을 내며 이런 속된 말을 내뱉었다. "젠장, 빌어먹을!" 아 직 마흔 살도 안 된 젊은 사람이 쓰기에는 너무나 고리타분 한 표현이었다. 아무튼 그 일을 겪고 난 후에 마크롱은 그 다 음 인터뷰에서 어조를 약간 높였고 흥분한 듯 날카로운 목 소리를 내기도 했다. 그는 자기가 수영복을 입고 찍은 사진 이 〈파리 마치〉의 1면을 장식했던 사건에 초점을 맞추어 발 언하고 있었다. "저는 그때, 비아리츠에서 휴가를 즐기고 있 었을 뿐입니다. 거기서 뭔가 술책을 꾸밀 의도는 전혀 없었 어요. 왜냐하면 저를 쫓아다니며 몰래 사진을 찍는 사람들 이 늘 많거든요! 저는 사생활을 일부러 노출하는 사람이 아닙니다. 제가 사생활에 대해 이야기한 것은 오직 한 번뿐이었어요. 그것도 바로 제가 쓴 책 속에서였죠. 이것은 분명한 사실입니다."

에마뉘엘 마크롱은 자신의 진실성을 강조하기 위해 예상보다 더 빨리 위험을 무릅쓰고 있는 셈이었다. 피에르 위렐 감독이 제작한 다큐멘터리를 통해 자신의 결혼생활을 공개한 것도 그런 의도였다. 자신의 결혼생활에 대한 이미지가 완전한 진실이라고 주장하기 위해 큰 각오를 하고 용기를 냈던 것이다.

오래전부터 피에르 위렐 감독은 '마크롱 현상'과 정부 내각에서 날아온 그 UFO 같은 인물에 흥미를 갖고 있었다. 또한 마크롱이 소설처럼 비현실적인 운명에 자기 인생을 걸었다는 이야기까지 듣자 더 큰 관심을 갖게 되었다. 마침내 두 사람이 베르시에서 처음으로 만났던 날, 마크롱 장관은 위렐이 찍은 기록 영화들 중에 특히 조르주 퐁피두 대통령에 대한 다큐멘터리를 높이 평가한다고 칭찬했다. 그러고 나서 자기가 준비했던 이야기를 단숨에 털어놓았다. "저는 제 사생활에 대해 말하는 것을 좋아하지 않습니다."

마크롱이 위렐 감독과 두 번째로 만났던 날, 회의가 끝나갈 때쯤 마크롱은 이런 말을 덧붙였다. 그 말은 마크롱의 눈동자만 봐도 쉽게 짐작할 수 있는 내용을 담고 있었다. "저는 오로지 제 계획을 알리는 것에만 큰 관심을 갖고 있습니다." 그 당시에도 '앙 마르슈!' 조직이 아주 활발하게 움직이고 있었기 때문이다. 마크롱은 쉽게 이용을 당하는 사람이 아니었다. 그가 자신만의 '특별한 이야기'를 만들었던 것은 언론을 향한 본능적인 욕망 때문도 아니었고 특별한 이익을 얻기 위해서도 아니었다.

"이 다큐멘터리에서 하나의 역사를 이야기해야 한다는 것을 잘 알고 있습니다." 그는 이 말을 함으로써 사실상 감독과의 계약에 따르는 법적인 확인도 한 것이다. 마크롱 부부가 선택한 권력의 움직임을 통해서 마침내 그 부부의 역할이 활기를 띠며 빛을 발하기 시작했다. 마크롱은 자기가 준비했던 이야기들을 털어놓았고, 브리지트는 자기가 출발선에 섰다는 것을 즉시 드러냈다. 두 사람은 자신들의 독특한 과거에 대해 똑같이 자랑스러워하고 있었다. 또한 세상에 맞서서 자기들의 관계를 당당히 드러낸 것에 대해서도 자랑스럽게 생각하고 있었다. 그러므로 그들은 몇몇 불쾌한 소문들로 인해 더 이상 속상해하지 않을 것이었다. 그 부부는 '명백한 힘'을 지닌 그 결혼생활을 스크린에서 그릴 수 있게 된 일로 무척 행복해했다. 마크롱의 첫 번째 전기를 쓴 기자 마크 앙드벨드는 마크롱이 자신에게 모든 일에 대한 증거를 명확하게 밝힐 것을 강조했다고 한다. 명증明證은 마크롱이라는 인물을 이루는 중심축이다. 따라서 그의 인생을 이야기하는 데에 있어 명증에 대해 논하지 않을 수는 없는 것이다.

오늘날 피에르 위렐은 이렇게 믿고 있다. "마크롱도 자기 인생에 대해 이야기해야겠다는 필요성을 느끼고 있었어요. 하지만 마음 깊은 곳에서는 그것을 원하지 않았죠." 그래도 엘리제궁의 주인을 꿈꾸는 지원자는 마침내 결심을 했다. 불평하지 않고 인터뷰에 응하겠다는 결심을 말이다. 감독은 그 다큐멘터리를 통해 마크롱 부부의 아주 깊은 곳까지 파헤치고 감정이입을 유도하는 등 사적이고 내밀한 부분을 보여줄 계획이라고 말했지만, 마크롱은 거짓된 이야기는 거기에 덧붙이지 않겠다고 결심했다.

브리지트가 투케에 있는 자택의 테라스에서 옛 제자 마크롱과의 만남에 대해 처음으로 길게 고백하고 있었을 때 마크롱은 그곳에 없었다. 브리지트의 말을 멀리서 엿듣고 있었던 것도 아니었다. 아마도 부끄러움을 이길 수 없었기 때문일 것이다. 마크롱의 그런 면모는 좀 역설적으로 느껴지지만 또한 부인할 수 없는 현실이기도 하다. 그와 자주 어울리는 지인들의 말에 귀를 기울여보면 마크롱의 그런 기질을 더 잘 파악할 수 있다. 그의 주변에 있는 정치인들은 비록 극도의 경계심을 갖고 있는 사람들이고 그런 종류의 인터뷰를 쉽게 허락하지도 않는 사람들이지만, 마크롱의 그런 면모에 대해 똑같은 이야기를 들려주었다.

마크롱 부부의 이야기를 다룬 다큐멘터리는 정치인의 자전적인 이야기를 찍은 다른 고전적인 다큐멘터리들과 사뭇 달랐고 촬영 준비에도 잡음이 섞여 있었다. 촬영 준비가 한창이던 2016년 봄은 베르시에서 조직된 선거 운동 팀이 한창 바쁘게 일하고 있던 시기이기도 했는데, 마크롱을 돕던 이들 중 몇몇이 그 다큐멘터리를 탐탁지 않게 여겼다. 과거에 스트로스칸의 추종자였으며 이제 막 서른 살을 넘긴 최고의 전략가 이스마엘 에믈리앙 또한 반대하는 사람 중 한 명이었다. 그런 종류의 다큐멘터리가 은폐하는 것들을 익숙하게 받아들이지 않았던 사람들이 존재했던 것이다. 그러나 마크롱은 주변 사람들이 자신에게 보내는 그런 경고의 말들을 평소 습관대로 딱 잘라버린 후 더 이상 신경 쓰지 않았다. 결국에는 반대하던 이들도 피에르 위렐 감독에게 상당한 자유의 영역을 넘겨주게 되었다.

한편 그 당시 브리지트는 자기의 삶을 거대한 혼란 속으로 몰아넣었던 비밀스러운 사랑 이야기를 처음으로 털어놓게 된 것에 관해 아무런 불만도 가지지 않았다. 아마도 그녀는 그때 매우 사적인 연애에 대한 이야기가 몇 달 후에 불러일으킬 영향력에 대해서는 알아차리지도 못했던 것이다. '앙 마르슈!'의 운동가들과 국민들의 여론, 그리고 특히 정치적인 소우주小宇宙에 끼치게 될 효과를 말이다. 11월에 프랑스 3채널의 한 방송 프로그램은 전문 작가 몇몇이 자기 트위터에 마크롱 부부가 벌인 그 전대미문의 행각에 대해 신랄하게 비난하는 글을 작성했다는 소식을 전했다. 2007년에 투케의 시청이 그 부부의 결혼을 승낙해준 것도 그렇고, 웨스트민스터 호텔에서 열린 결혼 피로연에서 신랑인 마크롱이 대담하게도 가족들과 브리지트의 자식들에게 감사의 인사를 전하며 공식적인 연설을 했다는 것도 그 작가들의 비판을 받았다.

확실히 마크롱 부부는 모든 규범들을 깨뜨린 사람들이다. 아주 옛날에나 통용되던 수법인 '유명인사 되기' 같은 전략을 계속 이용하는 것만 봐도 알 수 있다. 그 부부의 특별함에 대해서라면 양념까지 첨가되어 더 자극적인 이야기도 있다. 홍보 전문가인 파트리샤 발므는 다음과 같은 이야기를 들려주며 마크롱 부부에게 찬사를 보냈다. "보통 사람들은 정치적인 문제들이 나프탈렌 좀약을 필요로 할 때 자기의 배우자를 그 좀약으로부터 빠져나오게 하잖아요. 그런데 그 부부는 정반대로 최소한 나프탈렌의 그 투명함을 이용해서 효과를 얻어내는 사람들이죠."

대통령 후보로 나선 전직 장관은 사실 자기의 이미지를 언론에 과하게 노출시키면 성공 가도를 달리고 있는 현 상황에 해를 끼치게 될 것이라는 점을 잘 알고 있었다. 하지만 그는 아내와 함께 미국에 건너가서 미국인들의 마음을 사로잡을 계획을 세웠다. 프랑스 본토에 사는 사람들의 마음을 얻기 전에 뉴욕 5번가의 번화가도 걸어보고, 자유의 여신상도 천천히 감상해보고 싶었던 것이다.

그러나 브리지트는 뉴욕으로의 그 모험에 가담하지 않기로 결정했다. 마크롱만 혼자 점심식사 회식에 참여하기로 했다. 그 회식은 '앙 마르슈!' 신당의 선거 운동 자금을 마련할 목적에서 치러질 모임이었다(초대 손님 한 명당 2,000유로에서 7,500유로의 기부금을 받는 것이 목표였다). 마크롱은 자기를 옆에서 수행해주고 언론에 대한 조언을 해줄 한 명의 보좌관만 데리고 미국에 있는 프랑스 학교를 방문하기로 했다. 이번에는 주간지 한 페이지를 꽉 채울 탐방 기사를 쓰지 않기로 결정했다. 사람들의 요란한 비난을 피하기 위해 내린 결정이었다. 우선 사람들의 감시망에서 벗어나야 했다. 그 당시 마크롱 부부가 어딘가에 나타날 때마다 언론계가 들썩거렸고 정치적인 경쟁자들은 약이 올랐기 때문이다.

브리지트가 파리에서 열린 대규모 집회에서 침묵을 지켰음에도 불구하고, 유명인들의 패션을 추종하는 사람들과 각종 여성 잡지의 관계자들은 가만히 있지 않았다. '앙 마르슈!' 신당의 후보자가 대선 출마 선언을 한 다음 날부터 후보자 아내의 다양한 패션 스타일을 파헤치는 일에 완전히 열중하기 시작한 것이다. 한 잡지사 홈페이지에는 브리지트가 집회에 참가했을 때 입고 있던 옷과 보석을 아주 자세히 분석해놓기도 했다. 새롭게 얼굴을 선보인 다른 손님도 사람들의 큰 관심을 받았다. 마크롱 부인과 매우 닮은 티팬이 공식적으로는 처음 대중들 앞에 모습을 드러냈기 때문이다.

수천 명의 사람들이 마크롱 부인과 그녀의 딸에 대한 인터넷 기사를 클릭하는 등 폭발적인 관심이 쏟아졌다. 이제 '마크롱 부부'만 여론의 조명을 받는 것에 그치지 않고 마크롱의 가족들도 함께 그 조명을 받게 된 것이다.

지난 1월 14일 릴에서 열렸던 대규모 집회의 현장을 다시 상기해보자. 그날 티팬 오지에르는 커다란 은색 단추들이 달린 베이지색 재킷을 걸치고 있었다. 그녀는 자기 엄마의 오른쪽에 앉아 있었는데, 마크롱 부인과 마찬가지로 그녀도 언론사에서 나온 기자들의 촬영 세례를 받고 있었다. 브리지트 마크롱이 릴 근처에 있는 엘름 유치원에 방문했던 날 아침, 그녀는 나지막한 목소리로 자기의 속마음을 털어놓은 적이 있었다. 그녀는 자기의 막내딸을 정치적인 무대에 데리고 다니는 일에 점점 더 큰 관심을 갖게 되었다면서 이렇게 말했다. "아마 티팬도 언젠가는 정치적인 일에 몸담게 될 거예요."

실제로 마크롱 부부의 막내딸인 티팬 오지에르 변호사가 2017년 국회의원 선거에 출마할지도 모른다는 소문이 오드 프랑스 지역에 빠르게 퍼지기도 했다. 마크롱의 측근들은 이렇게 단언했다. "그 젊은 애 엄마가 그런 일에 착수하기에는 너무 이르죠." 티팬 오지에르는 자기의 입장을 이렇게 밝혔다. "어떤 변호사도 법률을 고안하는 일을 좋아하지 않습니다. 그럼에도 불구하고 나중에 국회의원이 되는 변호사들이 많기는 합니다만……. 저는 두 아이를 키우는 일에도 능력이 부족한 사람이에요!"

그녀는 파 드 칼레에 있는 '오팔 쥐리' 변호사 사무실에서 근무하다가 퇴직한 후 '블로뉴 쉬 메르' 변호사 협회에서 임시직 변호사로 근무했다. 그녀의 아이들이 각각 한 살, 네 살밖에 되지 않아 엄마의 손길이 많이 필요했기 때문이다. 그녀는 현재 자신의 변호사 사무실을 열기 위해 노력하고 있다. 그러면서도 아버지인 마크롱의 정치적인 성공을 위해 자기의 시간을 아낌없이 내주고 있다.

프랑스 3채널의 지역방송에서 한 프로그램의 제작진이 티팬의 아들이 다니는 국립 유아원에 방문해서 티팬과 인터뷰를 한 적이 있었다. 그때 그녀는 카메라 앞에서 자기가 '앙 마르슈!' 운동에 뛰어든 이유를 설명했다. 그녀는 언니인 로랑스도 언론 앞에 나서는 일에 동참할 생각을 갖고 있는가의 질문에 대해서는 확신할 수 없다고 했다. 또한 오빠인 세바스티앙은 많은 문제들이 쌓여 있는 바깥 세상에 가족들을 내보내는 일에 특히 신경을 쓴다고 했다. 그래서 그의 의향에 대해서는 더욱 확신할 수 없다고 밝혔다.

프랑스의 케네디 가문이라고 불리는 마크롱 가족들의 노출은 사람들의 감정을 자극할지도 모를 위험을 내포하고 있었다. 언론의 여기저기에 등장하는 마크롱의 모습에 이미 싫증을 느낀 사람들이 많았고, 특히 좌파 진영에서는 아주 부정적인 반응을 보이는 사람들이 생겼기 때문이다. 정부 내각에서 마크롱과 함께 일했던 옛 동료는 이런 말을 하며 노발대발했다. "마크롱이란 정치인은 텔레비전이나 잡지로 그를 쳐다봐주는 사람들에게만 존재하는 인물이죠." 아르노 몽트부르의 일당이기도 한 그 사람은 이런 말까지 하며 마크롱을 비난했다. "그는 아바타일 뿐이에요." 그러나 결국 주변인들이 마크롱에게 보내는 경고의 신호들은 별로 효용성이 없는 것으로 드러났다. 포트 드 베르사유에서 열린 대집회에서 언론과의 접촉을 차단함으로써 시도했던 새로운 전략의 효과는 그리 오래가지 않았던 것이다.

12월 26일에는 이런 일도 일어났다. 마크롱 부부가 투케에 있는 별장에서 크리스마스 휴가를 보낸 후, 리스본의 골목길에서 손을 잡고 산책하는 모습을 언론사 직원들이 몰래 촬영을 한 것이다. 사진 속에서 마크롱 부부는 포르투갈 하늘에서 쏟아지는 햇빛을 받으며 젊은 연인들처럼 한가롭게 걷고 있었다. 평소처럼 청바지를 입고 선글라스도 끼고 있었다. 마크롱 부부의 자취를 쫓는 임무를 수행하기 위해 파견된 카메라맨이 그 커플에게 다가갔을 때 마크롱 부부는 그를 강압적으로 막지 않았다. '적절한 판단력'을 발휘해서 그렇게 한 것이었다. 게다가 마크롱 부부는 그 사진 사냥꾼과 마음이 통했는지 리스본에서 유명한 음식점의 주소를 그에게 물어보기도 했다.

한편 주간지 〈VSD〉는 그동안 1면의 가장 중요한 소식으로 마크롱 부부의 기사를 낸 적이 한 번도 없었기 때문에 카메라맨이 제시한 그 사진들을 망설임 없이 단번에 구입했다. 그러고는 새해가 온 것을 축하하며 '올해의 커플'로 마크롱 부부의 사진과 기사를 1면에 당당히 게시했다. 그 주간지는 다음과 같은 표제를 붙였다. "2017년의 대선을 앞두고 마크롱이 아내 브리지트와 마지막으로 오붓한 시간을 보내다!" 마크롱의 한 측근은 그 기사를 보고는 어이가 없었는지 아니면 충격을 받은 것처럼 가장하고 싶었는지 이런 말을 했다. "이번 주에 나온 그들의 표지 사진 말이에요. 그것은 정말 정신 나간 속임수예요!"

마크롱은 선거 운동 내내 언제 올가미에 걸려들지도 모르는 위험과 모진 비난의 화살을 항상 견뎌야 했다. 항상 바빴던 마크롱은 새로운 사건이 벌어질 때마다 위험한 상황에 노출되곤 했다. 물론 그는 선전을 통해 자신을 드러내는 방법을 이미 잘 알고 있었다. 그러나 실제로 그는 자기 사생활의 감춰진 부분들을 모두 공개하지는 않았다. 그저 모든 것들이 자기의 여러 가지 목표에 맞게 정착되도록 내버려두면서 말이다.

2006년에 여성 정치가인 세골렌 루아얄이 그런 방식을 이용했다. 그 당시 세골렌의 압도적인 상승세에 맞서서 그녀에 대해 의심을 품은 정치계의 거물들은 이렇게 비웃었다. "그녀는 광고지로 만들어진 대통령 후보일 뿐이다!"

2017년 1월 중순에 주간지 〈마리안〉 측에서 공식적으로 불편한 기색을 드러냈다. 왜냐하면 〈엑스프레스〉나 〈롭스〉처럼 사회민주주의적인 성향을 강하게 띠고 있는 몇몇 잡지사들이 〈마리안〉을 향해, 마크롱에 대해 좋은 기사만을 써주며 아주 행복해하는 언론사라고 칭했기 때문이다. 〈마리안〉에서 일하는 직원들은 분노의 심정을 담아서 자기들이 발간하게 될 주간지의 표제를 이렇게 붙였다. "마크롱, 정보화 시대의 제왕. 그에게 아첨하는 정신 나간 언론사들을 보는 게 지긋지긋하다. 우리는 단지 그의 생각들을 실었을 뿐이다!"

사실 최근에 등장했던 정치권 인사들은 언론에서 적개심이 드러나는 신문 표제를 만들어내도록 행동했다. 프랑스인들은 자기와 동등한 사람에게 그렇게 하듯 정치가 마크롱에 대해서 그 어느 때보다도 큰 목소리로 서로 으르렁거리고 있다.

하지만 냉철한 마크롱은 언론이 감추고 있는 신기루 효과에 대해 늘 경계하고 있어 언론에 좌지우지되지는 않을 것이다. 그는 그토록 명석하고 논리적인 기질을 가졌는데도 자신에게 내려진 신의 섭리를 여전히 믿고 있는 사람이다.

에필로그

브리지트는 지금 귀를 기울이며 집중하고 있다. 자기 인생에서 가장 소중한 남자가 연설을 하는 도중에 르네 샤르의 시를 한 번 더 인용하고 있었기 때문이다.

마크롱은 프랑스 삼색기로 장식된 거대한 무대와 그를 둘러싸고 있는 지지자들의 모습을 바라보고 있었다. 상기된 그의 얼굴에는 기쁨이 넘치고 있었다. 그는 이날 2월 4일, 리옹의 종합 체육관에서 미국식으로 연출된 무대 위에 올라가 여유롭게 시간을 활용하고 있었다. 그리고 셀 수도 없이 많은 그 지지자들 앞에서 그 모든 계획들을 하나하나 제시하고 있었다. 조만간 추진할 수도 있고 보류할 수도 있는 그 개혁들에 대해서 말이다.

에마뉘엘 마크롱이 일단 결심을 하면 그를 저지할 수 있는 것은 아무것도 없었다. 그래서 그는 이렇게 과감하게 말을 던졌다. "누군가가 우리에게 그런 일은 실행되지 않는 것이고 이루어질 가망성도 없는 것이며 우리에게 적용되는 일이 아니라고 설명을 한다면, 우리는 그 법칙들과 기존의 질서들, 규범들을 준수해야 합니다. 그리고 다른 길에 놓인 행복을 추구해야 할 것입니다."

이윽고 마크롱 부인의 푸른 눈동자가 눈물로 흐려졌다. 수천 명의 군중들이 지켜보는 가운데 그 부부는 프로메테우스적인 탐구의 상징이 되었고, 현 정치계의 틀을 뛰어넘는 자유로운 능력의 상징이 되었다. 또 바로 그런 것들이 마크롱이 국민들과 약속한 그 '혁명'을 보증해주는 것이기도 했다. 악의를 품은 사람들이 마크롱 부부의 과도한 방송 활동에 대해 불평하는 것은 이제 더 이상 중요하지 않았다.

그 영광스러웠던 날로부터 며칠이 지난 후, 마크롱은 보비노 극장의 무대 위에 올라가 파리에 사는 많은 지지자들 앞에서 그 악의에 찬 소문에 대해 언급했다. "분위기에 어울리지 않는 이야기를 좀 꺼내야겠군요. 파리 시내에서 저녁을 먹으면서 이런 말을 들어보신 적이 있을 겁니다. 제가 마티유 갈레나 어떤 다른 남자와 이중생활을 하고 있다는 소문 말입니다. 사람들이 봤다는 그 마크롱은 저의 이미지에서 돌연 빠져나가버린 저의 홀로그램일 뿐이지, 제가 절대 아닙니다!" 그는 그 주장에 대한 근거로 자기 아내가 항상 자기 곁에 있다는 점을 지적했다. "제 말은 사실입니다. 저는 저녁부터 아침까지 제 생활의 전부를 아내와 함께하고 있으니까요. 그래서 아내는 제가 뭘 하고 있는지 궁금하게 여길 이유가 없죠."

해로운 소문을 저지하기 위해 최선을 다하고 있는 이 부부는 20년의 특별한 세월을 함께 걸어왔다. 브리지트 마크롱은 독특했던 첫 만남 이후로 벌써 20년이나 흘렀지만, 두 사람이 함께했던 기억들은 아직 생생하게 남아 있다고 했다. 브리지트는 우리에게 넌지시 말했다. "당신들 둘이 책을 한 권 쓰신다는 거죠? 그 옛날 에마뉘엘과 저처럼 두 사람이 함께요!" 두 사람은 〈희곡의 예술〉이라는 작품을 서로 경쟁하듯 손질하고 다듬었던 열성적인 교사와 제자였던 것이다. 그렇게 해서 문학에 대한 사랑이 서로를 향한 사랑으로 이어졌다. 그것은 너무나 미세해서 만질 수 없지만 또한 거부도 할 수 없는 그런 점진적인 변화로 쌓은 감정이었다.

그 옛날에 교사였던 브리지트 오지에르는 에두아르도 데 필리포의 연극인 〈희곡의 예술〉을 재구성해서 새로운 각본을 만들었고, 제자인 마크롱은 연극 극단 대표로 등장하는 오레스트 캄페스 역을 맡아서 연기를 했다. 연극은 한 오케스트라를 이끄는 지휘자가 연극 관람 초대를 받게 되면서부터 이야기가 전개된다. 오케스트라 단원들은 옹졸한 성격을 지닌 저명인사들인 동시에 공적인 일을 대충 처리하는 생기 없는 행정관들이기도 하다. 하지만 연극을 보러 간 그 사람들은 결국 모두 뒤섞여버린다. 그래서 누가 정치인이고 누가 배우인지 구별할 수 없게 된다. 서로 대체할 수 있는 비슷한 얼굴들로 바뀌는 것이다.

'변모의 달인'이라고 할 수 있는 마크롱 역시 스스로 관직에서 물러났을 때 자신의 첫 번째 의상을 벗어놓고 새로운 길에 들어서지 않았던가? 혹시 마크롱은 정말 그 이탈리아 희곡이 구현했던 주제처럼 관리와 통제 사회를 물리치게 될 철학과 지식의 힘을 여전히 믿고 있는 것은 아닐까?

그 무대 위에서 '캄페스'는 현명한 통찰력을 발휘해서 이런 대사를 외친다. "연극 속에서 완벽한 진실은 언제나 완벽한 허구로 이어질 것입니다." 항상 저 높은 곳의 진리를 추구하는 인물인 에마뉘엘 마크롱이 오늘날 만들어낸 현실의 무대도 그럴 것이다.

그의 계획은 정말 방대하고 무궁무진하다. 그 걸음이 최종 목적지에 닿지 못했다면, 그때는 마크롱이 랭보의 이 시구를 인용하는 모습을 우리는 볼 수 있었을 것이다.

나는 멀리, 아주 멀리 가리라, 집시처럼
한 명의 여인을 옆에 데리고 가듯 행복하게, 자연 속으로

하지만 마크롱은 랭보의 시를 인용하지 않았다. 그래서 우리는 랭보의 시를 읊조리는 마크롱의 모습을 보지 못했다. 에마뉘엘 마크롱이 프랑스 역사상 최연소로 제25대 프랑스 대통령이 되었기 때문이다.

아주 특별한 사랑 이야기

2017년 5월 7일에 치러진 프랑스 대통령 선거 결선 투표에서 제25대 대통령이 확정된 순간, 세계의 이목은 한 부부에게 집중되었다. 압승을 거둔 에마뉘엘 마크롱과 그의 아내 브리지트 마크롱이 바로 그들이다.

의석수가 하나도 없었던 신생 정당에서 대통령이 나왔다는 사실, 그리고 정계에 입문한 지 오래 되지 않은 30대 젊은 정치인이 국가의 수장이 되었다는 사실이 신선한 파장을 일으켰다. 하지만 무엇보다도 이번 프랑스 대선에서 최고의 화젯거리는 마크롱 대통령 부부의 특별한 로맨스였다. 왜냐하면 퍼스트레이디가 된 브리지트 트로뉴는 남편인 에마뉘엘 마크롱보다 무려 스물네 살이나 많았기 때문이다.

이 책은 에마뉘엘 마크롱과 브리지트 트로뉴의 어린 시절부터 마크롱이 대선 후보자로 올라서기까지의 긴 여정을 조명하고 있다. 그뿐 아니라 두 사람의 내밀한 사랑의 역사도 함께 조명하고 있다.

운명적인 사랑과 뒤따르는 고난들

우선 저자는 1993년으로 거슬러 올라가 에마뉘엘 마크롱이 15살에 라 프로비당스 학교의 연극반에 가입하던 순간을 이야기의 첫 장면으로 묘사하고 있다. 책을 무척 좋아하는 문학 소년이었던 마크롱의 비범함과 천재성에 대해 동창들과 교사들이 입을 모아 칭찬하는 증언들이 쏟아져 나온다. 마크롱과 함께 수업을 들었던 급우들이나 마크롱을 가르쳤던 교사들은 한결같이 그가 학교 전체에서 가장 돋보였다는 일화를 소개하고 있다.

한편 브리지트 트로뉴는 아미앵에서 5대째 초콜릿 제조와 판매를 하고 있던 유복한 집안 출신으로 어렸을 때부터 자유분방하고 쾌활한 성격을 지닌 여성이었다. 친구의 권유로 우연히 교직에 들어선 브리지트는 라 프로비당스 학교에서 제자들은 물론 다른 교사들에게도 인기 만점의 선생님이었다. 말 그대로 개방적이고 자유로운 수업 방식을 추구하는 스타 교사였던 것이다.

이렇게 보통 사람들과 굉장히 다른 면모를 지녔던 두 사람은 브리지트가 지도 교사로 있던 연극반 수업에서 만나자마자 서로의 특별함을 알아보게 되었다. 교사인 브리지트는 마크롱의 빛나는 재능과 특출함에 감탄했고, 제자인 마크롱 역시 브리지트의 젊은 감각과 자애로운 면모에 이끌렸다.

브리지트는 젊은 나이에 결혼을 해서 이미 남편과 세 명의 자식을 둔 처지였기 때문에, 자기의 자식 또래였던 마크롱을 향해 피어나는 야릇한 감정을 스스로 계속 차단하고 자신의 감정에 저항했다. 하지만 그녀는 중년을 훌쩍 넘긴 늦은 나이에 찾아온 새로운 사랑에 결국 굴복하고 만다.

저자는 두 사람이 처음 만난 학교의 이름이 '신의 섭리'나 '구세주'의 뜻을 지닌 라 프로비당스라는 것에 주목해서, 인간의 의지력으로 도저히 피할 수 없는 운명적인 힘이 두 사람의 만남에 작용했음을 넌지시 암시하고 있다.

하지만 하늘의 계시와도 같은 강렬한 운명이 그들의 사랑에 작용했다고 할지라도, 그 사랑을 지키기 위한 두 사람의 고군분투에는 온갖 고뇌와 슬픔이 계속 따라다녔다.

마크롱은 쫓기듯 파리에 있는 학교로 떠나면서도 브리지트에게 꼭 돌아와서 선생님과 결혼을 할 것이라는 당찬 고백을 남긴다.

구체제의 질서에 대항한 두 사람의 사랑

그리고 드디어 마크롱과 브리지트는 15년 동안 한순간도 포기하지 않고 간직해온 그 사랑의 결실을 2007년에 맺는다. 결혼식을 올린 것이다.

인생을 거대한 혼란 속으로 몰아넣는 강력한 사랑의 운명과 마주했을 때, 현실의 벽을 모두 무너뜨리고 오직 그 사랑을 선택할 용기를 가진 사람이 이 세상에 과연 얼마나 있을까? 마크롱과 브리지트는 인간의 감정을 억압하는 관습에 반기를 들고 대범하게 새로운 삶을 선택한 것이다.

한편 재정경제부 장관으로 열성적인 활동을 벌이던 마크롱은 자신의 기업 친화적인 개혁이 충분히 진행되지 않자 정부를 떠날 결심을 한다. 그래서 2016년 4월에 '앙 마르슈!'라는 이름의 정당을 창당하고 8월에 장관직에서 물러난다. 그리고 11월에는 드디어 프랑스 대통령 후보로 이름을 올린다. 물론 마크롱이 새로운 정치를 하겠다고 공언하면서 대선 출마 선언을 했을 때만 해도 사람들의 비웃음을 샀고, 마크롱이 가진 대권 도전의 꿈이 실현될 것이라고 믿는 사람도 거의 없었다.

마크롱의 가장 아름다운 동반자, 브리지트

그 당시 마크롱 부부의 초대를 받아서 그 부부와 교류하게 된 수많은 인사들이 들려주는 인터뷰 내용이나 일화들도 무척 흥미진진하다. 마크롱 부부가 지닌 인간적인 매력과 그 소탈함이 잘 드러나는 부분들이기 때문이다. 물론 여기서도 마크롱 부인의 공로가 두드러지게 빛나는 것을 느낄 수 있다.

브리지트는 정치가로서 가장 중요한 능력 중 하나인 웅변술을 향상시켜 주기 위해 마크롱의 연설 연습을 계속 지도했다. 그리고 무대 뒤에서 마크롱의 목소리나 어조를 계속 확인하고 예리한 조언을 아끼지 않았다. 브리지트는 마크롱

선장이 모든 어려움을 극복하면서 뱃머리를 계속 잡을 수 있도록 도와주는 가장 아름다운 동반자였다.

이 책을 읽는 내내 가장 강하게 내 마음을 두드린 것은 마크롱 부부의 식을 줄 모르는 열정과 도전 정신이었다. 새로운 이상을 향해 끊임없이 자기 발전을 추구했던 마크롱은 이 책 속에서 자신이 잔 다르크의 이미지를 구현하고 있다고 밝혔다. 견고한 체제를 뚫고 나가서 불가능한 일을 시도했던 전사인 잔 다르크와, 기성체제에 저항하는 혁명적인 면모가 돋보이는 마크롱이 상통한다고 느꼈던 대목이다.

서른아홉 살의 나이로 프랑스를 책임지게 된 에마뉘엘 마크롱은 역대 프랑스 대통령 중에서 최연소는 물론 현 세계 주요국 국가수반 중에서 가장 젊은 정치 지도자이다.

사실 마크롱의 대통령 당선은 '기적'의 연속이라고 할 수 있었다. 당을 만든 지 1년 만에 대권을 거머쥐었고, 1년 전만 해도 대중들에게 거의 알려져 있지 않았던 정치 신인이 의원 한 명 없는 신생 정당 소속으로 대통령에 선출되었기 때문이다.

마크롱 부부는 인생의 고비를 겪을 때마다 대담하게 금기와 전통을 깨뜨리는 도전을 시도했다. 그리고 둘만의 사랑으로, 믿음으로, 또 불굴의 의지로 성공했다. 물론 앞으로도 두 사람의 삶에 새로운 도전 과제가 따라붙겠지만, 그때마다 마크롱 부부는 '앙 마르슈!'라는 당명처럼 계속 전진하고 도전하는 삶을 선택할 것이라고 믿는다.

옮긴이 _ 한수민

인하대학교 불어불문학과를 졸업하고 연세대학교 일반대학원에서 비교문학과 협동과정으로 석사학위를 취득하였다. 세계 여러 나라의 국민 문학을 비교하여 연구하는 공부를 하면서 문학에 대한 관심과 열정이 더욱 높아졌다. 다양한 문학 작품들을 번역하면서 전문 출판 번역가를 평생 직업으로 삼아야겠다고 결심했다. 번역 에이전시 베네트랜스에서 리뷰어 및 전문 번역가로 활동 중이다. 옮긴 책으로는 《영화 혹은 상상하는 인간》, 《페스트》 등 다수가 있다.

마크롱의 기적 같은 사랑

1판 1쇄 인쇄 | 2017년 12월 29일
1판 1쇄 발행 | 2018년 1월 12일

지은이 | 카롤린 데리앙, 칸디스 네들렉
옮긴이 | 한수민

펴낸이 | 임지현
펴낸곳 | (주)문학사상
주소 | 서울특별시 송파구 중대로 38길 17(05720)
등록 | 1973년 3월 21일 제1-137호

전화 | 02)3401-8540
팩스 | 02)3401-8741
홈페이지 | www.munsa.co.kr
이메일 | munsa@munsa.co.kr

ISBN 978-89-7012-977-8 03340

이 도서의 국립중앙도서관 출판예정도서목록(CIP)은 서지정보유통지원시스템 홈페이지(http://seoji.nl.go.kr)와 국가자료공동목록시스템(http://www.nl.go.kr/kolisnet)에서 이용하실 수 있습니다. (CIP제어번호 : CIP2017033472)